デジタルが変える出版と図書館

立命館大学文学部湯浅ゼミの1年

湯浅 俊彦 編著

出版メディアパル

■ まえがき

　「電子出版」とはきわめて過渡期的な名称である。産業的に見ればデジタル・コンテンツ産業のうち旧来であれば出版メディアに位置づけられていたものという方が正確だろう。
　『図書館情報学用語辞典』では、「読者がアクセスする最終的な流通形態に電子メディアを用いて、著作物を一般に頒布する行為。読者がコンピュータや専用機器を利用することを前提とした出版形態」と定義した上で、「電子出版は、印刷資料か、それに若干の音声、動画を加えた著作物の電子メディア化であり、音声中心、動画中心の著作物を電子メディアで頒布しても通常は電子出版とはいわない」としているが（日本図書館情報学会用語辞典編集委員会『図書館情報学用語辞典　第4版』丸善、2013、p.164）、例えばデジタル雑誌に動画が埋め込まれていて、このデータ量が相当程度あった場合、これが電子出版でなければなんと呼ぶのかという問題が顕在化しているのである。
　また、今日では電子出版について考える時に「電子図書館」についても併せて考えることが重要である。
　すでに1990年代に「電子図書館研究会」（代表：長尾真京都大学工学部教授＝当時）は、電子図書館システム「Ariadne」（アリアドネ）を構築し、図書の二次情報だけでなく、一次情報を全文検索できる「ハイパーリンク検索」を示し、1点1点の図書という概念を超え、電子書籍をデータベースとして活用する図書館像を描いた。
　このような電子出版と電子図書館の関係を考えることが、これからの社会における知識情報基盤の変容を理解することにつながり、また実践的課題としてフィールドワークも含めて探求することが新たな知見を創出するという「知の循環系」の場として、湯浅ゼミは存立している。この試みは、一方で大学教育に新しい風を吹き込み、大学を足元から変革していく活動でもある。
　ゼミ生たちは、「高齢化社会における公共図書館の役割—読書ニーズの変容

と電子書籍サービスの可能性」「公共図書館におけるラーニング・コモンズの可能性」「公共図書館の役割の変容と図書館施設」「読書アクセシビリティの観点から見た共同自炊電子書籍モデル」「Googleブックスによる影響とその未来図の模索」「日本における電子書籍フォーマットの標準化の課題と展望」「デジタル・ネットワーク時代の読書─紙と電子の違いが読書に与える影響」「投稿型インターネットサービスと著作権」「User Generated Content とノベル」「インターネット時代における楽譜の流通過程とその存在意義」「電子新聞が新聞社に求める変革とは何か」といった多様なテーマをそれぞれの方法で探求し、論文にまとめた。

　論文そのものはこれから4回生の卒業論文へとブラッシュアップしていく過程であるが、ゼミ生たちがデジタル・ネットワーク社会の中でどのようなことに関心を持ち、それを自らの手でどのように探求しようとしたのかということはきわめて重要な意味を持つ。なぜならば、未来を形成していくのは、間違いなくゼミ生たちの世代だからである。

　また、本書の第2章では、日本の公共図書館向け電子書籍貸出サービスを提供する3社の方々にお願いしてご執筆いただいた。これからの図書館サービスにおいて、電子出版は重要な位置を占めていくと考えられるが、公共図書館においては今、その挑戦は始まったばかりである。このことは第1章で取り上げている大学図書館の動向とは大きく異なる。大学図書館において電子資料の活用は中心的課題といっても過言ではない。

　本書が電子出版・電子図書館に関心ある多くの方々に読まれ、そして新しい世界が開かれることを心から願いたい。

2016年2月15日

湯浅　俊彦

目次

デジタルが変える出版と図書館
―立命館大学文学部湯浅ゼミの1年―

■ まえがき……………………………………………………………2

第1章 電子出版・電子図書館に関する課題解決型授業の試み … 7
第1節 ゼミ生たちと電子出版・電子図書館について考える
……………………… 立命館大学文学部教授 湯浅俊彦 /8
第2節 大学における電子学術書の現状と課題
……………………… 立命館大学図書館 安東正玄 /25

第2章 公共図書館における電子書籍サービスの新展開 …… 35
第1節 TRC-DLのめざす電子書籍サービス
………………………図書館流通センター 矢口勝彦 /36
第2節 LibrariEの電子図書館サービス
日本電子図書館サービス 山口 貴 /48
第3節 日本の公共図書館におけるOverDrive Japan電子図書館システム
……………………… メディアドゥ 溝口 敦 /56

第3章 ゼミ生が考える電子出版・電子図書館の最前線 …… 71
第1節 高齢化社会における公共図書館の役割 …………… 鈴木美里 /72

第2節	公共図書館におけるラーニング・コモンズの可能性…	十倉史帆 /86
第3節	公共図書館の役割の変容と図書館施設 …………	山内沙優理 /102
第4節	読書アクセシビリティの観点から見た共同自炊電子書籍モデル	
	………………………………………………	堀江健太郎 /113
第5節	Googleブックスによる影響とその未来図の模索 ……	松元陽平 /132
第6節	日本における電子書籍フォーマットの標準化の歴史的意義	
	………………………………………	郭 昊（Guo Hao）/148
第7節	デジタル・ネットワーク時代の読書 …………	小杉彩夏 /164
第8節	投稿型インターネットサービスと著作権…………	大野穂波 /178
第9節	User Generated Contentとノベル ………………	尾崎航平 /191
第10節	インターネット時代における楽譜の流通過程とその存在意義	
	…………………………………………	尾関麻利亜 /205
第11節	電子新聞が新聞社に求める変革とは何か…………	藤崎聖夏 /215

第4章　電子出版・電子図書館のフィールドワーク ……… **229**

- ◇　KADOKAWA・本社 ……………………………………… 230
- ◇　集英社・本社……………………………………………… 232
- ◇　Google・日本本社 ……………………………………… 234
- ◇　国立国会図書館・東京本館 …………………………… 236
- ◇　千葉大学附属図書館（アカデミック・リンク）………… 238
- ◇　浦安市立中央図書館……………………………………… 240
- ◇　「図書館総合展 2015」フォーラム ……………………… 242

- ■　あとがき……………………………………………………… **244**
- ■　索　引……………………………………………………… **245**

本書の発行に当たって

本書は、立命館大学文学部専門演習「デジタルが変える出版と図書館」（湯浅ゼミ）の１年間の記録であると同時に、そこで得られた知見を公開するものである。

なお、本書の電子書籍版については、公共図書館・大学向け電子図書館（大日本印刷/電子図書館グループ）及び学術・研究機関向け電子書籍（丸善/学術情報ソリューション事業部）として電子配信される予定である。

お世話になった人々への感謝を込めて

2016年２月15日　編著者　湯浅俊彦

第1章

電子出版・電子図書館に関する課題解決型授業の試み

本章の内容

　「デジタルが変える出版と図書館」をテーマとしたゼミ授業において、実際に電子書籍を活用し、また電子出版と電子図書館の最新の動向を紹介しながら、ゼミ発表、ディスカッション、フィールドワークを行ってきた。大学教育の中で課題解決型授業を実践し、ゼミ生たちが自分たちの力で「答えのない問題」を設定し、最適解を真剣に考える。
　本章では、大学の授業と大学図書館の現在を取り上げる。

第1章　電子出版・電子図書館に関する課題解決型授業の試み

第 1 節

ゼミ生たちと電子出版・電子図書館について考える
―立命館大学文学部 湯浅ゼミの1年―
湯浅　俊彦
（立命館大学文学部教授）

◇**概　要**

　2015年度、立命館大学文学部湯浅ゼミ（3回生）では「デジタルが変える出版と図書館」をテーマにデジタル・ネットワーク社会における出版と図書館の新たな役割について探求してきた。そこで明らかになったことは、出版と図書館の分野において、電子出版がもたらす影響はきわめて大きなものであり、出版メディア史の重大な転換点にまさにゼミ生たちが立っているということであった。本稿では、電子出版・電子図書館をテーマとした課題解決型ゼミ授業の1年間を総括する。

◇**キーワード**

　電子出版、電子図書館、デジタル・ネットワーク社会、出版メディア史

1.　出版産業の構造的変化が顕在化

　デジタル化とネットワーク化を特徴とする今日の社会において、既存のメディアは大きな変化に直面している。コンテンツのデジタル化は新聞、出版、映画、放送、通信におけるメディア間の融合を進展させており、そのためこの変化を社会の中で位置づける研究が必要不可欠となってきている。

　日本の出版産業においては、出版販売額の長期的な減少傾向はもはや改善の兆しはなく、今日の出版界では次第に出版コンテンツをいかに円滑に流通させていくかが中心的な課題になりつつある。電子書籍だけでなく、雑誌において

も販売額の低迷は、購読者が減っただけでなく、広告モデルの変化—すなわちネット広告の優位性という雑誌メディアそのものの凋落を意味するところとなり、出版業界は死活を賭け、電子出版のビジネスモデルの構築に取り組むことになったのである。

　出版研究にとって客観的な指標となる出版統計の世界にも大きな変化が現れた。出版科学研究所が、2015年から電子出版の市場動向調査を開始したのである。

　取次ルートを経由した紙媒体の出版物推定販売金額については、出版科学研究所では2015年（1月～12月期）は前年比5.3％減の1兆5220億円と発表している。これは2014年の4.5％減を上回り、過去最大の減少率であり、金額ベースでは同845億円のマイナスとなった。内訳は、「書籍」7419億円（前年比1.7％減）、「雑誌」7801億円（同8.4％減）。雑誌分野の「月刊誌（週刊誌をのぞくすべて）」は6346億円（同7.2％減）、「週刊誌」は1454億円（同13.6％減）と大幅な減少となっている[*1]。

　一方、初めて統計を取り始めた電子出版の販売額は1502億円であり、前年より358億円、31.3％の増加と発表している[*2]。

　これまで電子出版の統計に関しては、『電子書籍ビジネス調査報告書』がほぼ唯一のものであった。これは2003年からインプレスR&D、2013年からインプレスビジネスメディア、2014年からインプレスが発行している電子書籍市場の調査報告書である。

　その2015年版では、2014年度の電子書籍市場規模を1266億円と推計し、2013年度の936億円から330億円（35.3％）増加、また電子雑誌市場規模は145億円（対前年比88.3％増）と推計し、電子書籍と電子雑誌を合わせた電子出版市場は1411億円としている[*3]。

　また、実際に出版された書目を収録する『出版年鑑』では、2004年版から電子書籍の書目の収録を開始したが、2011年版からはオンデマンド出版とオーディオブックのみを掲載し、電子書籍の書目についてはその収録を中止してしまっている。

＊1　『出版月報』2016年1月号（出版科学研究所、2016、p4）
＊2　同上（p10）
＊3　『電子書籍ビジネス調査報告書2015』（インプレス、2015、p29）

第1章　電子出版・電子図書館に関する課題解決型授業の試み

出版統計の観点からは、出版科学研究所の『出版指標年報』に電子出版の統計が加わったことは重要な意味を持つ。紙媒体そのものがなくなることはないと考えられるが、出版ビジネス市場における紙媒体と電子媒体の比率がゆっくりと時間をかけて入れ替わっていくことは十分に想定できる。

つまり、日本における出版産業の構造的変化がいよいよ本格的に顕在化してきたということである。

2. 出版メディアの変化が図書館に与える影響

一方で、国立国会図書館の所蔵資料の大規模デジタル化、納本制度審議会の「答申―オンライン資料の収集に関する制度の在り方について」による「電子納本制度」の導入など、図書館界における出版コンテンツのデジタル化とその利活用も急展開を見せている。

そこで、図書館が公共財としてのデジタル化された出版コンテンツを国民の利用に供する一方で、有償アクセスモデルや電子「公貸権」モデルなど、出版社によるコンテンツの再生産を阻害せず、むしろ支援するような新しいしくみを確立することがもっとも重要な課題となってくる。

つまり、デジタル・ネットワーク社会 における出版メディアと図書館の関係について、電子出版の進展という環境下において探求することが必要である。

大学や各種研究機関など学術情報流通の世界における電子ジャーナルやデータベースだけでなく、さまざまな電子書籍やデジタル雑誌の流通が出版ビジネスをどのように変貌させ、図書館にいかなる影響を与えるのか。出版界と図書館界の競合から共存への道筋を検討することが喫緊の課題といえよう。

また、電子出版の歴史的経緯やアマゾン、アップル、グーグルによる世界的な出版コンテンツ・プラットフォームの構築を踏まえ、日本における産業的実態としての電子出版ビジネスの進展が図書館に与える影響を総合的に研究する視座が求められている。

出版ビジネスと図書館の未来像を描くためには当面、次の2つの視点が重要である。

（1）電子出版をこれまでの出版学の延長線上に考えるのではなく、文字、静止画、動画、音声などさまざまなコンテンツがデジタル化される時代における、いわば「デジタル・コンテンツ」の生産、流通、利用、保存を研

究する学問領域として、新聞、出版、映画、放送などのメディア間の融合を視野に入れて調査・研究を行うこと。

（2）図書館を相対化し、MALUI連携、すなわちM＝Museum（博物館・美術館）、A＝Archives（文書館・資料館）、L＝Library（図書館）といった社会教育施設だけでなく、知識情報基盤としてのU＝University（大学）、I＝Industry（産業・企業）におけるデジタルアーカイブをどのように構築し、連携し、利活用していくかを軸に考えること。

そして今日のデジタル化された出版コンテンツの新しい流通は、出版ビジネスに寄り添うように進展してきた図書館サービスのあり方をも変えようとしている。公刊されたものを購入し、利用者の閲覧や貸出に供するという、これまで当然のように行われてきた近代図書館のあり方について、「所蔵」から「利用」へという観点から再考されなければならない。

そこで湯浅ゼミでは、垂直統合型の電子出版ビジネス、あるいは巨大な出版コンテンツのデータベース事業などが進展する中での図書館の役割について教員から問題提起を行い、学生がテーマを決めて発表、ディスカッション、そしてフィールドワークとして出版社、図書館、グーグルへの調査研究を行った。

いわば知識情報基盤の変化の時代を見据えながら、現状で考えられる最適解を見出す「課題解決型リサーチ」をゼミ授業として行ったのである。

3. ゼミ生一人ひとりがそれぞれのテーマと向き合う

立命館大学文学部湯浅ゼミではすでに現4回生が3回生前期にゼミ発表、後期に論文執筆を行い、2014年4月10日にその成果を『電子出版と電子図書館の最前線を創り出す―立命館大学文学部湯浅ゼミの挑戦』（出版メディアパル）として刊行していた。

しかし、4回生ゼミたちの正念場はそこからであった。すなわち、卒業論文に向けてさらに徹底的な先行研究調査、オリジナリティのある結論に至るためのフィールドワークが担当教員である筆者から要求されたのである。折しも、2015年度は政府の要請を受け、経済団体連合会（経団連）が就職活動時期を繰り下げたため、企業の採用選考開始は4回生の8月スタートとなり、かえって卒業論文執筆と就職活動に追われるという事態となった。

最終的に提出された4回生ゼミ生の論文タイトルは以下の通りであった。

◇「電子書籍における「版」の考察」（竹嶋龍仁）

◇「デジタル・ネットワーク社会における自費出版の変容」（向井惇子）

◇「特別支援教育におけるデジタル教科書・電子書籍の可能性」（高畑有里）

◇「学校教育におけるデジタル朝読書の可能性」（尾崎理奈）

◇「デジタル教科書が変える学校教育」（早川育美）

◇「日本語学習におけるデジタル教材の有効性」（安原里美）

◇「公共図書館における電子書籍を活用した多文化サービス」（野木ももこ）

◇「探求型学習に供する学校図書館―学習・情報センター機能に着目して」（田草川みなみ）

◇「文化資源の観点から見た電子コミックの収集と保存」（村井燦）

◇「デジタルアーカイブを取りまく官と民」（藤新朋大）

◇「購書空間における電子書籍のディスカバラビリティ」（竹本正史）

◇「日本社会における書店の活性化と電子書籍販売」（松田麻由香）

◇「デジタル絵本と公共図書館」（福田菜摘）

　また、同時期に進められた 3 回生ゼミ生の論文タイトルは以下の通りであり、これは本書第 4 章に収録されている。

◇高齢化社会における公共図書館の役割―読書ニーズの変容と電子書籍サービスの可能性（鈴木美里）

◇公共図書館におけるラーニング・コモンズの可能性（十倉史帆）

◇公共図書館の役割の変容と図書館施設（山内沙優理）

◇読書アクセシビリティの観点から見た共同自炊電子書籍モデル（堀江健太郎）

◇ Google ブックスによる影響とその未来図の模索」（松元陽平）

◇日本における電子書籍フォーマットの標準化の歴史的意義（郭昊）

◇デジタル・ネットワーク時代の読書―紙と電子の違いが読書に与える影響（小杉彩夏）

◇投稿型インターネットサービスと著作権（大野穂波）

◇ User Generated Content とノベル（尾崎航平）

◇インターネット時代における楽譜の流通過程とその存在意義（尾関麻利亜）

◇電子新聞が新聞社に求める変革とはなにか（藤崎聖夏）

3回生の論文では出版メディアを超えてSNSや電子新聞の領域にも及び、すでに述べたように「デジタル・コンテンツ」の生産、流通、利用、保存を研究する方向性が見て取れる。

4. プロジェクト型研究手法とゼミ教育

電子出版・電子図書館をテーマとするゼミ教育では、担当教員が取り組んでいるいくつかのプロジェクトについて、実証実験の様子やそこから得られた知見、さらには新しいビジネスモデルが創造されていくというプロジェクトの全体像をゼミ生に伝えている。2015年度では主に次の3つのプロジェクトが進行した。

（1）大学における電子学術書を活用した教育の質的向上プロジェクト

2013年4月から立命館大学の「教育の質向上」予算を獲得し、湯浅ゼミとして慶應義塾大学による「電子学術書実証実験」に参加し、2013年10月には「大学図書館電子学術書共同利用実験」として8大学（慶應義塾大学、大阪大学、神戸大学、東京大学、名古屋大学、奈良先端科学技術大学院大学、福井大学、立命館大学）合同による、大学図書館における電子書籍の活用に関する総合的な実証実験へと展開していった。

2014年4月からは湯浅ゼミでは実証実験ではなく、契約ベースで授業における電子学術書の利用を開始し、iPad miniを活用したゼミ授業の高度化に取り組み、2015年度も引き続き実践した。

これらの取り組みは、2014年9月に開始された人文科学系出版社6社による「学術・研究機関（図書館）向け電子書籍サービス『新刊ハイブリッドモデル』」（慶應義塾大学出版会、勁草書房、東京大学出版会、みすず書房、有斐閣、吉川弘文館）につながっていくのである。

また、2015年には「新刊ハイブリッドモデル」に自然科学系出版社7社（朝倉書店、オーム社、化学同人、共立出版、コロナ社、実教出版、丸善出版）、2016年からは医学系出版社2社（中山書店、羊土社）が加わり、紙媒体と同時に電子書籍を刊行することが日本の学術出版社にも次第に受け入れられるようになってきている。

大学図書館が受け身の姿勢から脱却し、利用者が必要とするタイトルを出版社に提供要請したことから始まったこのプロジェクトは、日本の学術情報流通と大学教育の世界を大きく変えるものとなるだろう。その黎明期に湯浅ゼミが

積極的に参加し、学生の意見を出版社やベンダーに伝えていったことは特筆すべき点である。なぜなら、教科書を使い、授業を実際に受ける学生が大学教育のあり方を変えていくという実践的アプローチによって、現実の電子出版・電子図書館の世界が少しずつ動いていることを示しているからである。

　一方、立命館大学における学術情報資料に関しては、2015年にデジタル・コンテンツの拡充が大きなテーマとして取り上げられた。

　このような動きに対して筆者は、学部学生の学修を支援する観点から日本語タイトルの電子学術書に関して、（Ⅰ）授業における電子学術書の活用、（Ⅱ）図書館との連携による電子学術書の活用、の2点に絞って以下のような意見を大学に対して述べている。

（Ⅰ）　授業における電子資料の活用

（1）事前学修、事後学修において実際に電子学術書を読む課題を学生に示し、

（2）また授業内で電子学術書の全文検索機能などにより、科目に関連する主題を探求し、

（3）あるいは学生が使いこなすためのコースツールとして教員自身が電子書籍の制作にも取り組み、

（4）実際の授業での活用を通して、問題解決能力を備えた創造的人材の育成をめざす、

（5）すなわち教員の講義を傾聴する教育スタイルから脱却し、自ら課題を設定し、関連資料の収集と評価、そして分析を行い、ライティングやプレゼンテーション能力を発揮できる教育への改革が検討されるべきである。そしてこの取り組みには大学図書館との連携が必要となってくる。

（Ⅱ）　図書館との連携による電子資料の活用

（1）立命館大学図書館における紙媒体の蔵書については、同時に複数学生が利用する際、予約待ちをするのではレポート提出期限に間に合わないなど、これまで大きな困難を抱えていた。

（2）また、電子書籍の日本語タイトル数があまりに少なく、大学図書館が導入している「RUNNERS Discovery（まとめて検索）」による適合文献探索がその効果を十分に発揮できない状況にある。

第1節　ゼミ生たちと電子出版・電子図書館について考える

写真1　教科書や参考書を電子化し、ゼミ授業で活用

(3) そこで現在提供されている「EBSCO eBook Collection」(973タイトル)、MARUZEN eBook Library（154タイトル)、「JapanKnowledge」(1023タイトル)など実際に利用できる日本語電子書籍のタイトル数を大幅に増やし、大学出版会や学術出版社のビジネスと共存する形での新たな学術情報基盤を構築する必要がある。

(4) 冊子・電子書籍等意識することなく検索でき、スムーズに1次情報にアクセスできることを教員が授業内で率先して学生に示し、紙媒体とは異なる電子書籍の活用方法を学生に実感させることが重要である。

(5) すでに北米等の大学図書館では一般化しているDDA（Demand Driven Acquisition）などのサービスを日本語タイトルの電子学術書でも利用できるように、2013年度から本学においても取り組んできたBookLooperを活用した「電子学術書共同利用実証実験」から誕生した「新刊ハイブリッドモデル」(みすず書房など人文社会科学系出版社6社、朝倉書店など自然科学系出版社7社、中山書店など医学系出版社2社）による紙媒体と電子媒体を同時刊行する新たな流通システムに大学図書館として積極的に参加し、多くの学生に新刊電子学術書の利便性を体験する機会を提供し、立命館大学図書館での日本語タイトル電子学術書の本格的導入を展開することが喫緊の課題である。

　大学の授業は、学生が主体的に物事を考える力を養成しうるアクティブ・ラー

第1章　電子出版・電子図書館に関する課題解決型授業の試み

写真2　ゼミ授業での電子学術書の活用

ニングへの転換が強く求められている。

　教育の質的向上の観点から大学図書館における電子資料活用による機能強化をはかる一方、予算的には全学予算の一部をデジタル・コンテンツ整備費として新たに設けることが必要である。また、「大学学習資源コンソーシアム」（立命館大学は2014年9月加入）による学習、教育における電子的学習資源の製作および共有化との連携も強化する必要がある。

　いずれにせよ、ゼミ授業高度化をめざしながら展開してきた電子学術書利用の試みが大学教育全体の取り組みへと進展することを今後も追求していく予定である。

（2）電子書籍を活用した読書アクセシビリティ実現プロジェクト

　立命館大学のIRIS（Integrated Research of Accessible Ebooks: Interfaces & Services）は、立命館グローバル・イノベーション研究機構（R-GIRO）研究プログラム「電子書籍普及に伴う読書アクセシビリティの総合的研究」として、2011年度に開始されたプロジェクトである。

　本プロジェクトでは、日本での電子書籍普及の上で、読書のアクセシビリティをいかに確保するか、諸問題を分析、国際的に比較しながら整理して課題を明らかにし、必要な政策提言を行っている。

　2015年2月から3月にかけて、三田市立図書館を利用する視覚障害等を有する市民と、「公共図書館で働く視覚障害職員の会（通称「なごや会」）の両者を

第1節　ゼミ生たちと電子出版・電子図書館について考える

写真3　三田市立図書館での実証実験

対象にクラウド型電子図書館システムのアクセシビリティ実証実験を行った。この実証実験は立命館IRIS、図書館流通センター（TRC）、大日本印刷(DNP)、日本ユニシスの産学共同プロジェクトとして実施したものである。

　具体的には三田市立図書館において10名の視覚障害と四肢障害を有する三田市民、そして大阪府立図書館（4名）と東京のサピアタワー「ステーションコンファレンス」（2名）において、なごや会の会員に、TRCが提供する電子図書館サービス「TRC-DL」を利用した検索システム、ビューワ、コンテンツについてのアクセシビリティ検証を行った。

　その結果を受けて、製品開発を進め、2016年4月より電子図書館サービスのホームページを拡充し、三田市立図書館において日本初となる視覚障害者も利用可能な電子書籍貸出サービスを追加することとなっている。このシステムは視覚によらないパソコンでの資料選択が容易となるもので、また今後はスマートフォンやタブレット型端末を活用した、より利便性の高いサービスも提供予定である。

　これまで公共図書館では視覚障害等を有する利用者に対して、対面朗読、録音図書、大活字本、点字資料、DAISY[*4]などの提供を行ってきたが、電子書籍による音声読み上げを活用した新しいサービスが可能となるのである。

＊4　DAISYとは、Digital Accessible Information SYstemの略。視覚障害者などの読書困難者向けに製作されるデジタル録音図書の国際標準規格。

2016年４月に施行される「障害を理由とする差別の解消の推進に関する法律（通称：障害者差別解消法）」には、「行政機関等における障害を理由とする差別の禁止」を規定した第七条に次の２項目が記されている。

「行政機関等は、その事務又は事業を行うに当たり、障害を理由として障害者でない者と不当な差別的取扱いをすることにより、障害者の権利利益を侵害してはならない。」

「行政機関等は、その事務又は事業を行うに当たり、障害者から現に社会的障壁の除去を必要としている旨の意思の表明があった場合において、その実施に伴う負担が過重でないときは、障害者の権利利益を侵害することとならないよう、当該障害者の性別、年齢及び障害の状態に応じて、社会的障壁の除去の実施について必要かつ合理的な配慮をしなければならない。」

ここでいう「合理的配慮」とは、日本も2014年１月に批准した「障害者の権利に関する条約」第２条に次のように規定されている。

「合理的配慮」とは、障害者が他の者との平等を基礎として全ての人権及び調整であって、特定の場合において必要とされるものであり、かつ、均衡を失した又は過度の負担を課さないものをいう。

つまり、公立図書館が視覚障害等を有する者から資料リクエストがあり、その音声読み上げ対応を求められた場合、それぞれの図書館はこれを保障しなければならないことになるだろう。その時、従来型のボランティアによる対面朗読サービスだけでなく、ICT技術によっていつでも自由に本を「聴く」ことができれば、視覚障害者等の読書アクセシビリティは格段に保障されるに違いない。

一方、立命館大学の新大学院として誕生した文化情報学専修では、2015年度に筆者が担当する「文化情報学技術演習」の科目において、クラウド型音声サービスの「東芝DaisyRings」を使って、文学作品のテキストデータを取り込み、アクセントや読みを修正する編集して音訳する実習型授業を行った。

視覚障害等を有するなど、文字を読むことが困難な方のために、音訳図書の作成や行政機関の書類などの音訳を容易に行うことができるこのようなサービスを実体験することにより、ICT技術を活用した新たな障害者サービスをデザ

インすることを学んでいくのである。

（3）加藤周一文庫のデジタル・アーカイブ化プロジェクト

このプロジェクトの目的は以下の3つである。

① デジタル・アーカイブを活用した新たな人文学的研究の取り組み

本プロジェクトの目的の第1は、戦後日本を代表する国際的な知識人である加藤周一（1919－2008年）の遺した蔵書1万数千冊、手稿ノート等1万ページなど、すべての資料の寄贈をご遺族から受けた立命館大学図書館が、未公開ノート等を中心にデジタル・アーカイブ化を行い、2015年4月に立命館大学が設立した「加藤周一現代思想研究センター」が行う研究活動によって加藤周一の「知の世界」を研究することである。

2015年度は図書館振興財団より、「加藤周一文庫データベース構築事業」に対して350万円の助成金を受け、加藤周一が遺したノートのデジタルを行い、2016年4月の立命館大学新図書館「平井嘉一郎記念図書館」開館時に公開することになっている。

このように資料をデジタル・アーカイブ化し、世界に向けて公開すると共に、戦後日本を代表する国際的知識人である加藤周一について、同時代の思想家たちと比較検証しながら戦後日本思想史を探求することが主要なテーマとなる。

デジタル・ネットワーク社会における人文学は、その研究手法において現在、大きく質的な転換を遂げようとしている。文化資源のデジタル・アーカイブを活用するデジタル・ヒューマニティーズと総称される学問領域は、その特徴として大量のテキストデータによる計量的分析にとどまらず、文理融合、分野横断的な総合的な知の地平を切り拓いてきたのである。

立命館大学ではすでにアート・リサーチセンターにおいて文化芸術分野におけるさまざまな資料を所蔵し、これをデータベース化し、デジタル・ヒューマニティーズ拠点としての活動を行ってきた。「浮世絵検索閲覧システム」、「板木閲覧システム」、「シナリオデータベース」などさまざまなデータベースを構築、公開し、新たな人文学的研究を発展させてきたのである。

しかし、今回のプロジェクトでは、新たに思想史研究の分野において、デジタル・アーカイブを活用した人文学の研究を行う新しいタイプの研究領域を切り拓くことを重点課題としている。

②　「加藤周一文庫」を活用した大学図書館と教育との連携

　本プロジェクトの目的の第2は、立命館大学「加藤周一文庫」が所蔵する未公開ノート等の資料をデジタル化する作業過程とその成果物であるデジタル・アーカイブの利活用の双方において、学部学生、院生、教員などが主体的にデジタル・ヒューマニティーズ研究・教育活動に取り組み、大学図書館と教育との連携を図っていくことである。

　デジタル化を実際に行う現場、メタデータを付与するスキルなど、さまざまな試行錯誤を繰り返しながら、デジタル・ネットワーク社会における図書館の役割、そしてデジタル化により研究の利便性が著しく向上する過程を実際の体験を通して学ぶことにより、作業としてのデジタル化だけでなく、教育との連携においてデジタル・アーカイブの価値が見出されることを想定している。

③　次代を担う研究基盤の形成

　本プロジェクトの目的の第3は、次代を担う研究基盤の形成である。図書館が構築するデジタル・アーカイブが大学の学術情報基盤として教員だけでなく、学部生、院生、職員、さらには一般市民も含めた学外の人々に提供されることが重要である。

　加藤周一の場合、東京から立命館大学に客員教授として出講する度に市民と居酒屋で政治、文化、社会について語り、『居酒屋の加藤周一』(かもがわ出版、1991年)として刊行されている。

　このようないわば開放系の知のネットワークという考え方を「加藤周一文庫」について援用すると、「加藤周一文庫」に所蔵されているさまざまな形態の資料がデジタル化されることにより、加藤周一の著作物やノート類に見られる思考の足跡が広く、系統的に研究されることが期待されるのである。

　以上、「大学における電子学術書を活用した教育の質的向上プロジェクト」「電子書籍を活用した読書アクセシビリティ実現プロジェクト」「加藤周一文庫のデジタル・アーカイブ化プロジェクト」という3つのプロジェクトを担当教員が進めながら、ゼミ生に対して電子出版・電子図書館に関する課題解決型の授業を展開していくことが、湯浅ゼミの1年間であった。

第1節　ゼミ生たちと電子出版・電子図書館について考える

立命館大学文学部湯浅ゼミ「BookLooper導入評価」（回答総数23名）

設問1.	立命館大学図書館で電子ブック（eBook）を提供していることを知っていましたか？				
回答	Yes	No			
	13 名：56.5%	10 名：43.5%			
設問2.	**立命館大学図書館が提供している電子ブックを使ったことはありますか？**				
回答	Yes	No			
	12 名：52.2%	11 名：47.8%			
設問3.	**設問2で「No」と答えた人にお伺いします。使わなかった理由を教えてください。**				
回答	存在を知らなかった		使う機会が無かった		紙で十分
	6 名：26.0%		4 名：17.4%		1 名：4.3%
設問4.	**どのような目的で電子ブックを使いましたか？（複数回答可）**				
回答	研究	レポート作成	読書	その他	無回答
	14 名：60.8%	4 名：17.4%	8 名：34.5%	4 名：17.4%	1 名：4.3%
設問5.	**使ったことのある電子ブックを教えてください（図書館が提供していないものも含む）**				
回答（自由記述）	iBook	Kindle	BookLooper	その他	
設問6.	**もっと電子ブックを使ってみたいと思いますか？**				
回答	Yes	No	無回答		
	20 名：86.9%	2 名：8.6%	1 名：4.3%		

設問7.	設問6で「No」の理由
回答（自由記述）	・目にやさしくないです。白黒反転機能が欲しいです。 ・紙に比べ使い勝手が良くない。
設問8.	**設問6で「Yes」の理由**
回答（自由記述）	・レポートの作成に役立つから。 ・検索性が高いため。 ・かさばらない研究資料として便利。 ・自身の興味のある本があれば。 ・色々なサービスが展開されていて気になるから。 ・レジュメやレポート作成に使いやすい。 ・今後便利になると思うから。 ・本を持ち運ばなくて良いので便利だからです。 ・持ち運びがしやすい。所定の箇所にすぐとべる。 ・学術的興味がある。 ・紙の本に比べて場所をとらないから。 ・重くないから。 ・利便性がある。 ・一部だけ確認するには向いていると感じた。 ・かさばらないし便利そうだから。 ・便利になったら使いたいから。 ・便利そう。

設問9.	BookLooperを評価してください				
回答	非常に良い	良い	普通	悪い	
	0 名：0%	3 名：13.0%	17 名：73.9%	1 名：4.3%	
設問10.	**iPadはどのくらい使いましたか？**				
回答	毎日	週に1回	2週間に1回	月に1回	年に1回
	6 名：26.1%	8 名：34.8%	1 名：4.3%	6 名：26.0%	2 名：8.6%

設問 11.	iPad をどのような目的で使いましたか？ （複数回答可）				
回答	BookLooper を使って電子書籍を読むため			14 名：60.8%	
	その他の電子書籍を読むため			10 名：43.4%	
	インターネットをするため			18 名：78.2%	
	メールをするため			5 名：21.7%	
	ゲームをするため			6 名：26.0%	
	Youtube など動画を見るため			9 名：39.1%	
	その他			0%	

設問 12.	設問 11 で「その他」を選んだ方は、具体的にお書きください。				
回答	回答者なし				

設問 13.	BookLooper の安定性(起動・どの程度落ちたかなど)を評価してください				
回答	非常に良い	良い	普通	悪い	非常に悪い
	0 名：0%	8 名：34.8%	12 名：52.2%	2 名：8.6%	1 名：4.3%

設問 14.	解像度(ページの見やすさ)を評価してください				
回答	非常に良い	良い	普通	悪い	非常に悪い
	2 名：8.6%	10 名：43.5%	10 名：43.5%	1 名：4.3%	0%

設問 15.	検索機能(検索のしやすさ、精度など)を評価してください				
回答	非常に良い	良い	普通	悪い	非常に悪い
	2 名：8.6%	9 名：39.1%	11 名：47.8%	1 名：4.3%	0%

設問 16.	しおり機能を評価してください				
回答	非常に良い	良い	普通	悪い	非常に悪い
	0%	9 名：39.1%	14 名：60.8%	0%	0%

設問 17.	ページ送りを評価してください				
回答	非常に良い	良い	普通	悪い	非常に悪い
	0%	6 名：37.6%	12 名：52.2%	4 名：17.4%	1 名：4.3%

設問 18.	BookLooper に搭載された電子ブックの良かった点・便利だった点を記述してください
回答 （自由記述）	・持ち運びしやすい／・メモができる、消せる／・検索しやすい／・マーカーやメモが簡単につけられるのが良い／・個人的にはなかなかダウンロードはやかった／・しおりや検索システムが便利でした／・全文検索が出来るのは非常に強力、紙の本では出来ない／・検索性が高く、必要な情報のみを知ることができる／・マーカー機能、メモ機能は便利／・表紙の表示ができるので、パッと見た時にわかりやすい／・iPad の一般的な電子ブックリーダーの機能は一通りそろっており、不足なかった／・マーカーが使いやすく、どの検索もしやすかった／・しおり、メモが良い／・検索できる／・検索をして、自分の読みたいページにいけるので便利だった。

設問 19.	BookLooper に搭載された電子ブックの改善点を記述してください
回答 （自由記述）	・ログイン関係はもう少しユーザーフレンドリーにした方が良い／・すぐに落ちる／・本を読む前までの動作・操作が分かりにくい／・注釈などにジャンプ機能がついていると便利／・マーカーやしおりをつける選択画面を出すのに少し戸惑う／・ラインマーカーが半透明なので見にくかったです／・ページジャンプ機能とか欲しい／・ブックマーカーが見えづらい／・ページ送りの紙の本の模倣は不要、違うものはできるが、それも少し見にくい／・ログインが煩雑なこと、本の数が少ない／・ページ送りに時間がかかる／・マーカーを引き直したい時にもう一度タップしないといけない

設問 20.	BookLooper に搭載された電子ブックの改善点を記述してください
回答 （自由記述）	・電子書籍に慣れ親しむことができた／・検索／・予め参考書が手元にあるのはよかった／・思いついたことをすぐに検索できる点／・本を持ち歩かなくてよい／・横断検索をできるともっと良い／・動作を確認しながらできる点／・持ち運びが便利です／・本がたくさん入るところ／・使用法についてはわかりやすかった

設問 21.	BookLooper を用いた授業を受けて、改善すべき点を記述してください				
回答 自由記述	・「はい、○ページを開いて。」と指示された時に、慣れてないと一斉にページが開けない / ・特にありませんでした / ・システムエラーと、生徒が全体の中から本を選ぶというプロセスがいると思う / ・結局のところ、授業やそれに関連する論文執筆の際に、必要となる文献の電子版が無く、紙の版に頼らざるを得ないこと / ・コンテンツの充実にあたっては、例えばコレクションを増やして、使用回数ごとに課金するなど新たな形が実現できないのだろうか / ・白黒反転機能が欲しいです / ・予め充電していくのが面倒 / ・設定に手間取っていた				

設問 22.	BookLooper の印刷機能について必要だと思いますか？				
回答	Yes		NO		
	17 名：73.9%		6 名：26.1%		

設問 23.	一度に何頁程度印刷が必要ですか？				
回答	全部	半分	章単位	10 ページ程度	該当ページのみ
	1 名：4.3%	0%	11 名：36.7%	1 名：4.3%	10 名：43.4%

設問 24.	印刷にお金がかかる場合、1 ページ当たりいくら払いますか？				
回答	5 円未満	5 円	10 円	20 円	印刷しない
	6 名：26.1%	2 名：8.6%	9 名：39.1%	0%	4 名：17.4%

設問 25.	設問 25 で「印刷しない」を選んだ理由				
回答	「印刷しない」を選択した 4 名とも「お金を払うのが面倒」と回答				

設問 26.	設問 26 で「その他」を選んだ理由				
回答	回答者なし				

設問 27.	一冊 3000 円の教科書を電子ブックで買うとしたら、いくらで買いますか？ 金額とその理由を教えてください				
回答	1000 円以下	～1500 円以下	～2000 円以下	～2500 円以下	～3000 円以下
	3 名：13.0%	3 名：13.0%	8 名：34.8%	5 名：21.7%	3 名：13.0%
自由記述	・なるべく安く買えたら嬉しいと思います。/ ・紙ではなくデータでしか保存できないから。/ ・印刷代分くらいは安くしてほしいから。/ ・紙の本より少し安いくらいがよい。/ ・少し安い方がいいから。/ ・モノとして残らないので、やはり安く買いたい。/ ・紙と同じ値段もしくはもう少し安い値段ならなお良い。/ ・値段自体はテキトーだが、紙の本より安いほうが、メリットを持たせられると思う。/ ・紙媒体より半分安ければ電子ブックを利用したいと思ったからです。/ 紙の本よりは材料費分安いと思うので。/ ・電子書籍は紙より少し安めであると手にしやすい。/ ・紙の半値ぐらいならば、いずれ使えなくなっても買おうと思う。/ ・8 割くらいの値段であれば考える。/ ・紙という現物が存在しないから。ただし、教科書でなく、レポート執筆用の参考書のようなものならば、500 円（ただし 2 週間利用可。印刷不可）みたいなものがあると便利だと思う。/ ・現状紙の本が便利なため。/ ・印刷会社・紙代等を引き、内容や著者・出版社への敬意。妥当か否かは不明。/ ・通読には向いていないため、該当箇所をバラ売り。				

■ 共通	電子ブックと紙の本の使い方について、現在の自分の考えに一番近いものを選んでください。				

設問 28.	紙の本しか読まない				
回答	その通り	まぁそう思う	どちらとも言えない	あまりそう思わない	まったく思わない
	2 名：8.6%	7 名：30.4%	4 名：17.4%	4 名：17.4%	5 名：21.7%

設問 29.	電子ブックがあるので紙の本は使わない				
回答	その通り	まぁそう思う	どちらとも言えない	あまりそう思わない	まったく思わない
	0%	0%	2 名：8.6%	8 名：34.8%	13 名：56.5%

設問 30.	電子ブックしか読まない				
回答	その通り	まぁそう思う	どちらとも言えない	あまりそう思わない	まったく思わない
	0%	0%	1 名：4.3%	6 名：33%	16 名：26.1%

第1章 電子出版・電子図書館に関する課題解決型授業の試み

設問31.	紙が主で電子ブックが従				
回答	その通り	まぁそう思う	どちらとも言えない	あまりそう思わない	まったく思わない
	6名：26.1%	10名：43.5%	4名：17.4%	1名：4.3%	2名：8.6%

設問32.	しっかり読みたい時は紙の本を使いたい				
回答	その通り	まぁそう思う	どちらとも言えない	あまりそう思わない	まったく思わない
	12名：52.1%	9名：39.1%	1名：4.3%	0%	1名：4.3%

設問33.	特定のことを調べたいときには電子ブックを使いたい				
回答	その通り	まぁそう思う	どちらとも言えない	あまりそう思わない	まったく思わない
	4名：17.4%	7名：30.4%	8名：34.5%	1名：4.3%	1名：4.3%

設問34.	5年後を想像して自由に書いてください。
回答 （自由記述）	・本の一部を知りたい場合が増えていると思うので、電子ブックを使うことは増えると思う。／・CDのように、図書館で借りて読んだ紙の本を、電子ブックとして取り込んで検索に使う。／・電子書籍のコンテンツ数は増えていると思うが、紙の本も依然必要とされていると思う。／・紙の本はなくならず、ほとんどの人が今と読書スタイルが変わらないと思う。／・紙の本と電子の本のジャンルですみ分け。小説は紙で、論文は電子で、とか。／・電子教科書や電子ブックを導入する学校が増えていると思います。／・教科書の完全電子化。／・分からない用語をインターネットでワンタッチで検索出来るぐらいにはなってるかも。／・紙と電子は共存する。／・紙の本を買ったらデータもついてきて、自分の本棚(データベース)にして、横断検索ができるようになったらよい。／・学術書やコミックについては電子の比率が増えていくと思う一方、日本ではクレジット等オンラインでの課金システムに抵抗のある人や、年少者ユーザーが多く、「紙が主」の状況は5年くらいでは変わらないと思う。／・確実に今とは別物になっていると思う。／・基本的に電子ブック。コレクション・ギフト目的で紙を購入。／・紙の本が主、電子が従。

設問35.	電子ブックでこれから欲しいと思うものを以下から選んでください（複数可）	
回答	授業で指定された教科書	18名：78.3%
	指定以外の教科書	12名：52.2%
	語学テキスト	4名：17.4%
	検定の問題集	7名：30.4%
	語学辞書	13名：56.5%
	事典	12名：52.1%
	その他	4名：17.4%

設問36.	設問35で「その他」を選んだ方は具体的にお書きください
回答 （自由記述）	・シラバスで紹介されている参考書／・文献／・レポート用の文献として教員が指定する本。400人規模の授業ではレポート提出時期に本が借りられないという状況が多発するので、それをどうにか解決できないだろうか。／・小説、新書、雑誌、漫画、なるべく多くの出版物。

設問37.	現在持っているデバイス〔複数可〕	
回答	iPhone	13名：56.5%
	iPhone以外のスマートフォン	11名：47.8%
	iPad	10名：43.4%
	iPad以外のタブレット	4名：17.4%
	携帯	2名：8.6%
	パソコン	22名：95.7%

　　　　　　　　　　　　　　第2節　大学における電子学術書の現状と課題

第 2 節
大学における電子学術書の現状と課題

安東　正玄
（立命館大学図書館）

◇概　要

　大学図書館では電子書籍以前に、電子化された学術雑誌（以下、電子ジャーナル）で電子化の利点や各種問題に取り組み経験を積んできている。そのような状況の中、電子化が進んだ欧米を中心に図書館のあり方も変化してきている。

　国内においても文部科学省が中心に大学図書館を中心とした各種取り組みを促しており、学術情報の電子化を前提に、大学改革の中心としての大学図書館の存在が期待されている。しかし、コンテンツの多くは英語圏のコンテンツであり、日本語の学術書といわれる雑誌や書籍の電子化はかなり遅れている状況とも言える。

　国内学術書の電子書籍の推進のきっかけになった大学図書館電子学術書共同利用実験の成果にも触れた上で、現在の立命館大学の取り組みも紹介する。

◇キーワード

　電子学術書、電子ジャーナル、大学図書館、大学図書館電子学術書共同利用実験

1.　大学における電子書籍は電子ジャーナルが先行した
1.1　学術雑誌の電子化は1980年代から始まる

電子ジャーナルの出版は1980年代から始まっているが、1996年以降、

第1章　電子出版・電子図書館に関する課題解決型授業の試み

Eleseier（エルゼビア）、Springer（シュプリンガー）等の世界的大手商業出版社がプリント版の雑誌をオンラインで提供し始めることでタイトル数が劇的に増加している。2000年前後からは「科学・技術・医療」(Science, Technology and Medicine: STM) 分野を中心に、電子投稿査読システムが浸透し、紙を介することなく、インターネットを使って学術論文を投稿し、出版者もインターネットを利用して論文誌を発行することが当たり前となった。

　また、冊子では実現不可能なインターネットの特徴を生かした参考論文へのリンクなどの機能が充実し、利便性が飛躍的に向上するなどの電子ジャーナル固有のサービスも徐々に表れた。

　電子ジャーナルは当初、プリント版の価格に上乗せ（プリント版を契約していることが前提）方式が主流であったが、2002年頃には徐々に電子ジャーナルとプリント版の価格を切り離して設定する出版社も現れている。つまり、プリント版のおまけだった電子ジャーナルが単体で出版ビジネスとして認められてきたことを意味する。また、それと同時に大学図書館の限られた予算では、当然利便性の高い電子ジャーナル中心に契約が進むこととなり、結果プリント版学術雑誌の価格高騰を招く事となる。

1.2　ビックディールと大学図書館連合(コンソーシアム)の誕生

　プリント版でビジネスが難しくなると、世界的大手出版社が弱小出版社を買収し、電子ジャーナルのコンテンツ数を増やすと共に価格決定権を握る事となる。そのような状況において、大学図書館もコンソーシアムを組み、集団で大手出版社と価格交渉を行い、少しでも価格を抑える手立てを模索する事となった。そうして生まれてきたのが、「ビッグディール(Big Deal)」である。ビックディールとは、従来のタイトル単位の他に、分野別のコレクションや全タイトルを対象とする一括取引が提供される。ビッグディールの契約開始時点に購読していた雑誌に対する支払額を基本として、それに非購読誌にもアクセスするためのわずかなアクセス料金を上乗せした金額を支払うことによって、全タイトルアクセスの権利を得ることができる仕組みで、さらにこの金額に毎年の値上がりが加算されていくことになる。出版社によっていくつかのバリエーションがあるが、これが基本的な価格の仕組みである。

　このビックディールによって「北米研究図書館協会(Association of Research

第2節　大学における電子学術書の現状と課題

Libraries: ARL）のデータによれば、1997年から2003年にかけて北米の大規模研究図書館での雑誌の平均受入タイトル数は約20％増加し、特に小規模図書館の成長率が著しく向上した。」＊文献1 とも言われており、実質大学図書館において限られた予算で最大限の学術雑誌へのアクセスを保障する有効な手段でもあった。

1.3　電子ジャーナル高騰への抵抗

だが、ビックディールは先に述べたとおり、「毎年の値上がりが加算」される事となっており、電子ジャーナルの購読契約は毎年5％値上げも珍しくなく、場合によっては10％値上げもあり、これが円高であれば、まだ吸収可能であったものが、急激な円安によって国内の大学図書館は大打撃を受ける事となる。そして一部の大学図書館ではビックディールを解約する動きも見え始めている。

またもう一つは、学術研究結果が大手出版社に握られている状況から打開を求めて、誰にでも見る事ができるオープンアクセス（Open Access）を進める流れも起きることとなった。

1.4　学術論文の質の問題と大手出版社によるオープンアクセスビジネス

しかし、オープンアクセスでは、どのような学術論文でもインターネットに公開することを意味している。玉石混交と言われることを嫌う研究者は、逆に質とブランドを求めて、大手出版社の学術雑誌掲載をめざして論文を書くことから逃れる事はできない。とは言え、欧米では公的な研究資金による研究成果は、誰でも無料で見ることができるようにすべきという観点から、公的な研究助成を行うファンディング・エージェンシー（研究に対して補助金を出す団体等）の多くが、助成した研究成果について、オープンアクセスを義務化・推奨している流れもあり、大手出版社が管理するゴールドオープンアクセス（著者が論文投稿料を負担するオープンアクセス）へ集中する傾向も出てきている。

大手出版社への対抗手段として出てきたオープンアクセスが、結果的に大手出版社のビジネスの手から逃れられない構図となってしまった。

1.5　SWETS 倒産：プリント版学術雑誌ビジネスの終焉

そうした時代の中、世界最大の学術雑誌取次ビジネスを築いてきたSWETS

27

第1章　電子出版・電子図書館に関する課題解決型授業の試み

社（オランダ本社）が2014年9月24日倒産した。

　100年以上に及ぶ学術雑誌の管理業務の実績を持ち、6万を超える世界の出版社と6万5千を超える図書館・研究機関・企業とのパートナシップを軸に全世界で活躍していたSWETSの倒産は、大学図書館から見るとその衝撃は大きかった。それと同時に、プリント版学術雑誌ビジネスの一つの幕引きとも感じることができる。またSWETSでなければ入手できなかったプリント版の学術雑誌が、入手できなくなった事実とも遭遇する事となった。

1.6　英語圏中心の世界的なビジネスモデルは書籍の世界も同じ

　ここまで述べてきた学術雑誌の話の多くは、英語圏を中心とした世界である。マーケットとして規模もあり、グローバルな研究を進めるにあたり無くてはならないものである。しかし、日本語の学術論文はさほど問題になっていない。このことは、書籍においても同じ事が言える。

　電子書籍(eBook)も英語圏が進んでおり、多くの電子書籍を一定条件で全て参照可能にしておき、利用者のアクションによって購入を勧める、DDA（Demand Driven Acquisition)やPDA（Patron-Driven Acquisition)が出現しており、欧米を中心に導入が進んでいる。

　また、ProQuest社ではDDAを深化させたMediated DDAというサービスを展開し、70万タイトル全ての閲覧が5分以内であれば無償で利用可能であり、閲覧時間が5分を超過したタイトルについては図書館にリクエスト希望として連絡され、図書館が購入、貸出、購入不可のいずれかを選択するというものまで出てきている。これらも一つのプラットフォームで60万～70万を超える電子書籍のコンテンツ数があるから可能なビジネスとも言えるだろう。その意味でも、国内の電子書籍がかなり遅れをとっていると言わざるを得ない。

1.7　学術資料の電子化は学びのスタイルも変える。

　インターネットの普及とIT技術の高度化は、地域や国を飛び越えるだけでなく、学びのスタイルの変革をもたらしている。授業に必要な学術情報が電子化されたことにより、学ぶ空間を限定しなくてすむだけでなく、より効果的な学びの仕方を具体化することも可能とした。日本国内では教室での授業だけで学ぼう（学ばせる）とする講義形式は少なくないが、それでは知識は身に付き

にくく、学びも受身になりやすいと言われている。教員のいる教室では、事前学習(学修)をした上でのより高度な問いや、わからなかったことなどを学ぶ時間とし、教室と教室外での学びを有効的に活用する学習するスタイルが反転授業(flip teaching (or flipped classroom))と言われるものである。反転授業は、MOOC（Massive Open Online Course）とセットで語られることが多いが、それは多くの学術情報が電子化されてこそ実現できるものであるからとも言えよう。

1.8 変化する大学図書館の役割

大学図書館は、「資料の収集・整理・提供」が基本的な役割であるが、学術雑誌の電子化がここまで進んでくると、どの分野のコンテンツの契約を結ぶのか、契約方法の最適化とはどのようなものなのかなど、今までの図書館とは違う専門性や情報の収集能力が問われるようになる。

また、欧米では学術雑誌の電子化は製本雑誌が占めていた多くのスペースを解き放ち、ラーニングコモンズへの空間へと生まれ変わって行った。

国内においても、ラーニングコモンズが導入され、「静かに本を読む図書館」から「学びあう空間としての図書館」へと変革をもたらすこととなる(**写真1**)。

その上、オープンアクセスのような契約を必要としないものが増えてくると、

写真1　ラーニングコモンズの導入(立命館大学図書館)

玉石混合の情報の中から、利用者が必要としている情報を選び出す真のライブラリアンとしての力量が問われることになる。「利用者が必要としている情報」とは利用者が探している情報だけとは限らないので、ディスカバリーサービスなどの新しい検索サービスの導入をはじめ、高度なレファレンスサービスを提供する図書館員としての専門性を持つことが求められる。また、ラーニングコモンズの浸透は、「学びの空間としての図書館」の具体化であるので、学習指導の領域にも図書館として踏み出すことが求められている。そのような時代が目の前に来ていることは、多くの大学図書館員の知るところになっている。

2. 日本の大学で起きていること

2.1 文科省答申から見える大学図書館

　大学における教育の質向上を目指して国内では、1999年FD（Faculty Development：「大学教員の教育能力を高めるための実践的方法」）が努力義務化され、2007年大学院課程過程FD義務化、そして2008年4月から学士課程でもFDの設置を義務つけた。

　しかし、同年（2008年）2月24日に出された「学士課程教育の構築に向けて（答申）」（文部科学省中央教育審議会：以下、中教審）では、「FDは普及したが教育の質向上にはつながっていない」と明文化している。

　大学関係者もFDだけが教育の質向上に直結するとは単純に考えている人も少ないのは事実で、2010年12月に「大学図書館の整備について（審議のまとめ）－変革する大学にあって求められる大学図書館像－」（文部科学省　科学技術・学術審議会　学術分科会　研究環境基盤部会　学術情報基盤作業部会）では、「大学図書館は、大学における学生の学習や大学が行う高等教育及び学術研究活動全般を支える重要な学術情報基盤の役割を有しており、大学の教育研究にとって不可欠な中核を成す総合的な機能を担う機関の一つ。」として定義づけをした上で、学習支援、教育活動への直接的関与を求めると同時に、多くの先進的事例を挙げて、図書館という空間と学術情報の活用によって大学の基盤強化を求めている。その動きもあり「ラーニングコモンズ」を重要なキーワードとして位置づけ、学びの空間として図書館を見直す流れが起きている。

　その後、2012年8月、中教審から「新たな未来を築くための大学教育の質的転換に向けて（答申）～生涯学び続け、主体的に考える力を育成する大学へ～」

が出され、「将来の予測が困難な時代」として、社会が抱える諸問題を解決する人材の輩出を大学がすべきとし、学生の学習時間が短い、授業は教員任せではなく学位プログラムとして質を担保すること、そしてこれら改革をスムーズに行うために、トップダウンガバナンス強化をうたっている。

その流れの延長で、「これからの大学教育等の在り方について（第三次提言）」「教育振興基本計画（第2期）」が立て続けに出されている。

一方、2013年8月21日「学修環境充実のための学術情報基盤の整備について（審議まとめ）」が出されている（**表1**）。

これには、教育・研究の要が大学図書館であることを強調した上で、教育支援組織、情報基盤組織と連携して、学術情報を活用した大学らしい環境構築を急ぐようまとめている。

これら、「大学図書館を中心とした教育・研究の強化」は、外圧による改革とは異なり、大学内部からの改革促進には大学図書館の役割が大きいことを示している。そのような位置づけに大学図書館がおかれていることを前提に学術情報の電子化やそれらのサービスを実施していくことが求められている。

表1　大学教育に関わる答申等

年　月	答　申　等	主　体
2008 年 2 月	学士課程教育の構築に向けて（答申）	文部科学省中央教育審議会
2010 年 12 月	「大学図書館の整備について（審議のまとめ）－変革する大学にあって求められる大学図書館像－」※ 1	文部科学省　科学技術・学術審議会学術分科会研究環境基盤部会学術情報基盤作業部会
2012 年 8 月	「新たな未来を築くための大学教育の質的転換に向けて（答申）〜生涯学び続け、主体的に考える力を育成する大学へ〜」	文部科学省中央教育審議会
2013 年 5 月	「これからの大学教育等の在り方について（第三次提言）」	教育再生実行会議
2013 年 6 月	「教育振興基本計画（第 2 期）」	閣議決定
2013 年 8 月	「学修環境充実のための学術情報基盤の整備について（審議まとめ）」※ 2	文部科学省　科学技術・学術審議会学術分科会学術情報委員会

※ 1，2 が大学図書館について明確に述べている答申等

2.2 立命館大学も参加した大学図書館電子学術書共同利用実験と現在

　国内の電子書籍普及については 2010 年に「電子書籍元年」と言われて久しいが、そのコンテンツの多くは、マンガや小説など大学図書館が必要としている学術書ではなかった。電子ジャーナル等で電子化の利点を経験している大学図書館としては、必要としている学術書が電子書籍として出てくることを期待していた。

　そして、2010 年 10 月から 2012 年 3 月まで慶應義塾大学では日本語の学術書の電子化を推進し、出版業界や関連企業との連携を図り、これからの学術情報流通、大学教育と学術研究の基盤に大学図書館や学生の意見を反映していくことを目的として「電子学術書利用実験プロジェクト」を行った。

　このプロジェクトの成果をベースに、2012 年に対象大学を増やし、慶應義塾大学、神戸大学、名古屋大学、奈良先端科学技術大学院大学、福井大学の 5 大学で基盤の整備や個別の実験を実施した。2013 年度には大阪大学、東京大学、立命館大学の 3 大学が新たに加わり、10 月から 12 月末にかけて、計 8 大学による「大学図書館電子学術書共同利用実験」を実施した。その後、2014 年 3 月 20 日に慶應義塾大学三田キャンパスにて成果報告会を兼ねた公開シンポジウムを開催し、本実験は 2014 年 3 月を以って終了している。詳しくは大学図書館研究 101 号（2014 年 12 月発行）をご覧頂きたいが、ここでは、このプロジェクトの意義と成果について簡単に述べたい。

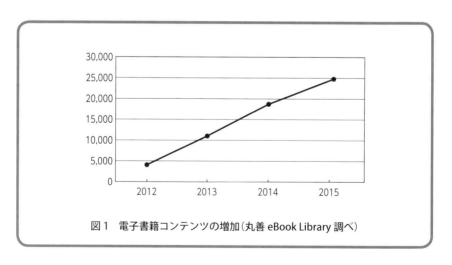

図 1　電子書籍コンテンツの増加（丸善 eBook Library 調べ）

まず、国内の学術書籍の多くが電子化されていない問題に対して、出版社と共に議論する場ができたことは非常に大きかった。その成果もあり、学術機関、研究機関向けに国内の電子書籍を提供するプラットフォームを提供している丸善 eBook Library によると、国内学術書籍の電子化が順調に伸びている[*1]。

また、「大学図書館電子学術書共同利用実験」に参加した出版社を中心に、2014年9月に教育・研究の多様な利用シーンに貢献学術を目指して国内初の学術書新刊をプリント版と電子版でセット販売する「新刊ハイブリッドモデル」を提供開始したこともその成果ともいえる。

その背景には、電子化された学術情報が有効に活用される事、電子化されるからこそ活用できる方法などの具体的な話が、出版社と共有化することができたことは、プリント版のビジネスモデルしか知らない国内出版社にとっては新しいビジネスの可能性を見出せたと感じる。

授業内での電子書籍の活用の研究と学生の感想などの情報も得る事ができ、紙と電子の使い分けについてもデータをとることができた。

そしてなにより、参加大学の貸出データを分析することで、2万タイトル前後で年間貸出回数の50%近くを占めている事、比較的新しい出版年のものが利用されている事、貸出の多い出版社が集中している事などがわかった。その意味では闇雲に電子化を進めるのではなく、特定の出版社を中心に新しい書籍から電子化を進め、2万冊を超えることになると飛躍的に電子書籍の利用も上る事が想定される。

また、今回の議論の中で、国内の学術情報の出版社は規模が小さいところが多く、出版物の保存の意味からも電子化は重要な問題であることが話された。

そして現在、立命館大学では「学術情報資料におけるデジタルコンテンツのあり方について」の答申を議論しており、学術情報をプリント版だけでなく電子版まで幅広く対応すべく①デジタルコンテンツを図書館資料としてどのように位置づけるのか全学的な見地からデジタル化対応政策の枠組みを検討、②デジタルコンテンツの収集と提供について、従来の紙媒体との関係を整理して、棲み分けや移行をどのように図っていくのか検討、③これらの政策化にあたり、

---

*1　丸善 eBook Library は、学術機関様、研究機関様向けに国内の電子書籍を提供するプラットフォーム。

第1章　電子出版・電子図書館に関する課題解決型授業の試み

図書予算の枠組みやそのための財源確保や契約形態の見直しについて検討など積極的に進めようとしている。

　これらの議論の成果を見るにはまだ数年はかかるとは思われるが、大きな一歩を踏み出した事である事は間違い無い。

　　＜引用文献＞
1. 加藤信哉「動向レビュー：電子ジャーナルのビッグ・ディールが大学図書館へ及ぼす経済的影響について」（『カレントアウェアネス』、No.287、2006年、〈http://current.ndl.go.jp/ca1586〉（2016年1月アクセス））

　　＜参考文献＞
＊　林和弘「論文誌の電子ジャーナルをめぐる最近の動き」（『科学技術動向』2009年7月号、10-18頁）
＊　尾城孝一「ビッグディールは大学にとって最適な契約モデルか？」（『SPARC Japan NewsLetter』第5号、2010年5月、1-6頁）
＊　加藤淳一、鳥谷和世、安東正玄、太田仁、蔵城一樹「電子学術書の現在と今後：大学図書館電子学術書共同実験の到達と課題」（『大学図書館研究』101号、2014年12月、25-34頁）

34

第2章

公共図書館における
電子書籍サービスの新展開

本章の内容

　日本における公共図書館向け電子書籍貸出サービスがようやく本格的に展開されようとしている。図書館流通センターは電子図書館サービス「TRC-DL」を2011年1月、堺市立図書館で運用を開始し、現在、最多の導入館実績を誇っている。そこにKADOKAWA、講談社、紀伊國屋書店が設立したJDLS（日本電子図書館サービス）が「LibrariE」の販売を開始し、2015年10月、山中湖情報創造館に導入された。

　一方、メディアドゥは米国の公共図書館の電子書籍サービスにおいて圧倒的シェアを占めるOverDriveと提携し、2015年7月から龍ヶ崎市立中央図書館、9月から潮来市立図書館で電子書籍サービス開始したのである。

　本章では、公共図書館における電子書籍サービスの新しい取り組みについて、3社の方々にご執筆いただいた。

　第1節　TRC-DLのめざす電子書籍サービス
　第2節　LibrariEの電子図書館サービス
　第3節　日本の公共図書館におけるOverDrive Japan電子図書館システム

第2章 公共図書館における電子書籍サービスの新展開

第1節

TRC-DL のめざす電子書籍サービス
矢口　勝彦

（図書館流通センター　電子図書館推進）

◇概　要

TRC-DLは、2011年1月に堺市立図書館に1号館として導入されてから、約5年を経過した2016年1月末日現在、30館（自治体）に採用され、内定している図書館を含めると累計約50館（自治体）の導入が予定されている。堺市導入当初は、閲覧可能端末はWindows PCのみ、提供可能なコンテンツ数も4000タイトル程度だったが、その後iPad（iPhone）、Android端末、Mac PCと徐々に対応端末を増やし、コンテンツ数も1万9000タイトルを超えるところまできている。本稿では、TRC-DLのサービス概要、特長、導入事例等とともに2016年4月に施行される障害者差別解消法への対応についても紹介する。

◇キーワード

TRC-DL、電子書籍、独自資料、図書館業務システム連携、障害者差別解消法、音声読み上げ、音声認識

1. サービス概要

TRC-DL は、図書館向けのクラウド型電子書籍貸出サービスである。

TRC-DL が導入された自治体の図書館の利用者は、紙の本と同じように図書館の管理している電子書籍を借りて読むことができる。

紙の本と違うのは、図書館に行かなくても、インターネットに接続されたパソコン（Windows / Mac）、iPad、iPhone、Android 端末などから図書館のホー

第1節　TRC-DLのめざす電子書籍サービス

ムページにアクセスすることにより、利用者の自宅や外出先からでも電子書籍を借りて読むことができることである。

TRC-DLを導入した図書館の利用者がTRC-DLを利用する場合、操作方法は以下のようになる。（図書館システム非連携時）

① 図書館に利用希望の旨申し出、所定手続き後、図書館から利用者ID、パスワードを発行してもらう。
② 図書館のホームページにアクセスする。
③ ホームページに追加された「電子図書館」のバナーをクリックし、図書館のTRC-DLサイトに遷移する（図1）。
④ ログイン画面に利用者ID、パスワードを入力する。
⑤ ジャンルで探す、フリーワード検索、詳細検索、新着資料、特集等から読みたい電子書籍を選び、「借りる」ボタンを押す。
⑥ ポップアップウインドウから「今すぐ読む」ボタンを押すと本が開く。

2. 閲覧可能な電子書籍

TRC-DLで閲覧可能な電子書籍は、次の二つに大別される。

一つは、商用コンテンツと呼ばれる図書館向けに許諾された出版社保有のコンテンツである。商用コンテンツについては、「4．商用コンテンツの現状」で

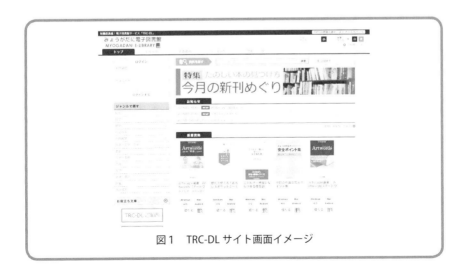

図1　TRC-DLサイト画面イメージ

図2　貴重資料の一例　松下村塾零話（萩市電子図書館）*1

概要を紹介することとする。

　二つ目は、独自資料（あるいは地域資料、郷土資料とも言う）と呼ばれる自治体あるいは図書館が保有するコンテンツである。

　独自資料も大別すると次の二つに大別される。

　一つは、絵図、古文書などの貴重資料である（図2）。

　もう一つは、自治体の広報誌、郷土紹介本、図書館で作成した冊子等の情報発信資料である（図3）。商用コンテンツは、ログインが必須であるが、独自資料に関しては、タイトル毎にログインさせるか、ログイン不要かを図書館が設

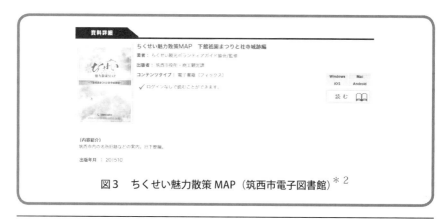

図3　ちくせい魅力散策 MAP（筑西市電子図書館）*2

*1　萩市電子図書館 URL 〈https://www.d-library.jp/hgi02/g0101/top/〉
*2　筑西市電子図書館 URL 〈https://www.d-library.jp/chikusei/g0101/top/〉

定できるようになっている。

3. 主な特長

TRC-DLは、図書館や利用者の意見を取り入れ、順次改修を行ってきたが、2014年4月に全面的にリニューアルした。

新しくなったTRC-DLの主な特長は、下記のとおりである。

① サイトデザインを一新、操作をより簡単に！

⇒操作性、機能性を根本から見直し、サイトデザインの改善、検索・表示の充実といった電子図書館の基本機能を強化した。さらに最大90パターンの組み合わせで、画面デザインの変更を可能にした。

② ビューワのダウンロード、インストールが不要に！

⇒導入館にアンケートを取った結果、ビューワのダウンロード、インストールでつまずき、電子図書館サービス利用を諦めてしまった利用者が多くいたことがわかったため、ダウンロード、インストール不要のブラウザベースのビューワを採用した。

③ 『お役立ち文庫』3000タイトルを組み込み済み！

⇒『お役立ち文庫』とは、図書館が選書して購入する商用コンテンツとは別に、All Aboutの有料電子書籍から図書館向けに適当な3000タイトルをパッケージにして予めTRC-DLに組み込んだものである。

④ アクセシビリティを強化！

⇒アクセシビリティの規格JIS X8341に配慮した高齢者や読書困難者の方にもやさしいサイトデザインにした。

⑤ 独自資料を図書館でアップロードが可能に！

⇒多くの図書館から、自分たちで独自資料を電子書籍化したいという要望があった。コンテンツデータ、書影データ、書誌情報を用意すればTRC-DLの管理者機能によりTRC-DLサイト上にアップロードが可能になった。

なお、1号館の堺市立図書館をはじめ、TRC-DLの全面リニューアル以前に導入した図書館（自治体）を含めたすべてのTRC-DL導入館は、現在、最新の仕様で運用されている。

第2章　公共図書館における電子書籍サービスの新展開

図4　電子書籍の様々なコンテンツタイプ

4. 商用コンテンツの現状

　図書館向けに許諾されたTRC-DLの商用コンテンツは、2016年1月現在、タイトル数は、約1万9000タイトル、提供出版社は約150社である。
　コンテンツタイプは、リフロー型、フィックス(固定レイアウト)型、リッチコンテンツ、音声、動画コンテンツとタイトルによって様々である(図4)。
　それぞれのタイトルには、出版社からライセンス数（1～3）が設定されており、同時アクセスが制限されている。一部有期限のタイトルがあるが、多くのタイトルが「買い切り」タイプである（前述の「お役立ち文庫」は、ログインは必要だが、読み放題型である）。

5. 図書館業務システム連携

　TRC-DLは、単独の運用(図書館システム非連携版)でももちろん可能であるが、図書館業務システムとの連携用のインターフェイスも用意している。

図書館業務システム（以下図書館システムと表記）との連携した場合の主な特長は下記のとおりである。
① 認証連携
⇒図書館システム、TRC-DL いずれからでもログイン可能である。TRC-DL 用の ID、パスワードは不要、図書館利用者カードの ID、パスワードで電子書籍を閲覧できる。
② 書誌連携
⇒ WebOPAC で資料を検索した場合、電子書籍用 TRC MARC により、紙の本と、電子書籍の両方を検索可能になる。（ハイブリッド検索）
③ 統計連携
⇒図書館職員が図書館の統計情報を図書館システムの端末で確認する際に、紙の本だけではなく電子書籍の統計情報も併せて表示させることができる。

この他にも通知情報連携等、各種の連携のインターフェイスを用意しているが、どこまで連携させるかは、図書館と図書館業務システムベンダー間での打ち合わせにより決定される（図5）。

6. 電子図書館サービスのメリット
電子図書館サービスのメリットを TRC-DL を例に挙げ以下に述べる。

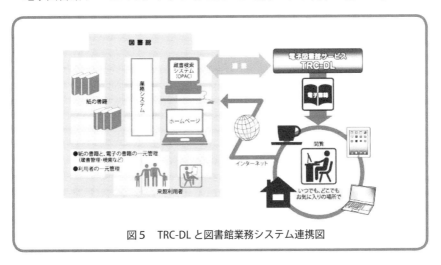

図5　TRC-DL と図書館業務システム連携図

6.1 利用者のメリット

・図書館の開館日／開館時間、天候、図書館までの距離を気にせずに自宅から本を借りて読むことができる。
・音声読み上げ機能や文字サイズ拡大機能によって、読書困難者や高齢者の方にも本が読みやすくなる。
・リッチコンテンツで制作された問題集、資格本や図鑑、絵本等を使うことにより学習効果、学習効率の向上が期待できる。

6.2 図書館のメリット

・貸出、返却、督促業務が不要である。
・蔵書スペースが不要である。
・紙の本の場合、利用者の書込みが懸念される問題集、参考書、資格本のような資料でも提供することができる。

6.3 共通のメリット

・本の紛失、盗難、汚破損の心配がない。

以上に加えて、東京都市大学環境情報学部伊坪研究室のホームページ[3]で、「電子図書館システムの環境影響評価」が公開され、電子図書館のメリットとして CO_2 削減効果が定量的に評価されているので参照されたい。

7. TRC-DL の導入理由

TRC-DLを導入した図書館あるいは検討中の図書館に、導入または検討している理由を尋ねると以下のようになる。

① 非来館者サービス
② 貴重資料含めたデジタルコンテンツの一元管理
③ 情報発信ツール
④ 省力化、省スペース化
⑤ 高齢者、障がい者サービス
⑥ 自然災害を想定したリスク分散

---

[3] 伊坪研究室のホームページ〈http://www.yc.tcu.ac.jp/~itsubo-lab/research/casestudy.html〉

第 1 節　TRC-DL のめざす電子書籍サービス

⑦　ビジネス支援サービス
⑧　障害者差別解消法対応

　なお、2016年1月時点で、TRC-DLの問合せで最も多いのが、「障害者差別解消法対応」である。
　図書館等の公共施設において障がいを有する利用者が、本を読みたいと意思表示をした場合、2016年4月に「障害者差別解消法」が施行された後では、「社会的障壁を取り除くための合理的配慮が法的義務化される」としている。

8. 導入実績と導入事例

　TRC-DLは、2016年1月末日現在、30の自治体の公共図書館に導入されている。導入した図書館の中にはTRC-DLを情報発信ツールとして使いこなし、さまざまな活用をしている事例がある。ここでは、札幌市、筑西市、徳島市の事例を紹介する。

8.1　札幌市図書館（北海道）[*4]

　札幌市ではTRC-DLの導入に先立ち、2011年度、2012年度の2年間に渡っ

図6　電子書籍作成講座のお知らせを掲載した札幌市図書館のホームページ

＊4　札幌市電子図書館 URL 〈https://www.d-library.jp/sapporolib/g0101/top/〉

て電子書籍の利活用等様々なテーマで実証実験を行った。その成果が、多方面に渡り、導入後の電子図書館サービスの活性化に貢献している。その一つとして市民が自ら電子書籍を制作する試みで参加者を募集した（**図6**）。

制作にあたっては地元の出版社が指導に当たり、出来上がった作品はTRC-DLの導入後も公開されている。

また、実証実験にあたり、電子書籍を貸出用に提供するよう図書館自ら道内の出版社に対して実験への参加を呼びかけた。それに応じた出版社が中心となり、実証実験終了後の2013年に「一般社団法人北海道デジタル出版推進協会（略称HOPPA）」を設立。TRC-DL導入後も地元の商用コンテンツとして多くのタイトルを図書館に提供している。

札幌市電子図書館のサイトには、「全国区」の出版社の商用コンテンツの他に札幌のタウン誌を含む地元（道内および札幌）の商用コンテンツ、多彩な独自資料等のコンテンツが並び、予約待ちのコンテンツも多い。

8.2　筑西市立図書館（茨城県）[*5]

筑西市では、福島県、岩手県、宮城県、茨城県日立市の協力を得て、各自治体が作成した東日本大震災からの復興資料を収集し、TRC-DL上で公開している。

また、筑西市の情報発信本としては、商用コンテンツの「懐かしの街さんぽ茨城」などグルメ・街ガイド本の他、独自資料として、商工観光課発行の「ち

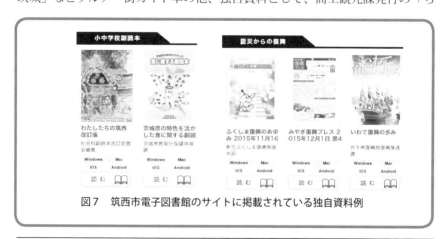

図7　筑西市電子図書館のサイトに掲載されている独自資料例

[*5]　筑西市電子図書館 URL 〈https://www.d-library.jp/chikusei/g0101/top/〉

第1節　TRC-DLのめざす電子書籍サービス

図8　徳島市電子図書館のサイトトップ画面（左）と独自資料例（右）

くせい魅力散策MAP」（図3）や小学校の社会科副読本「わたしたちの筑西改訂版」など小中学校の副読本をTRC-DL上で公開している。これらの独自資料は、いずれもログインが不要でサイト上で誰でも読めるため、日本全国への情報発信が可能である（図7）。

8.3　徳島市立図書館（徳島県）[*6]

徳島市では地元の出版社や大学、在住の著者といった様々なパートナーと協働しながら独自資料の制作を行い、実際に電子図書館で読めるようにしている。

また、図書館スタッフが作った冊子も電子書籍化している。新着コンテンツや電子図書館関連のイベント情報が掲載されている冊子「徳島電子図書館プレス」を図書館スタッフが制作する際、併せて自らの手で電子書籍化しTRC-DLに登録している。電子書籍化したことによってTRC-DLのサイト上でフリーワード検索など検索機能も利用でき、本を開いた後は、ページめくり、拡大などの機能の他、本文検索も可能になっている（図8）。

9.障害者差別解消法対応への取り組み
9.1　現状のTRC-DLでできること

TRC-DLは、前述のとおり全面リニューアル後、アクセシビリティの規格JIS X8341に配慮した高齢者や読書困難の方にも優しいサイトデザインにした。

[*6]　徳島市電子図書館 URL 〈https://www.d-library.jp/tokushima/g0101/top/〉

45

第2章　公共図書館における電子書籍サービスの新展開

また、一般の利用者の他、視覚障がいの利用者にも、読書の機会を提供できるように2015年12月現在、コンピューターが合成音声で読み上げるリフロー型コンテンツを（約6000タイトル）、声優の朗読等による音声コンテンツ（約1500タイトル）を用意しており、今後もタイトル数を増やしていく予定である。TRC-DLを利用することにより、

・足が不自由等、肢体に障がいを持った利用者が、図書館に行かなくても図書館の管理している電子書籍を借りて、読むことができる。
・晴眼者の家族、図書館の職員、ボランティアの方が、TRC-DL のサイトで視覚障がい利用者に代わって選書操作や、音声読み上げボタンを押すなどのサポートをすることにより、視覚障がいの利用者も図書館が管理している電子書籍を借りて、読むことができる。

　以上のようなケースでは、現行の TRC-DL でも障害者差別解消法の対応商材として機能し、コスト、納期、労力がかかる従来の対面朗読、点字、デイジー、録音図書等のサービスを補完する役目を担えるといえる。 しかし TRC-DL は、視覚障がいの利用者の方がご自身で、「電子図書館のサイトにアクセスでき、自ら電子書籍を選んで読むことができる」ことを、次のステップとして考えている。

9.2　三田市での実証実験

　TRC-DL を運営する大日本印刷、図書館流通センター、日本ユニシスは、読書アクセシビリティを研究している立命館大学の IRIS (Integrated Research of Accessible Ebooks: Interfaces & Services)プロジェクトの松原洋子教授、湯浅俊彦教授、植村要専門研究員等の指導の下、三田市（兵庫県）まちづくり部生涯学習支援課、三田市立図書館、対面朗読サービス等視覚障がい者支援のボランティアの方々、地元の視覚障がい者の方々の協力を得て実証実験を行った。

　また、「公共図書館で働く視覚障害職員の会（通称、なごや会）」有志の方々の協力も得て同内容の実験を行った。実験は、PC とタブレットの両方で実施した。

　PC に関しては、スクリーンリーダーという PC の画面を読み上げるソフトと TRC-DL の組み合わせにより選書し、本が開いたら電子書籍のテキストデータを合成音声によりビューワが音声読上げすることにより読書が可能とする。

　一方、これからはスマホ、タブレットの時代なのではという認識のもとにタ

46

第1節　TRC-DLのめざす電子書籍サービス

図9　図書館総合展TRCブースでのデモ風景(左)と音声認識を使った操作手順(右)

ブレットに関しても実験を行った。ただしフラットパネル操作は、視覚障がい者にとって困難なため、タッチ操作だけではなく、端末に向かって話しかける「音声認識」という機能を併用することにした。

9.3　今後のTRC-DLのアクセシビリティ

実証実験の結果を踏まえ、ＰＣ版、タブレット・スマホ版のいずれも商品化を予定している。概要は以下のとおりである。

○ＰＣ版

通常のTRC-DLのサイトのトップ画面にテキストサイトのバナーを追加する。テキストサイトを選んだ場合は、シンプルなツリー構造でスクリーンリーダーを併用することにより視覚障がいの利用者にも選書し易くする。

導入時期は、2016年度を予定している。

○タブレット・スマホ版

2015年11月に開催された図書館総合展ＴＲＣブースにて、障害者差別解消法対応のスマホ版試作機を展示した（図９）。仕様、導入時期はともに未定である。

PC版、タブレット・スマホ版商材の提供とともに、

○紙の書籍からテキストデータ化、音声読み上げ対応化作業の検証

○出版社からテキストデータ提供フローの検証、啓発活動

他、様々な課題解決に向けて検証していく予定である。

第2章　公共図書館における電子書籍サービスの新展開

第2節

LibrariE の電子図書館サービス
山口　貴
（日本電子図書館サービス代表取締役社長）

◇概　要

日本電子図書館サービスは図書館、図書館利用者、著作者、出版社をつなぐ
事業を行うために設立された。新たな電子図書館向けビジネスモデルとして、
出版社から配信許諾を受けて図書館へそのアクセス権をラインセンス販売する
しくみを構築した。有効期限と貸出回数を設定することにより、図書館と著者・
権利者の間では貸出サービスが続く限り継続的に対価が得られる。また、ブラ
ウザを利用してネット上で読書する方式のため、利用者の個人端末にコンテン
ツが格納されることはない。今後、多くの販売ラインナップを用意し、文芸書
から実用書、学術専門書までを取りそろえ、図書館に提供していこうとしている。

◇キーワード

LibrariE、電子図書館サービス、有効期限、貸出回数、ブラウザ

1.　日本電子図書館サービスの概要

1.1　日本電子図書館サービスについて

日本電子図書館サービス（以下、JDLS と略す）は、2013 年 10 月 15 日に
KADOKAWA、講談社、紀伊國屋書店の 3 社の出資で設立された。

その設立の理念は電子書籍時代を迎えた今日、時代に即したビジネスモデル
を提示し、図書館に求められる「知の集積」という基本機能と著作者および出版
社が必要とする「知の再生産」に必須条件となる還元の仕組みを成立させること

48

にある。図書館、図書館利用者、著作者、出版社をつなぐ「架け橋となる存在」になりたいと JDLS は考えている。現在、国内では図書館向けの電子書籍コンテンツが非常に少ない状況である。JDLS は新しい電子図書館向けビジネスモデルを考案して、電子書籍をより多くの読者へ届けたいと考えている。

1.2 JDLS の考える図書館向け電子書籍流通の仕組み

一般的には図書館の紙資料は資産（備品）として会計的に処理されている。しかし JDLS は電子書籍が公衆送信権契約に基づく販売形態であることに着目し、これまでの紙資料とは異なる新しい形でのビジネスモデルの構築を行う。

デジタル化した電子書籍は公衆送信権契約に基づいて出版社から配信許諾を受けて図書館へはアクセス権というライセンスを販売する。このアクセス権は有効期限や貸出回数制限を設けるので、一定期間を過ぎるとアクセス権を失う。図書館で貸出サービスを継続するためにはライセンス更新を繰り返すことが必要になる。利用者は無料で電子書籍を借りて読むことができるが、図書館と著者・権利者の間では貸出サービスが続く限り継続的に対価が戻るビジネスモデルとなる。JDLS と出版社の間に取次が入り、JDLS と図書館の間に販売代理店が入ることもあるがビジネスモデルは変わらない。

2. JDLS 電子図書館向けシステムの概要

2.1 電子図書館サービス LibrariE（ライブラリエ）

JDLSが提供する電子図書館サービスをLibrariE（ライブラリエ）と名付けた。図書館（Library）と電子書籍（eBook）を融合するという意味を込めている。

LibrariE（ライブラリエ）の特長を説明する（次ページの**図1**を参照）。

（1）これまでとは比較にならない電子書籍ラインナップを実現

利益還元モデルを前提として図書館向け商用コンテンツを取り揃える。現在、講談社、KADOKAWA、研究社、法研、文藝春秋、インプレス、ディスカヴァー・トゥエンティワン、銀の鈴社、紀伊國屋書店などに出版社から新刊書を含む8000タイトル近くを揃えている。2016年4月には1万タイトル以上になる予定である。

（2）365日24時間利用できる館外貸出サービス

LibrariE（ライブラリエ）が提供する電子図書館サービスは、館外から365

第 2 章　公共図書館における電子書籍サービスの新展開

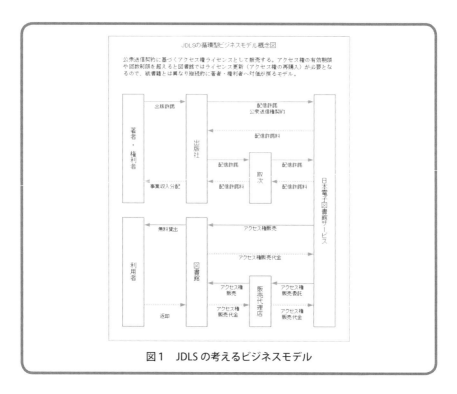

図 1　JDLS の考えるビジネスモデル

日 24 時間の利用が可能である。自宅、通勤通学中、出張先等の遠隔地でも使い慣れている利用者所有の個人端末から電子書籍の貸出サービスを受けられるようになる。図書館は開館時間内に行かないと利用できなかったが、電子図書館サービスは年末年始等の図書館閉館日であっても利用できるようになる。

（3）図書館が作成する電子化された資料の受け入れ

図書館の作成する資料はデジタル化することによって、電子図書館へ登録して管理運営ができるようになる。これにより、資料保管スペースの省力化や検索・閲覧等のサービスの充実を図ることができる。

（4）福祉サービスの強化

障がいがあって図書館に通うのが困難な方、入院中の方など、これまで図書館へ行けなかった方へサービスすることが可能になり、文字拡大・反転や自動ページ送りなどの機能は実装済みで、今後の課題として音声読上げコンテンツの搭載なども検討している。

50

（5）システム負担が少なく安全なクラウドサービス

LibrariE（ライブラリエ）のシステムはクラウドコンピューティングで構築されており、図書館内にサーバ等のシステム環境を用意する必要がなく環境設定のみで導入することが可能である。クラウドサービスによるプラットフォームなので、電子書籍ファイルは JDLS によって一元的に管理され、図書館内のサーバにダウンロードすることはない。

2.2　利用者の読書方法について

LibrariE（ライブラリエ）はインターネット・エクスプローラ、Chrome、Safari といったブラウザを利用してネット上で読書をする方法となる。電子図書館の画面から利用者が［借りる］ボタンを押して借りた後に［読む］ボタンを押すと、インターネットブラウザのタブが自動的に開いて読むストリーミング方式となる。コンテンツを PC、タブレット、スマートフォンへダウンロードして読む方式ではないので、利用者の個人端末にコンテンツが格納されることはない。ブラウザで読む方法はダウンロードタイプと比較して簡便な操作で電子書籍を読むことができる。公共図書館では子どもから高齢者まで幅広い方々が利用者となるので、簡便に電子書籍を読めるように配慮されている。

また、「試し読み」ボタンを押して数ページだけ読むこともできる。貸出し数に制限があるため、借りる前に内容を確認したり、貸出し中の電子書籍を予約するかどうか判断したりする時に試し読みは有効である。

2.3　選書オーダリングシステム

LibrariE（ライブラリエ）の選書オーダリングシステムは、図書館スタッフがウェブ上で電子書籍の選書・購入するためのシステムである。予算管理をしながら発注でき、大規模な図書館から小さな図書館まで運用できるように工夫している。

LibrariE（ライブラリエ）が提供する電子書籍はアクセス権販売方式（詳細は後述）なので、ライセンス期限が迫るとアラート表示によりライセンス更新を促す仕組みとなっている。図書館の予算内で無理なく電子書籍を取り揃えて利用者へ貸出しサービスを行える仕組みを提供する。

選書は電子書店 EC サイトと同様にキーワードやジャンルで検索し電子書籍

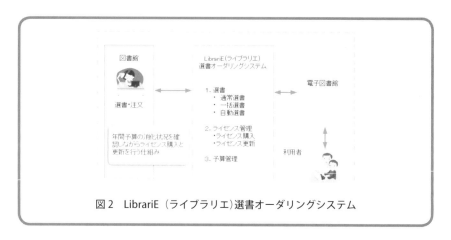

図2　LibrariE（ライブラリエ）選書オーダリングシステム

を選書カートへ入れて行く。予め選書条件を設定しておくことにより自動で選書を行うことも可能である。カートに集まった電子書籍は図書館内での購入承認の手続きができるように CSV ファイルのダウンロード、印刷が可能である。購入決定ボタンを押すことにより蔵書として貸出しが可能となる(図2)。

アクセス権の有効期限や貸出回数制限が近づくとアラート表示がされるので、貸出実績を確認しながら、解約・更新などの操作をする仕組みになっている。

2.4　図書館システムとの連携

現在の一般的な図書館では、図書館ホームページ上から利用者カード番号でログインして図書館所蔵の本の検索や予約、リクエストができるようになっている。LibrariE（ライブラリエ）は図書館システム(WebOPAC)と認証連携することにより、利用者カード番号で電子書籍の貸出しができるようにすることもできる。認証連携は通信の暗号化や連携データの暗号化処理により安全対策を講じており、個人情報(氏名等の属性情報)へのアクセスもしない。既存の図書館システムと電子図書館が連携することにより紙書籍と電子書籍を組み合わせて、効率よく図書館運営や貸出サービスがなされるようにする(図3)。

2.5　書店販売への誘導

図書館にとっての大きなメリットは、このビジネスモデルによって、これまでと比較にならないほどの多種多様な電子書籍ラインナップの拡充が図れることである。しかしながら、電子書籍であっても、紙資料同様に貸出中の場合は

図3 システム連携による紙本と電子書籍のハイブリット図書館

借りることができない。人気作品に至っては何十人、何百人と予約待ちが発生することが予測される。JDLSとしては、アクセス権の追加購入を期待するとともに、この予約待ちの方々に対して、電子書籍書店やリアル書店へシームレスに誘導することによって、購入を促して行くことを計画している。

3. JDLSの図書館向け電子書籍販売方法
3.1 図書館向け電子書籍販売の基本的な考え方
アクセス権はライセンス契約で期間や貸出回数を限定したアクセス権を販売する。JDLSは、3種類のアクセス権を販売する。各アクセス権の内容と販売価格について説明する。

3.2 ワンコピー・ワンユーザ型ライセンス
ワンユーザ（1人のみ）に貸出し可能で、2年間または52回貸出しの制限付きのモデルである。2年間・52回までの根拠は、紙資料の1度の貸出し期限が概ね2週間になっていることに基づいている。1年は52週なので、2週間貸出して2年で52回という計算となる。

ワンコピー・ワンユーザなので、図書館が同時に3人まで貸出したいときには、アクセス権を3ライセンス購入することになる。また、ライセンス数を超える貸出しのリクエストがある場合は紙書籍と同様に予約待ちとなる。予約は1ライセンスにつき最大51人まで受付けられる。図書館での初回購入時には

必ずワンコピー・ワンユーザ型のライセンスを購入して頂く。

　図書館は JDLS の選書オーダリングシステムを利用してオンラインで電子書籍を購入する。予約が多い電子書籍については、ライセンスの追加購入もできるようになっている。

　選書オーダリングシステムで購入した時点で決済は完了するので、翌月には図書館へ請求する。

3.3　都度課金型ライセンス

　新刊の時には利用が多いものの、2 〜 3 年経過すると貸出し回数が少なくなる作品も出現する。しかし図書館としてラインナップに置いておきたい等のニーズがあり、それに対応するために、ワンコピー・ワンユーザ型を補完するものとして都度課金型という販売モデルを用意した。

　この販売モデルは貸出しの都度、少額を図書館に請求するというものである。都度課金型はワンコピー・ワンユーザ型のライセンス契約が終了したコンテンツに限り図書館が選択できる 1 年間の再契約モデルとなる。図書館が最初から都度課金型ライセンスの購入することはない。初回購入は必ずワンコピー・ワンユーザ型ライセンスとなる。

　図書館にはライセンス更新も選書オーダリングシステムを利用して頂くことになる。ワンコピー・ワンユーザ型ライセンスで購入した電子書籍は、有効期限に近づくとアラート表示によって図書館員へ伝えられる。また、貸出回数制限（52 回）の残数が少なかった場合も同様である。

　図書館では貸出実績を画面で確認しながら、解約、ワンコピー・ワンユーザ型での再更新、都度課金型へ移行更新を選択することができる。一括での自動更新設定をすることも可能である。

3.4　ワンコピー・マルチユーザ型

　1 冊の電子書籍を同時に多数の利用者へ貸出すモデルである。これは小学校、中学校、高等学校等の教育現場で夏休みの課題や授業に使う副読本等、一定期間に生徒全員に貸出ししたい場合や企業の新人研修用にビジネス本を新入社員分一斉に貸出ししたいというニーズに対応したモデルである。

　紙資料では「在庫がない」「調達に時間がかかる」などの理由からハードルが

高く、実現が難しいのが現状であったが、電子書籍の特長を活かした短期間・複数同時貸出しを可能にする契約モデルである。ワンコピー・マルチユーザ型はそれぞれのニーズにあわせて関係者の調整をするため、個別の条件を設定するカスタマイズサービスである。

3.5 キャンペーン・セット販売

出版社別・ジャンル別・テーマ別など様々なキャンペーンやセットを企画・販売する予定である。図書館にはタイムリーな読書企画を提案、利用者には新たな本の発見をしていただき、読書数や読書人口の増大に繋げたいと考えている。また導入時のおすすめセットなど図書館の規模や利用者層に合わせた導入プランなども用意する。

3.6 販売コンテンツの種類

対象ジャンルは電子書籍(国内作品・海外作品)及びオーディオブックとする。図書館向け電子書籍として相応しいラインナップを取り揃えて販売する予定である。図書館の選書傾向や性格上、アダルト系、コミック(一部学術的・文化的意義のあるものは対象)、タレント写真集などは、現時点では対象としないが、出版社、図書館双方に相談の上、販売ラインナップに加えるかどうかを検討させていただく。なお動画、音楽に関しては現在のところ販売を予定していない。

3.7 雑誌・ムックの販売について

雑誌については一部の月刊誌・単発のムックについて販売商品として取り扱う予定である。システム上は単品商品として販売する。即時性の高い週刊誌等の定期出版物については、図書館のニーズや出版社の意向など調査しながら検討して行く。

4. JDLS の今後の計画

JDLS はより多くの電子書籍コンテンツを図書館に活用いただくために、収集活動を積極的に展開している。できる限り多くの販売ラインナップを用意し文芸書から実用書、学術専門書等まで取りそろえ各図書館に選書、購入していただけるようにしたいと考えている。

第2章　公共図書館における電子書籍サービスの新展開

$$第3節$$

日本の公共図書館における
OverDrive Japan 電子図書館システム
溝口　敦
（メディアドゥ）

◇概　要

本稿では、2014年5月に、電子図書館プラットフォーム世界最大手の米国OverDriveと戦略的業務提携をしたメディアドゥが、どのように本事業に取り組み始めたか、その後の1年半経過した状況について述べる。

まず始めに、入口としてメディアドゥの成立ちや歴史について紹介をさせていただき、その後、OverDriveとの戦略的業務提携の背景や、どんな取組みを行っていくかを報告する。最後に、1年半経過した状況を踏まえながら、今後どのような考えで電子図書館に取組んでいるかについてまとめる。

◇キーワード

電子書籍、図書館、電子図書館、出版市場、OverDrive

1.　メディアドゥとは

本題に入る前に、メディアドゥについて紹介させていただきたい。

メディアドゥは1999年に名古屋で設立し、当時は携帯電話販売業を主として行っていたが、その翌年の2000年にインターネット事業へ参入し、2004年に現在の著作物のデジタル流通事業の前進となるケータイ電話による音楽配信事業を始めた。そして、2006年後半から、電子書籍事業を開始して今に至っているのが現状である。メディアドゥが公表している2015年度の売上は約114億円であるが、そのうち電子書籍事業の売上は90％を越えている状況であり、日本の電子書籍取次3社の一角を占める状況となっている。

56

第3節　日本の公共図書館における OverDrive Japan 電子図書館システム

　私がメディアドゥに参画したのは2008年7月で、正に電子書籍事業を立ち上げようと社長を筆頭に全社が力を入れている状態のころ。正に良い意味で猪突猛進という雰囲気であり、ITを駆使して著作物を適切に、効果的に流通させたいという想いが強い社長やメンバーの熱意を凄く感じたのを覚えている。

　その当時から今でも普遍的なメディアドゥのベースとなる事業モデルは、著作者が産み出したコンテンツを権利者から許諾をいただきお預かりする。そしてお預かりしたコンテンツをデジタルコンテンツ販売店を通じて利用者へ流通させ、その対価を正当に権利者へお戻しすることである。

　このモデルを全うするための事業理念として「ひとつでも多くのコンテンツを、ひとりでも多くの人に届けること」をメディアドゥは常に掲げている。この事業理念は、著作権法の最初にある、第一章総則、第一節通則、第一条の意味を遵守する考えからである。

　このような電子書籍市場で私たちが存在しているポジションは、コンテンツ権利者と販売店および利用者のちょうど中間となる。この三者の情報が最も集まる場所が正に私たちが居る場所であり、このような立場であるが故に、多くの課題が見える事になる。それらの解決策を思考し実施していく中で、新たなサービスやソリューションが生まれたり、様々なノウハウが身についたりする。失敗を繰り返しながらも適正解を探していくこのルーチンが、今のメディアドゥを築いている基礎となっている。

　電子書籍販売の運用に関する課題解決においては、従来は人に頼ることも多かったが、人に頼るとコストも大きくなって時間もかかり、かつミスも多くなることから、メディアドゥではその課題の多くをシステムで解決するようにしてきている。メディアドゥが先に述べたルーチンを繰り返していく中で、取次という立ち位置で強いポジションを築けたのは、技術開発を自社で行う事によって、早く安く、そして安全にシステムを構築できたからだと感じている。故に、このシステムで電子書籍配信を支えるという部分においては、とりわけ他社を大きく引き離しているのではと自負している。

　現在の日本の電子書籍業界の成長は今後も著しい伸びをするだろうと感じて

57

いる。その背景には大きく2点あり、一つはスマートフォンやタブレットといった、数年前には存在していない端末機器や、新たなテクノロジーが日に日に登場していること。もう一つは、コンテンツホルダーの理解が進みITを活用して本をもっと流通させようという機運が日増しに大きくなってきていることである。

今後の電子書籍業界市場規模として、2014年は1411億円の市場規模であったものが、2019年には3400億市場と期待されている[1]。

このような市場予測に、私たちは今まで以上に強い責任と使命を感じている。この予測数値にはこれまでの延長線上では届かないと感じており、その理由の一つとしてライフスタイルの変化があげられる。先に記載した数年前には存在していない新たな機器の登場は、電子書籍普及の後ろ盾にはなりつつも、その他サービスの後押しにもなっている。実際に本来消費者が使っていた読書時間は年々減少しているという統計があり、具体的にはSNSや他のメディア、およびスマホゲームで代替え消費されている。この本来消費者が利用していた読書時間をいかに取り戻し、更に増やすことができるかが、電子書籍市場だけではなく、出版市場全体の成長に繋がると考え、そこに対してメディアドゥは戦略的な挑戦をする必要性がある。

市場拡大のためにメディアドゥの挑戦として、大きく3つの戦略がある。

（1）国内市場での事業拡大

現在、多く日本の電子書店へ著作物流通を行っているが、この流通量を更に増加させていくことである。配信システムの強化や読書環境をより良くするための新たなビューアシステムの開発を既に実施している。このシステムは月間60億ダウンロードをさばく能力を持ち、99.999％のシステム稼働率を誇っている。また、予期せぬ災害や障害が発生したとしても、継続してサービスを提供し続けるためのディザスタリカバリ（DR）対策を行っている。理論上では2019年の3400億円市場を全てまかなえるだけの能力を備えており、現段階においては国内において最も処理能力が高いシステムの一つではないかと推察し

＊1　インプレス〈http://www.zaikei.co.jp/article/20160103/286263.html〉

ている。また、新たに開発したビューアソリューションであるMDビューアは
「ユニバーサルフリック」というメディアドゥの持つ特許技術を導入し、これ
までのビューアにない新たな読書体験をもたらしている。ユーザの読書体験が
豊かになることで、読書量が増え、結果的に流通するコンテンツ数が増えるこ
とを期待している。

（2）海外流通の推進

　日本の素晴らしい著作物を、必要としている海外の利用者へも届けるため
に、北米で最大級の定額読み放題サービスを手掛けるScribdへのコンテンツ
共有やLINE、講談社、小学館とジョイントベンチャーとして発足させたLINE
Book Distributionへのシステム・コンテンツ取次といった、海外サービス提
供会社への電子書籍の流通を行っている。国内だけで無く、海外へコンテンツ
供給を広げていくことで、エコシステムの輪を大きくし、ひいては日本の文化
を世界に羽ばたかせたいと考えている。

（3）電子図書館展開

　今以上に多くの人に対してITを使って「本」に触れる環境、読みやすい環境
を提供していきたいと考える中で、電子書店で販売する以外の方法が無いのか
と考えた時に目にとまったのが米国で広がっていた電子図書館サービスである。
世界では電子図書館の普及が進んでおり、日本以上に「本」に触れる環境整備
が進んでいる。米国では90％以上の公共図書館が電子図書館を図書館サービス
の1つとして市民（利用者）へ提供している。

　また、年々その利用者は増え、貸出件数も増加する傾向である。一方で日本
の公共図書館の電子図書館サービスの導入は1％前後と言われている状況であ
り、残念ながら黎明期にも達していない状況となっている。日本ではまだまだ
発展途上である電子図書館サービスを広げていくことで、消費者が持つ様々な
ニーズに対して本を読む場を作ることが可能となる。電子書籍＝ITを更に活用
することで、より簡便に本に接する機会を作り、未来に渡って豊かな文化を日
本に残していければと考えている。

　なお、前述したメディアドゥが持つシステムは、これら戦略を遂行するため

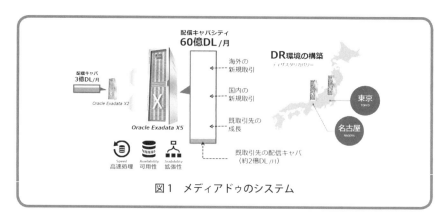

図1　メディアドゥのシステム

に必要不可欠なものとなっており、その強固な基盤があるからこそ、大胆な戦術を実行可能としている。大規模なシステムを自社で持つということは、投資として非常に大きな判断を必要とするが、逆にいえばそれだけ重要な意味を持つと言うことになる。後の章で述べるOverDriveとの事業提携においても、その存在が非常に大きなポイントとなっており、まさにメディアドゥの象徴といっても過言では無いシステムとなっている(図1)。

以上の3つが私達メディアドゥの戦略であり、それらは全て事業理念である"ひとつでも多くのコンテンツを、ひとりでも多くの人に届けること"に基づいている。

2. OverDriveとの戦略的業務提携

メディアドゥは2014年5月13日に電子図書館プラットフォーム世界最大手の 米国OverDriveと戦略的業務提携を締結した。OverDriveとの実際の出会いはこの業務提携の約3年前である。電子書籍販売が軌道に乗り始めた頃、より本に親しんでもらうために何をすれば良いのかと考えたときに出会ったのが電子図書館サービスだったと記憶している。元々、デジタルによる本の販売から始まった電子書籍を拡張していく手法としては、非常にシンプルだと感じていた。紙の本で行われているサービスの置換は、誰にとってもわかりやすく理解も早いだろうという目算だった。

元来メディアドゥはシステム開発を全て内製で構築してきていたので、新

たに「貸す」という仕組みを作り出せば比較的容易にシステム構築はできるだろう思っており、実際にどのようにすれば実現するかを模索していた。そんな中、偶然 OverDrive の紹介を受け、CEO である Steve Potash（スティーブ・ポタシュ）にメディアドゥ代表である藤田と共に現地へ会いに行った。会社の組織やコンテンツを提供するための技術の考え方、事業に対する想いなど共通点が多く、直感的に一緒にできるなと思ったことを覚えている。現実論としても、OverDrive は既に電子図書館運営を 10 年以上も行っていた経験から、素晴らしい運営ノウハウや世界中のコンテンツを保有し、何よりもそれらを有機的に機能させる素晴らしいシステムを構築していた。これらを感じ取り、システムを全て自社開発するのではなく、基幹システムは OverDrive を利用させてもらった方が早いと判断し、日本ローカライズの開発をメディアドゥが担当するという現在の形に落ち着いた。

3. OverDrive Japan と 3 つの取組み

メディアドゥは OverDrive と協力し、日本で以下の 3 つの取組みを推進している。

（1）国内電子図書館事業の推進（国内の公共、大学、学校、企業などの図書館へ電子図書館サービスを提供）

日本の公共図書館約3200館に向け、まだ普及していない新たな流通プラットフォームを構築していくことである。（今現在、電子図書館を導入済みの図書館は30館前後）また、企業向けとしては、図書館を自社内に保有していきたいと考えている企業が持つ課題解決方法として利用してもらえないかを模索している。蔵書を増やしたくても設置場所が確保できない等の問題が発生していることや、支社が各地域・世界中に跨っている企業では、社員サービスとして紙の図書館では十分に機能しない事から注目をいただいている。

公共、学校、企業にかかわらず、既に世界で成功している電子図書館の運営ノウハウとシステムを持っている OverDrive と日本で電子書籍販売を推進してきたメディアドゥが持つアセットをかけあわせることで、日本国内に向けてグローバルレベルで最先端の図書館運営システムと運用手法を築きたいと考えている。

（2）多言語コンテンツの国内配信（OverDrive が世界のコンテンツホルダーから許諾を得ている作品の日本向け配信）

　OverDriveは5000社を超える権利元、260万を超えるコンテンツ量を保有しており、その内日本でも利用可能なコンテンツが70万以上ある。コンテンツの種類として、電子書籍だけではなく、オーディオブック、ビデオや声が吹き込まれた絵本調の電子書籍もあり、英語の学習に役立つということで、評価が非常に高い。また、OverDriveのコンテンツの中には、英語や日本語だけではなく、52言語のコンテンツがあり、中国語や韓国語はもちろんのこと、ロシア語やドイツ語、マレー語もある。これらを日本で展開していく電子図書館プラットフォームで流通させる事で日本に居ながら、世界の文化に触れることが可能になる。インターネットにより世界中の情報が容易に集まるようになった時代だからこそ、図書館はより深く様々な書物や情報に触れる機会を提供できるようになることが重要あると考えている。この実現に向けて、OverDrive Japanが手掛けるこのサービスは非常に意味のある物になっていくはずである。
　2020年にはオリンピック/パラリンピックが東京で開かれることになるが、これを機に日本はより国際対応力が求められるようになる。これからの真のグローバル社会の幕開けに向けて、電子図書館が提供する国際色豊かな書物が役に立つ事を期待している。

（3）国内コンテンツの海外配信（電子図書館サービスを利用している海外図書館への日本作品提供）

　既に世界の３万4000館以上にOverDriveの電子図書館プラットフォームは広がっており、このプラットフォームは今もなお拡大し続けている。この世界中に広がるプラットフォームへ向けて、メディアドゥが許諾を持つ日本作品の提供を行っていきたいと考えている。メディアドゥは国内で500社を超える出版社との取引実績があり、日本での出版社との強固なネットワークを構築している。この実績を活かし、世界の電子図書館へのコンテンツ配信について出版社から許諾を取り付ける事を推進している。
　日本の書物は、マンガはもちろん文芸に至っても非常に価値が高い物が多いが、既存の販売流通ではなかなか拡販できないというジレンマも大きくあった。実際、amazon などの電子書籍販売チャネルへコンテンツ供給もされているが、

ここで購入する人は、そもそも日本作品に興味がある人が多く、手にとって少し読んでみるというニーズには応えきれない状態となっている。これを打開するべく、OverDrive Japan としては、電子図書館という情報発信ステーションにコンテンツ供給を行う事を強力に進めていきたいと考えている。

また、正規版を電子図書館で読めるようにすることは、海賊版の流通抑制にもつながると考えている。経済産業省の情報によると、日本のマンガやアニメの、米国におけるオンライン海賊版の被害額は約 2 兆円と推計されている[*2]。

正規の流通にコンテンツを載せることで、図書館による正しいマーケティングが行える状態となれば、コンテンツ認知も広がっていくであろうし、その結果販売も促進されると推察する。世界における日本文化の発展は、電子図書館サービスが一翼を担う日も近いと確信している。

また、もう一方では利用したくても利用しづらい環境であった在外邦人へ、日本に居るような状況を提供できることも海外配信のメリットである。例えば、ロサンゼルスやニューヨークといった大きな街に邦人は非常に多い。ロサンゼルス都市圏に 7 万人超、ニューヨーク都市圏には 5 万 4000 人超の滞在邦人がおり、もちろんこれらの街の図書館にも OverDrive は電子図書館を提供している。世界のどこにいても自国の文化に触れることができる環境を提供していくことで、日本人としてのアイデンティティーの確立に役立ててもらえばと考え

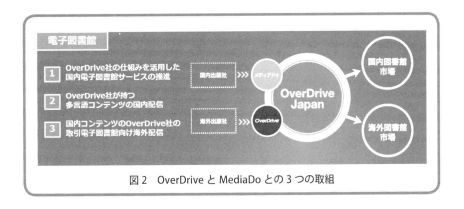

図 2　OverDrive と MediaDo との 3 つの取組

*2　経済産業省、http://www.meti.go.jp/press/2014/07/20140730001/20140730001.html

第2章　公共図書館における電子書籍サービスの新展開

ている。

　以上3つがOverDrive Japan事業の取組と期待する内容となる（**図2**）。

4.　OverDrive Japanの今、2015年

　2015年12月、メディアドゥがOverDriveと2014年5月に戦略的業務提携をして約1年半が経過した。ここでこれまでの約1年半の活動について報告させていただく。

　まず、国内の電子図書館状況について、2014年11月に慶應義塾大学の図書館である慶應義塾大学メディアセンターでの実証実験を開始し、2015年7月にOverDrive Japanの公共図書館として初となる龍ケ崎市立中央図書館へ、9月には潮来市立図書館へ電子図書館システムを提供している。

　メディアドゥとOverDriveが提供するこの電子図書館システムは、図書館運営者に利用していただくMarketplace（マーケットプレイス）、利用者が使う電子図書館そのものであるDigital Library Reserve（デジタルライブラリーリザーブ）の2つが基盤となる。Marketplaceは電子図書館運営のための仕組みになっており、電子書籍の購入や、購入履歴の確認、電子図書館webサイトの利用者への見せ方の変更といった電子図書館を利用していただくための基本的な仕組みだけではなく、購入した電子書籍の利用状況や、利用者の来訪状況、電子図書館のページ閲覧数、どういった経路で電子図書館に来訪したかといった統計データを確認することができる。これらのデータは、ダッシュボード形式やグラフ形式となっており、運営側にとってわかりやすいようグラフィカルな表示としている。この仕組みは、グローバルレベルで他の追随を許さないシステムをなっており、OverDriveの根幹を成すシステムであると感じている。

　Marketplaceで購入した電子書籍がDigital Library Reserveへ反映されて、新たな作品が電子図書館に追加されていく。利用者は気になる作品を選び、試し読みをし、作品を借りたい時にはそのまま貸出し処理へ進み利用する。電子図書館は紙の本の図書館の利用シーンをデジタルに置き換えているので、図書館が購入した1冊の電子書籍は1人の利用者が借りることができることが基本モデルである。物理的には貸し出し制限が無いデジタルの世界に、有限の貸し出しステータスを持ち込むことで、擬似的に紙の図書館と同じサービスレベ

ルを作り出している。紙の本とは異なり、返却期限が来ると自動的に返却されるので、延滞や督促ということが発生しない。

また、日本コンテンツを読むためのシステムとビューアはメディアドゥが開発を担当しており、このシステムと前述のOverDriveが提供する基幹システムが連携することで、OverDrive Japanのシステムとなっている（図3）。

電子図書館を推進するために、システムともう一つ重要な役割を担うのがコンテンツである。事実、図書館の方々と数多くの打ち合わせや連絡を取り合って進めている中で、コンテンツの選書について話し合いになることが多い。どんな利用者にどんなコンテンツを提供するかというコンセプトや、それに合わせた具体的な作品についてヒアリングした結果を出版社と相談している。ここで最も大切なことは図書館の方や利用者の気持ちになって説明することであり、如何に出版社の形に現実感を持ってもらうことだと痛感している。メディアドゥは電子書籍販売の世界の中で、如何にコンテンツをたくさん売るかという活動を行ってきたが、図書館は非営利であり、目的も意図も様々であることが多い。この部分を電子図書館プラットフォーマーがしっかり理解して、出版社の方々と向き合うことが非常に大切であると感じている。

具体的な例を一つあげると、図書館の方々からコンセプトや利用者についての情報を集める中で、図書館利用者の中で主婦について着目をされていること

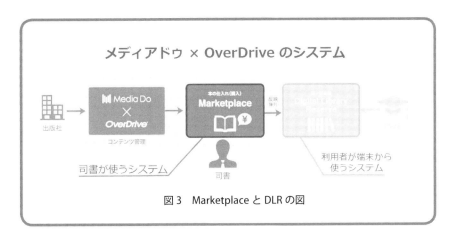

図3　MarketplaceとDLRの図

がわかった。図書館を利用したいけれども小さなお子様が居るので、静かな図書館に迷惑がかかるのではないかという思いから、図書館の利用を遠慮している方がいるという話しだった。その様な方々に、家に居ながら図書館を利用していただきたいという想いから、主婦やお子様向けのコンテンツを取り揃えようということになり、提供可能コンテンツからのお薦めや、出版社へ権利獲得訪問をし、提供作品数を少しずつ増やしていった経緯がある。

　図書館運営のプロと電子書籍のプロが会話をする事で、新しい世界が広がる可能性が高まり、図書館利用者に新たな価値を提供することができる。このことは、将来の読者層を増やすことに対して本当に有意義なことであると感じている。

　導入後のコンテンツ利用状況としては美容系、インテリア関連、旅関連の本といった正にターゲットとしていた主婦向けコンテンツの利用が多い（図4）。
　また、OverDrive Japanが提供する、英語で音声が聞ける絵本についても反響が多く、英語で読んでいる箇所がハイライトされるので大人も子供も、英語の勉強にも繋がっているという声もある。また、電子図書館導入のメリットとして、蔵書点検による休館日に本を借りることができないかという問い合わせに、電子図書館を案内することができたという嬉しい知らせもあった。公共図書館であるので、出来るだけ利用できない期間は設けたくないが、蔵書点検による休館日はどうしても発生する。そんな時に電子図書館サービスは利用でき

図4　潮来市立図書館（左）と龍ケ崎市立中央図書館（右）の人気の作品例

るので、長い休館日だけれども本を利用できる環境を用意することができたと聞いて、とても喜ばしかった。

　次に海外の図書館へのコンテンツ提供の状況についてだが、海外図書館へはOverDriveとの戦略的業務提携後の当初より進めており、2015年12月からは講談社の米国関連会社 Kodansha Advanced Media から提供を受けている英語版の「進撃の巨人」や「FAIRY TAIL」といったマンガ作品を提供し始めた。各国で普及が進む電子図書館の利用者に、人気マンガ作品を幅広く体験していただくことにより、海外で新たな日本マンガのファンを獲得できる環境を実現していきたいと考えている。これらの作品は日本人が多いとされる都市の図書館でまず始めに注目されており、例えばロサンゼルスの図書館ではいち早く配架されることになった。もちろん、その他多くの図書館でも採用が広がり始めており、マンガだけではなく、日本作品の今後のコンテンツラインナップ拡充も期待されている実感もある。OverDrive Japan としてはより力強くコンテンツ獲得を進め、日本の文化を世界の多くの人に届けていく事を推進していきたいと考えている。

　ここまでの報告では良い情報ばかり触れていたが、OverDrive Japan を進めている中で、課題も失敗も多いのが実情である。課題はいくつもあるが、やはり重要なのは先に述べたとおり、提供可能なコンテンツ数を増やしていくことだ。
　OverDrive Japanは和書も洋書も提供できるが、和書は2万点に満たない。日本のコンシューマー向けの電子書籍が2016年中に100万点を超えるという推計がある*3が、その数から比べると圧倒的に数が少ない状況である。この要因はいくつかあるが、やはり一番はプラットフォームを広げていく前によく起こりがちな、鶏が先か卵が先かという議論に落ち着く。電子図書館に限らず、コンテンツ提供側はせっかくコンテンツを供給するならより大きなプラットフォームへと考えるし、プラットフォーム側はまずコンテンツ供給をというのが常である。グローバルレベルで成功しているOverDriveの当初も同じよう

---

*3　カレントアウェアネス・ポータル http://current.ndl.go.jp/node/28502

写真1　講演中の溝口敦氏

な状態だったと伺っている。

　しかしながら、これまでの状況とは大きく変化してきていることを実感しているのも事実である。2015年8月過ぎから出版業界大手である講談社が電子図書館向けにコンテンツを提供していただくようになり、それに追随するように、多くの出版社の前向きな動きが出てきている。現在では、講談社からは1000冊を超える書籍を提供頂いているが、この動きが業界全体で加速するようになれば、図書館側の参入意欲も高まっていき、数年後振り返った時に2016年が電子図書館元年であったとなるのではないだろうか。

　少し話しはそれるが、この状況は私がメディアドゥに参画した時代によく似ている。当時はまだガラケー全盛で、小さい画面でマンガを1コマ1コマ切った状態で、且つ1話1話ずつ購入して読むという今の環境からすると実に利用しづらい環境であった。故にコンテンツ提供側もプラットフォーム側も、一気に大きく前に進めるような状況で無かったことを思い出す。コンテンツ数は少ない、利用者は読みたい作品がない。今は当たり前のデジタルによるマンガ配信も、スタート時は現状の電子図書館の幕開けと非常に似通っている。

　その中でやはり大切な事は、月並みだが諦めずに様々な課題に対して真摯に向き合って問題解決を図ることに尽きる。ユーザーの利用動向を推察し、求められていることを理解し、出版社さんと共有して、新しい企画を展開していく。本当に地味だが、そのトライアンドエラーを続ける事でしか新しいプラットフォームは確立されない。提供側も利用者側もその立場での障壁がある中で、

それぞれの想いや考えを理解できるような形にし、そのサービスを展開することで得られるメリットが導き出された時に状況は大きく変わる。2016年、電子図書館にもそのような胎動が起きるようにOverDrive Japanとしては活動していきたいと考えている。

5. OverDrive Japan としての思い、考え

電子図書館の日本での普及について、ポジティブな意見、ネガティブな意見、本当に様々な議論があるが、OverDrive Japan としては、単純にこのサービスが新たな本好きを増やすはずだと信じて邁進したいと思っている。多種多様な時間の過ごし方とお金の使い方がある現代人にとって、本という選択肢は昔から比べると狭くなってきてしまっていることは間違いない。この状況下でITを使ってどうやったら、より本に費やす時間を増やしてもらえるのかということを考えると、電子図書館は絶対に外せないファクターであると感じている。

活版印刷が生んだ「紙の本」という人の創造を伝えるプラットフォームは秀逸であり、未来永劫絶えることは無い。ただ、IT が生み出したインターネットというプラットフォームは、より大きなうねりとなって我々を取り囲んでいくはずである。人の創造を伝える形として IT をもっと活用し、その一つである電子図書館というツールを使いこなせる事ができれば、もっとたくさんの人に著作物を届ける事ができるはずである。

私たち OverDrive Japan は、「ひとつでも多くのコンテンツを、ひとりでも多くの人に届けること」を事業理念として掲げ、どんな人でも、どんな状況でも、等しく平等に本が読める環境を整え、その結果、著作物創造のエコシステムが適切に回る世の中が訪れるように電子図書館サービスを推進していきます。

最後に、OverDrive Japan プロジェクトを進める中で、ご支援ご鞭撻を頂戴している全ての皆様、及び、今回このような機会をくださった立命館大学湯浅先生へ感謝申し上げます。

第3章

ゼミ生が考える
電子出版・電子図書館の最前線

本章の内容

　ゼミ生たちは、「デジタルが変える出版と図書館」というメインテーマをそれぞれの方法で探求し、ゼミ発表、論文執筆と多忙な1年を送った。

「高齢化社会における公共図書館の役割」

「公共図書館におけるラーニング・コモンズの可能性」

「公共図書館の役割の変容と図書館施設」

「読書アクセシビリティの観点から見た共同自炊電子書籍モデル」

「Google ブックスによる影響とその未来図の模索」

「日本における電子書籍フォーマットの標準化の歴史的意義」

「デジタル・ネットワーク時代の読書」

「投稿型インターネットサービスと著作権」

「User Generated Content とノベル」

「インターネット時代における楽譜の流通過程とその存在意義」

「電子新聞が新聞社に求める変革とは何か」

と、そのテーマはじつに多様であった。

　本章では、ゼミ生が考える電子出版・電子図書館の最前線を紹介する。

第3章　ゼミ生が考える電子出版・電子図書館の最前線

第1節

高齢化社会における公共図書館の役割
―読書ニーズの変容と電子書籍サービスの可能性―

鈴木　美里

（立命館大学文学部日本文化情報学専攻3回生）

◇概　要

　日本社会の高齢化が著しい近年、高齢者の読書環境は大きな変化を遂げている。本稿では高齢者の読書へのニーズを明らかにするとともに、書籍の購入方法の変化や、図書館の高齢者サービスについて取り上げる。加えて、新しい高齢者サービスとしての電子書籍貸出サービスについても取り上げ、千代田図書館を例に挙げ現在の課題や今後の展望について考察していく。

◇キーワード

　高齢者、高齢化社会、公共図書館、高齢者サービス、電子書籍貸出サービス

1.　はじめに

　日本が「高齢化社会」と呼ばれるようになって久しい。内閣府が発行する「高齢社会白書」によると、現在65歳以上の高齢者と呼ばれる人々は過去最高の3300万人に上り、総人口に占める割合（高齢化率）も26.0％と過去最高を記録している。また、今後「団塊の世代」が高齢化を迎えることにより、高齢者の人口はますます増え、将来的には国民の約2.5人に1人が65歳以上の高齢者となる社会が訪れると推計されている[1]。

---

[1]　内閣府「1　高齢化の現状と将来像（平成27年版高齢社会白書）」〈http://www8.cao.go.jp/kourei/whitepaper/w-2015/html/zenbun/s1_1_1.html〉（引用日：2015-12-18）

第1節　高齢化社会における公共図書館の役割

　そのような「超高齢化社会」へと、急速に社会が変化する中、高齢者が読書困難者とならないよう支援を拡大することは急務である。しかし自身の高齢化や時代に伴い、今日の高齢者が若いころと比べて、本の購入方法や図書館サービスをはじめとする読書環境には様々な変化が起きている。本稿ではまず高齢者の読書へのニーズの調査や、本の購入方法の変化についての考察を行う。そののちに図書館の高齢者サービスについて概観し、サービスの今後の課題についての考察を行う。

2.　高齢者とは―定義づけと研究対象

　公共図書館において高齢者支援といえば障害者支援とひとくくりにされることが多い。確かに広義で見る読書困難者には、高齢者や身体障害者、精神障害者などの方々が存在する。しかしその方々の読書の問題は、確かに共通する部分もあるのだが、ひとくくりにできない部分も多い。そのため本稿では昨今の急速な高齢化に注目し、高齢者のみを研究対象とする。

　また、日本では、「高齢者」の定義をWHOに定められているものを採用しており、65歳以上の人の事を指す[2]。65～74歳までを前期高齢者、75歳以上を後期高齢者と呼ぶ。本稿でもこの定義を採用する。

3.　高齢者の読書へのニーズ

　そもそも高齢者にそれほど読書へのニーズがあるのだろうかという疑問もある。確かに高齢になるにつれ視力の衰えや、読書に伴う肩こりなどによって読書から足が遠のいてしまうのも事実である。また要介護の高齢者の場合、一人で本を入手し、読むこと自体が困難である。

　しかし上に挙げたような身体的問題を理由に、高齢者に読書へのニーズがないと思い込むのは早計である。その理由として、高島涼子・真砂良則・菅原創が2005年に石川県のケアハウスの入居者を対象に行った『高齢者の読書環境調査』の調査結果を提示したい。

　この調査は石川県内の９つのケアハウスに入居している入居者のうち、調

---

*2　厚生労働省「高齢者（e-ヘルスネット　情報提供）」〈http://www.e-healthnet.mhlw.go.jp/information/dictionary/alcohol/ya-032.html〉（引用日：2015-12-18）

73

査協力を得られた 344 名を調査対象とし、読書や読書に関する活動について尋ねたものである。この調査の中で、余暇の過ごし方について複数回答で尋ねたところ、最も多かったのが「テレビを見ている」の 80.2 %、次に「作業（掃除や洗濯物たたみなど）をしている」の 52.0 %、続いて「読書をしている」が 45.3 %という結果になっている[3]。

つまり入居者の約半数という高い割合で余暇に読書をする人がいることを表している。加えて「あなたは 1 ヶ月の間に、どのくらい読書をしますか」という読書頻度を尋ねる質問では、最も多かったのが「時々読む」の 37.8 %、次に「よく読む」の 23.0 %、次に「あまり読まない」の 19.5 %、最後に「まったく読まない」の 18.9 %という結果であった[4]。

「よく読む」と「時々読む」を合わせると 57.8 %になり、半数以上の入居者が 1 ヶ月の間に少なくとも 1 回以上は本を読んでいることがわかる。

この調査からわかるとおり、高齢者の読書へのニーズは確かに存在し、たとえ体が衰えたからといって本を読みたい気持ちがなくなるわけではないということが言える。

4. 書籍の購入方法の変化

高齢者の読書へのニーズは明らかとなったが、それでは高齢者はどのようにして本を入手しているだろうか。

出版不況の今、書籍の販売数減少に伴う書店の減少や、ネット販売の台頭によって、書籍の購入方法は大きな変化を見せている。そしてそれは若者だけではなく、高齢者も例外ではない。ここでは書籍の購入方法の変化を高齢者の目線から述べたい。

4.1 書店の減少

書籍を購入するにあたって、購入方法としてまず一番に思いつくのが書店へ足を運ぶことである。

しかし、**図1**を見てもわかるとおり、既存の書店数は減少の一途をたどって

---

[3] 高島涼子「高齢者の読書環境調査：石川県内におけるケアハウス入居者を対象に」『北陸学院短期大学紀要』37, 2006-03-01, 211 頁。北陸学院短期大学

[4] 前掲書、2006-03-01, 212 頁。北陸学院短期大学

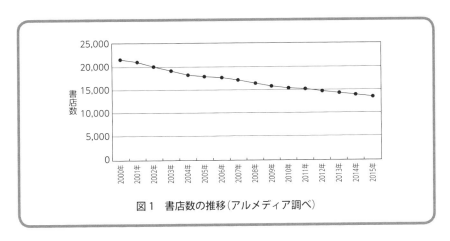

図1　書店数の推移（アルメディア調べ）

いる。2015年現在の書店数は1万3488店であり、これは1999年と比べると17年間で8808店の書店が減少していることになる[*5]。

　この傾向は今後も続くことが予想され、昔なら近所に一つか二つ書店があるのが当たり前だったのが、今ではそれがなく、本の「買い物難民」と化している人が増えていることを表している。そして特にこれは郊外ほど深刻であることが予想される。若い人ならば少し都市部に出て本を買うことや、会社帰りに書店によることは難しくないだろう。しかし少しの遠出でも大きな負担となる高齢者にとっては、書店から足が遠のくのは自然なことである。

4.2　コンビニでの書籍販売

　書店が減少している中、次の購入先として思いつくのがコンビニである。現在ではコンビニは広く普及しており、セブンイレブンやローソンに代表されるように全国展開しているコンビニが数多くある。そんなコンビニ店頭で雑誌や書籍を売っているのはよく見る光景であり、コンビニで雑誌を購入した経験がある人は多いであろう。コンビニは24時間営業しているのが大きな利点であり、駅近くから住宅街の中まで場所を選ばず店舗があるのも大きな特徴である。

　しかし現在、書店と同じく、コンビニ店頭での書籍の販売は減少を続けて

[*5]　1999年から2015年の書店数の推移。書店調査会社アルメディア調べ。
　　　データは、『新文化』『文化通信』などより引用。

第3章　ゼミ生が考える電子出版・電子図書館の最前線

表1　販売ルート別出版物の推定販売金額

ルート別販売金額	2001 年	2007 年	2010 年	2015 年
出版物の総売上	2 兆 3401 億円	2 兆 1101 億円	1 兆 9286 億円	1 兆 6099 億円
書店ルート	1 兆 6552 億円	1 兆 5018 億円	1 兆 4016 億円	1 兆 1638 億円
CVS（コンビニ）ルート	4900 億円	3822 億円	2859 億円	2252 億円
インターネットルート	―	932 億円	1285 億円	1626 億円
生協ルート	504 億円	422 億円	397 億円	315 億円
駅売店ルート	1030 億円	676 億円	533 億円	244 億円
スタンドルート	319 億円	250 億円	192 億円	111 億円
割賦販売ルート	70 億円	24 億円	―	―

出典：『出版ニュース』各年度の 11 月中旬号掲載の「出版物販売金額の実態」（日販発行）
注：2007 年度より、インターネットルートを新設、割賦販売ルートは廃止されている。

いる。**表1**の「出版物販売金額の実態」を見ると、インターネットルートを除く、様々な販売ルートで出版物の売上高は減少していることがわかる[6]。売上高が減少している要因は多々あると予想されるが、コンビニ(CVS)で雑誌や書籍を買う人が少なくなり、それに伴いコンビニでは扱う点数を減らす、するとまた買う人が少なくなる、というように負の連鎖に陥っているというのも一つの要因であろう。今はまだ流通ルートの一角として書籍の販売を担っているコンビニだが、これではコンビニから雑誌や書籍が消えるのも時間の問題である。

4.3　アマゾンの台頭

　書店は減少し、コンビニは書籍の販売を低下させている。そんな中、販売数を伸ばしているのがアマゾンや楽天をはじめとするインターネット販売サイトである（**表1**参照）。ここではその最大手であるアマゾンを例に挙げて述べる。

　アマゾンとは1995年に誕生した大手ショッピングサイトである。その販売品目は多岐にわたり、「おもちゃやビデオゲームから、MP3のダウンロードやコレクター向け商品まで、あらゆる商品を提供」[7]している。もちろん書籍も販売しており、コミックから絵本、洋書や電子書籍まで幅広い販売数を誇って

＊ 6　「出版物販売金額の実態」（日販発行）『出版ニュース』2015 年 11 月中旬号掲載及び
　　　各年度の「出版物販売金額の実態」（各年度の『出版ニュース』11 月中旬号）から作成。
＊ 7　Amazon Jobs（Amazon の採用情報）〈http://www.amazon.jobs/working/working-amazon〉
　　　（引用日：2015-12-18）

いる。アマゾンを利用する利点としては次のようなものが考えられる。

（1）24時間365日場所を選ばず買い物をすることができる

（2）自分の家まで商品を配達してもらうことができる

　若者だけではなく高齢者にとっても、開店時間がある店とは違いインターネットが使用できる環境にさえあればいつでもどこでも買い物ができるという点は大きい。また、足の悪い高齢者にとっては、自宅で買い物ができるというのも大きな利点である。購入に際しては、カスタマーレビューを見てほかの顧客の意見を参考にすることができる。

　加えて、購入した商品に関連する別の商品が表示されるシステムにより、関連商品の情報を手に入れることもできる。

　購入した商品を家まで持って帰るという手間もなくなる。特に書籍などは何冊も買ってしまうと高齢者は重くて持って帰ることができなくなってしまうが、その心配もない。支払い方法も代金引換やコンビニ支払いを選ぶことができ、クレジットカードを持っていない人でも買い物をすることができる。

　このようにアマゾンは高齢者が利用する利点が数多くある。これから減少を続ける書店や販売額が落ち込むコンビニの代わりとしての役割が期待されるとともに、高齢者の書籍購入ルートの大きな一角を占めていくこととなるだろう。

5. 高齢者に対する公共図書館の取り組み

　これまで書籍の購入方法について述べてきたが、書籍の入手方法は購入だけではない。図書館に行って借りるというのも大きな入手方法のひとつである。

　図書館に関しては、こちらは書店と異なり徐々にだが数を増やしている。2014年時点で3246館の図書館があり、これは1999年と比べると661館増加している[8]。

　では、図書館は高齢の利用者に対してどのような取り組みを行っているだろうか。ここでは現在公共図書館で行われている代表的な取り組みについて整理していく。

---

[8] 日本図書館協会　日本の図書館統計（統計2014　公共図書館　経年変化）〈http://www.jla.or.jp/Portals/0/data/iinkai/〉図書館調査事業委員会／公経年2014.pdf（引用日：2015-12-18）

5.1 録音図書

録音図書とはその名のとおり、本の内容を音声としてテープや CD に吹き込み、目の不自由な方でも楽しむことのできる図書である。録音図書の代表的なものとして DAISY 図書がある。

DAISYとはDigital Accessible Information System の略称で、視覚障害などで活字の読みが困難な人のために製作されるデジタル図書の国際標準規格である[9]。DAYSY図書の特徴としては、目次があり、そこから読みたい章や節、ページに飛ぶことができる点や、CD 1 枚に50時間以上の録音が可能な点などがある。DAISY図書を再生する際は専用の機械を用いるか、パソコンに専用の再生ソフトウェアをインストールする必要がある。DAYSY図書は公共図書館などでCDの形式で貸し出されるほか、「サピエ図書館」という視覚に障害のある方のための電子図書館にも所蔵されており、サピエ図書館の会員になることによって無料でダウンロードすることができるようになる[10]。

先に挙げた高島涼子らのケアハウスでの読書環境調査において、読書頻度を尋ねる質問で「あまり読まない」「まったく読まない」と答えた者に対し読書をしない理由を尋ねたところ、「他に趣味・娯楽があるから」と並んで「目が不自由だから」と答えた人が 29.1％で最も多かった[11]。やはり加齢に伴う視力の衰えが、読書をする際の障害になっている人が多いことがうかがえる。この障害を取り除くためにも録音図書は高齢者サービスとして有用だと言えるであろう。

5.2 大活字本

録音図書と並んで目の不自由な高齢者に対するサービスとして重要なのが大活字本の提供である。高島涼子は『高齢者サービスの課題』で大活字本についてこう述べている 。

> 最も重要な提供資料は大活字本と録音図書・新聞・雑誌である。特に大
> 活字本は高齢者の読書に必要不可欠な資料である。欧米のように多様な

＊ 9　録音図書について｜日本点字図書館〈http://www.nittento.or.jp/about/scene/recording.html〉
　　（引用日：2015-12-18）
＊10　脚注9参照
＊11　高島涼子「高齢者の読書環境調査：石川県内におけるケアハウス入居者を対象に」
　　『北陸学院短期大学紀要』37, 2006-03-01、213頁。北陸学院短期大学

分野の大活字本が、出版時に同一タイトルで一般書、録音図書、大活字本が提供される状態が望ましい。利用者は自らの状況や好みに合わせて媒体を選ぶことが可能となる[12]。

　このように高島は多様な大活字本を図書館側が取り揃えていくべきであると指摘している。さらに取り揃える本の内容についても言及しており、高齢者向けといった特定の分野を作らず個々の多様な読書分野に対応するとともに、高齢者に固有のニーズがある情報や資料、例えば疾病や高齢者施設に関するもの、退職に関するものなどにも対応すべきであると述べている[13]。

5.3　移動図書館、宅配郵送サービス

　ここまでは高齢者に図書館に来館してもらうことを前提とした高齢者サービスについて述べてきた。しかし高齢になり足が不自由になる、車の運転が難しくなるなどの理由により、図書館に来館できない高齢者も数多く存在する。分館網が発達した地域ならば近くに図書館があり、介護者に付き添われての来館が可能かもしれないが、町村立単位では分館網が発達していない地域も数多く、近くに図書館がないという人も多い。

　そこでのサービスとして有用なのが移動図書館や図書の宅配郵送サービスである。これらのサービスを行っている図書館に一つに大阪府枚方市の枚方市立図書館がある。枚方市立図書館は1973年から移動図書館として自動車文庫「ひなぎく号」に市内24ケ所を2週間に一度のペースで巡回させている。巡回場所も小学校から病院まで多岐にわたっており、年を重ねるごとに巡回場所を増やしていっている。「ひなぎく号」は約3000冊の本を積んで巡回しており、読みたい本が見つからない時にはリクエストすることも可能である。「ひなぎく号」で借りた本は枚方市内の他の図書館で返すこともでき、また、市内の他の図書館で借りた本を「ひなぎく号」に返すこともできる[14]。

　枚方市が行っているサービスは自動車文庫サービスだけではない。枚方市で

---

[12]　高島涼子「高齢者サービスの課題」『図書館界』59(2)、2007-07-01、84頁日本図書館研究会
[13]　前掲書、84-85頁、日本図書館研究会
[14]　自動車文庫　ひなぎく号—枚方市ホームページ〈http://www.city.hirakata.osaka.jp/site/sub-annai/car.html〉(引用日：2015-12-18)

第3章　ゼミ生が考える電子出版・電子図書館の最前線

は2014年7月22日から図書の宅配サービスがスタートした。市内在住、在学、在職で図書貸出カードを有する人が対象となっており、あらかじめ最寄りの図書館で登録受付を済ませる必要がある。希望の図書を電話やファックス、ホームページ上で予約することができ、返却は最寄りの図書館か郵便局から郵送する。送料は自己負担となるのだが、心身に障害のある方は条件により、軽減または免除される。例えば、有効な介護保険被保険者証の要介護度が4又は5で移動に制約がある方の場合、往復の送料が無料となり、返却する際も郵便局の集荷サービスに連絡するだけになる。また、要介護度が1～3の人も障害者ゆうメールを利用することができ、費用が減額される[15]。

6.　高齢者サービスとしての電子書籍貸出サービス

ここまでは現在行われている高齢者サービスについて述べた。そして上に挙げたサービスのほかに、高齢者における、非来館者型のサービスとして大きな可能性を秘めているのが、電子書籍貸出サービスである。

電子書籍貸出サービスを高齢者が使うメリットとしては、次のようなものが考えられる。

（1）　図書館に足を運ばなくても24時間貸し出し、返却を行うことができる
（2）　文字を拡大することができる
（3）　音声読み上げ機能がある
（4）　重たい本を持ち運ぶ必要がなくなる
（5）　他の人の介助なしでも簡単に本の検索を行うことができる

特に(5)は、人に迷惑をかけるのは申し訳ない、人の手を煩わせたくないと考える傾向の強い高齢者にとっては大きな利点となる。

この電子書籍貸出サービスを行っている図書館のひとつに千代田区立図書館がある。千代田区立図書館は「千代田web図書館」の名で2007年11月にサービスを開始させた。利用対象者は千代田区に在住・在勤・在学しており、千代田区立図書館の利用登録を済ませた者となっている。利用する際には閲覧する図書タイプに合わせて専用のソフトウェアをインストールする必要がある。

一度に5冊まで借りることができ、借りた日から2週間が経過すると自動

---

[15]　枚方市　図書宅配のご案内（障害者）〈https://www.city.hirakata.osaka.jp/uploaded/life/174110_878105_misc.pdf〉（引用日：2015-12-18）

的に返却される*16。このシステムによって返却し忘れを防止することができ、高齢者にとってもメリットがあると言えよう。コンテンツ数は約7600タイトルで、その中には動く絵本や3D図鑑などデジタルならではの物も楽しめるようになっている*17。

電子書籍というと難しいもの、利用するのに手間がかかるものというイメージを持つ人も多い。特にパソコンやタブレットになじみのない世代の高齢者にとっては敷居の高いイメージを持つ人も多いであろう。確かに最初のソフトウェアのインストールや利用登録は手間である。操作方法を覚えるまでは慣れない操作に苦心するかもしれない。

しかし電子書籍貸出サービスにはその手間を上回るメリットがあると著者は考える。たとえ寝たきりになってもパソコンやタブレットさえあれば一人で自由に好きな本が読めるというのはほかのどのサービスにもできない電子書籍貸出サービスならではの特徴だからである。もちろん、高齢者にとって使いやすいサービスになるよう工夫はしなければならない。見てわかりやすい操作方法にすることはもちろんのこと、高齢者向けの使い方のガイドラインなどを作成することも必要である。また、一人では操作が難しい方には介護者の方の手を借りるのも一つの方法である。最初の難しい手続きやパソコンの操作方法などを介護者の補助を受けながら行うのである。そのためには介護者の方が電子書籍貸出サービスについて学べる機会を設けなくてはならない。図書館が主体となって介護施設や公民館で電子書籍貸出サービスについての講演を行うとサービスの周知にもつながるのではないかと考える。

7. 高齢者サービスの今後の課題

今までの高齢者サービスの現状を踏まえたうえで、ここでは高齢者サービスの今後の課題について考察していく。

残念なことに、日本の公共図書館では高齢者サービスに取り組んでいる図書館は少ない。財源の問題などもあるだろうが、主に高齢者サービスよりも子供向け、若者向けのサービスのほうが優先されがちである。加えて高齢者サービスは障害者サービスとまとめられることも多く、高齢者サービスに特化した取

---

*16　Chiyoda WEB Library〈https://weblibrary-chiyoda.com/〉（引用日：2015-12-18）
*17　脚注16参照

写真1　ゼミ発表「高齢化社会における公共図書館の役割」

り組みを行えていないのが現状である。

　また、図書館自体の数は増えているのだが、町村立図書館設置率は50％未満と低く[18]、分館を設置している図書館も数が多いとは言えないため、近隣に図書館が存在しない地域もあるのである。そのため町村立レベルでの図書館自体の数を増加させることも必要である。

　加えて図書館のバリアフリー化も重要である。スロープや手すりの設置、あまり高い位置に本棚を置かないなどの工夫をする必要がある。バリアフリー化することによって恩恵を受けるのは高齢者だけではない、これらの工夫を施すことによって障害者や子供にも使いやすい図書館となる。

　そして高齢者サービスとして紹介した図書の宅配郵送サービスだが、枚方市の例では要介護度によって送料の減免が行われていたが、ほかの自治体では一律有料で行っているところも少なくない。昨今の不況により年金の支給年齢の引き上げや年金の減額などの影響によって、高齢者の貧困が問題となっている中、図書館のサービスが有料では利用したくともできない高齢者が出てきてしまうことが予想される。図書の宅配サービスも図書館サービスの一環である以上無料で行われることが望ましい。

---

[18]　高島涼子「高齢者生涯教育における図書館の役割」『京都大学生涯教育学・図書館情報学研究』4, 2005-03-31、196頁京都大学
[19]　脚注8参照
[20]　吉井順一・村瀬拓男・植村八潮・野口武悟『電子図書館・電子書籍貸出サービス調査報告書2015』2015, 65頁，ポット出版

第1節　高齢化社会における公共図書館の役割

　そして新たな高齢者サービスとして取り上げた電子書籍貸出サービスだが、こちらも実施している図書館が非常に少ないという大きな問題を抱えている。全国の図書館3246館中[19]、2015年8月時点で電子書籍貸出サービスを実施しているのはわずか54館である[20]。これではほとんどの高齢者がこのサービスの恩恵を受けることができない。

　また千代田区の例でもあったとおり、電子書籍貸出サービスはそのサービスを行っている図書館のある地域に在住・在勤・在学する人々しか利用することができない。簡単にいえば地域による利用制限があるのである。これでは遠隔地にも情報を届けることができるという電子化の大きな利点を生かすことができない。確かに全国どこでも誰でも使うことのできる電子図書館の実現は難しいかもしれない。

　しかし例えば千代田区の例であれば東京都民であれば使うことができるようにするなど、都道府県単位での実施に向けて努力すべきであると考える。そうすれば少ないサービス実施館でも多くの人が利用することができるようになる。

　加えて、これらのサービスを行っていることを高齢者に認知してもらうことも重要である。高島らのケアハウスでの調査で、公共図書館で行われているサービスについて知っているかどうかを複数回答で尋ねたところ、「移動図書館」について知っている者が23.5％で最も多く、次に「出張貸出」16.6％、「大活字本」13.4％、「宅配サービス」5.2％、「録音図書」4.1％、「移送サービス（図書館への送迎サービス）」2.3％という順であった[21]。

　この結果は非常に重く受け止めなければならないのではないかと著者は考える。最も多い移動図書館ですら全体の4分の1にしか知られていないという結果になった。高島涼子が重要な提供資料だと位置づけた大活字本は1割、録音図書は1割未満の人にしか認知されていない。今回の調査では電子書籍貸出サービスについての質問はなかったが、この結果では電子書籍貸出サービスの認知度も低いことが予測される。これではどれだけサービス内容を充実させても意味がない。もっと高齢者たちにサービス内容を知ってもらうよう図書館側から働きかける必要がある。

　最後に、健康な高齢者の存在についても言及したい。高齢者といえば社会的

*21　高島涼子「高齢者の読書環境調査：石川県内におけるケアハウス入居者を対象に」
　　　『北陸学院短期大学紀要』37, 2006-03-01, 215頁北陸学院短期大学

83

弱者であり誰かの介助が必要な存在であるといったイメージが社会一般に広く普及しているが、そのような高齢者だけがすべてではない。つまり誰の介助も必要とせず自立しており、定年退職後の第二の人生を生きようとしている高齢者も数多く存在するということである。このような高齢者の自己実現の場としての図書館について堀薫夫は『高齢者への図書館サービス論から高齢者の図書館利用論・読書論へ』でこのように述べている。

> 第三に、「高齢者に対する(for)」「高齢者に関する(about)」サービスだけでなく「高齢者による(by)」サービスも必要となろう。高齢者自身が積極的にブックトークや読書グループの主体となっていくことへの支援が求められるのである。高齢者には、図書館のサービスの対象や理解の対象から一歩進み、自らの生活の中で仲間とともに、図書館と本を積極的に活用していく主体へと高まっていくことが求められるのであろう[22]。

このように堀はサービスの対象となる高齢者だけではなく、高齢者がサービスの主体となることの必要性について述べている。高齢者には今までの人生で培った様々な経験やノウハウがあり、それを図書館で生かすことができるのではないだろうか。例えば子供向けに昔話の読み聞かせを行ったり、主婦向けに料理や掃除のテクニックなどを教える講座を開くことも可能である。またこういった家庭的な講座だけではなく、ビジネスパーソン向きに高齢者が今まで培ったビジネスのノウハウを伝えるといったことも可能ではないだろうか。

高齢者が持つ可能性は大きく、それをうまく生かす場を提供することによって、高齢者自身のためになるだけでなく、地域の発展にもつなげることができるのではないかと考える。

8. おわりに

これから日本社会はますます高齢化していく。「超高齢化社会」ではなく「超高齢社会」となる日もさほど遠くないであろう。高齢者がマイノリティではなくマジョリティとなる社会がすぐそばまで迫ってきている。しかし高齢化に対

---

[22] 堀薫夫「高齢者への図書館サービス論から高齢者の図書館利用論・読書論へ」『図書館界』59(2), 70頁, 2007-07-01 日本図書館研究会

応した社会の形成はまだまだ発展途上の段階にある。本稿では重要な娯楽のひとつでもあり、情報源でもある「読書」について高齢者の視点から考察を行った。その結果次のようなことが明らかになった。

（1） 高齢者は本を読まないわけではなく読書へのニーズは確かに存在する
（2） 書籍の購入方法が書店やコンビニの店頭販売からアマゾンなどのネット販売へ移行している
（3） （2）の変化は高齢者も例外ではなく、ネット販売は高齢者にとってメリットが多い
（4） 公共図書館は様々な高齢者サービスを行っているが、サービスが充実している館とそうではない館との間に差があり、課題も多い
（5） 新しい高齢者サービスとして電子書籍貸出サービスを利用することが考えられる
（6） 高齢者が電子書籍貸出サービスを利用するにあたっては何らかの補助が必要になることが予想される
（7） 図書館は高齢者サービスを行うだけでなく、高齢者の自己実現の場となる可能性がある

　特にこれからの情報化社会において電子書籍貸出サービスはますます注目されていくことになるであろう。しかしサービスが普及するためには子供からお年寄りまで使うことのできるサービスであることが必要とされる。そしてサービスの認知も重要である。どれだけサービスが充実しても若者やビジネスパーソンなど一部の人にしか利用されないのでは、本当の意味でのサービスとは言うことができない。高齢者も利用できるサービスにするためには、まず電子書籍貸出サービスというものがある、ということから伝えていかなくてはならない。加えてハードの普及も重要な問題となってくる。図書館がタブレットの貸し出しを行ったり、自治体が希望者にタブレットの配布（年齢制限を設けて）を行うことも有効な方法であろう。
　高齢者サービスはなにも他人事ではない。全員がいつか必ず高齢者になるのである。自分が高齢者になったときより良い老後を過ごすためにも、当事者意識をもって高齢者の読書環境を整えていく必要があると考える。

第3章　ゼミ生が考える電子出版・電子図書館の最前線

第2節

公共図書館における
ラーニング・コモンズの可能性

十倉　史帆

（立命館大学文学部日本文化情報学専攻3回生）

◇概　要

　近年、情報の電子化に伴い、図書館も変革を迫られている。その中で、「図書館」という空間の捉え方に対して様々なアプローチから研究、図書館づくりがなされるようになってきた。それは「場としての図書館」という言葉に代表される。「ラーニング・コモンズ」という考え方もこの「場としての図書館」という言葉とともに語られることが多いが、設置は大学などの教育機関というイメージが強く、まだその域を越えた展開はなされていない。本稿では、公共図書館にラーニング・コモンズを設置するという発想から、ラーニング・コモンズの現在と、公共図書館への導入のメリット・課題について論じる。

◇キーワード

　公共図書館、ラーニング・コモンズ、場としての図書館、第三の場

1.　はじめに

　近年、様々な情報のデジタル化に伴い、情報を扱う場所として機能してきた図書館も変革を迫られている。変革の波はデジタル化された資料を扱うハードやソフトの充実だけにとどまらず、「図書館」という空間の捉え方にまで波及してきている。図書館の場の持つ力に着目し、どのような場にしていくかということは、「場」としての図書館という言葉とともに、多くの人に語られてきた。そして、小布施のまちとしょテラソに代表されるようなまちじゅう図書館、本

86

を通して人とつながることを目的としたまちライブラリー、CCCの委託により図書館の中にカフェを入れるなど「人を集める」空間づくりを意識した武雄市図書館、PPP制度を利用して民間企業との連携を図った紫波市図書館など、ここ数年日本では様々な図書館の空間づくりがなされてきた。

　「場としての図書館」について語られるとき、例として大学図書館などの教育機関における「ラーニング・コモンズ」が挙げられることがある。このラーニング・コモンズは学生の能動的な学びを支えるもので、空間、設備、そして人の面から利用者の学びを支える機能を持っている。現在、ラーニング・コモンズというと教育機関のものであるという意識が強く、公共図書館などにはまだ概念として広がっていない。

　しかし、筆者はラーニング・コモンズが日本の公共図書館の新しい価値創造において大きな役割を担うと考える。本稿では、ラーニング・コモンズの定義や歴史、現状を整理したうえで、今後の日本の図書館の一つの可能性として、公共図書館へのラーニング・コモンズの導入について論じていく。

2. 先行研究

　公共図書館についてラーニング・コモンズの観点から論じられている文献はあまり存在していない。ラーニング・コモンズは、2005年頃にアメリカで登場した概念であり、2006年にはラーニング・コモンズ研究の第一人者とされているビーグルが役割を説いた。また2007年、マクマレンがアメリカの大学図書館をまわり、ラーニング・コモンズを構成する要素について考察した。ここでマクマレンが提唱した九つの要素は、現在もラーニング・コモンズについて検討されるときの一つの指針となっている。ラーニング・コモンズという言葉が日本に持ち込まれたのは、2006年に米澤誠が発表したレポート、「インフォメーション・コモンズからラーニング・コモンズへ：大学図書館におけるネット世代の学習支援」が初めてであった。いずれの研究も、大学図書館や教育との関連を持ってなされているものが多い。

　「場」としての図書館については、1990年代の半ばからアメリカを中心にして始まった研究であるとされている。本稿で特に取り上げるのは「場としての図書館」論を「第三の場」という考え方で見るものであるが、この考えが広まるきっかけとなったのはレイ・オルデンバーグの『サードプレイス：コミュ

第3章　ゼミ生が考える電子出版・電子図書館の最前線

ニティの核になる「とびきり居心地よい場所」』である。この中には、「第三の場（サードプレイス）」の定義や例などが示されている。この研究が発表された後、「第三の場」の概念を図書館にも適応しようとする論文が多く発表された。「第三の場」としての図書館研究をはじめとする「場としての図書館」研究の対象は、公共図書館と大学図書館が多くなっている。また大学図書館のラーニング・コモンズについても、「場としての図書館」研究の範囲の中の一つとして論じているものが多い。

3. ラーニング・コモンズの定義と歴史

まず、ラーニング・コモンズの定義について考えていきたい。ラーニング・コモンズについては、ニッポニカ・プラスに次のような記述がある[*1]。

> 図書館や大学などの施設で自学学習をする利用者の利用目的や学習方法にあわせ、図書館資料やICT（情報通信技術）を柔軟に活用し、効率的に学習を進めるための人的な支援を含めた総合的な学習環境のことをいう。コモンズとは共有地や公共の広場を意味する英語。大学などの教育施設において、これまで別々の施設で提供されてきた情報資源、ICTの利用環境、利用者同士や教職員との共有スペースなどを、学習目的にあわせて柔軟に利用できるように設備や要員の配置を考慮している点が特徴である。（後略）

ラーニング・コモンズにおいて重要なことは、利用者に対して、「情報資源、ICTの利用環境」を提供し、利用者同士もしくは利用者と支援をする人との「共有地」として機能することである。呑海沙織はラーニング・コモンズ「学習の支援のためのサービス・資料・設備を総合的にワンストップで提供する学習支援空間」としている[*2]。サービス、資料、設備が同じ場にあるということも大きな特徴の一つであろう。

ラーニング・コモンズが誕生した背景には、大学図書館における学習支援空

---

*1　「ラーニング・コモンズ」（Japan Knowledge 小学館『ニッポニカ・プラス』）（2015.12.10閲覧）
*2　川崎良孝編『図書館トリニティの時代から揺らぎ・展開の時代へ』（2015、日本図書館協会）より呑海沙織「大学図書館におけるラーニング・コモンズと境界線の融解」

間の変化がある。第二次世界大戦後に北アメリカでは「学習図書館」が普及した。これは、研究のための図書館利用の前の段階にいる学部学生を対象とした入門的な図書館であった。この学習図書館の考えを引き継ぎ、また当時デジタル・コンテンツが発達してきたこともあり、1990年代以降、北アメリカではインフォメーション・コモンズが登場した。インフォメーション・コモンズとは、ICTやデジタル・コンテンツを総合的に利用するための学習空間のことであり、これが後に現在考えられているラーニング・コモンズへと発展していく。ラーニング・コモンズは2005年頃にアメリカで登場し、情報化時代に対応する学習空間とアクティブ・ラーニングの場を兼ね備えたものである。

スーザン・マクマレンは「米国の大学図書館：今日のラーニング・コモンズモデル」の中で、大学図書館におけるラーニング・コモンズの要素を**表1**のように定義した[3]。つまり、利用者の活発な議論の場の提供とそれを支えるコンテンツ・人的支援の充実がラーニング・コモンズには求められる。

4. 日本の大学におけるラーニング・コモンズ

ここからは日本に焦点を当ててラーニング・コモンズについて考えていく。日本では2006年に東北大学付属図書館の米澤誠が、「インフォメーション・コモンズからラーニング・コモンズへ：大学図書館におけるネット世代の学習支援」において、大学図書館の学習支援の一つの形としてラーニング・コモンズの紹介を行った[4]。

この論文から10数年経った現在、日本の大学において、ラーニング・コモンズ広く普及しつつある。総務省統計局の実施している「平成26年度 学術情報基盤実態調査」[5]において、大学におけるラーニング・コモンズの設置数は

表1　大学図書館におけるラーニング・コモンズの要素	
1. コンピューター・エリア	6. 教室
2. サービス・デスク	7. 学生支援
3. 共同学習スペース	8. コミュニティ・スペース
4. プレゼンテーション・サポート・センター	9. ラウンジ・エリア
5. 教員支援	

＊3　加藤信哉・小山憲司編訳『ラーニング・コモンズ 大学図書館の新しいかたち』(2012, 勁草書房) より スーザン・マクマレン「米国の大学図書館：今日のラーニング・コモンズ・モデル」

第3章　ゼミ生が考える電子出版・電子図書館の最前線

2014年度末の時点で国公立172校、私立607校の合計779校中、国公立85校、私立253校の合計338校がラーニング・コモンズを設置していることが分かった。これは全体の約43％に上る。また、新築・増改築問わず、現在ラーニング・コモンズの設置を考えている大学も多い。2010年度には全体で110校しかラーニング・コモンズを設置していなかったが、この5年で約3.8倍に増加したことを考えると、ラーニング・コモンズ設置大学の数は年々増加していくと考えられる。

　大学におけるラーニング・コモンズ増加の背景には、ラーニング・コモンズの持つ役割がいま大学に求められているものと合致していることが考えられるだろう。文部科学省中央審議会が作成した「新たな未来を築くための大学教育の質的転換に向けて～生涯学び続け、主体的に考える力を育成する大学へ～」（2012年）には次のように述べられている。

　　　生涯にわたって学び続ける力、主体的に考える力を持った人材は、学生からみて受動的な教育の場では育成することができない。従来のような知識の伝達・注入を中心とした授業から、教員と学生が意思疎通を図りつつ、一緒になって切磋琢磨し、相互に刺激を与えながら知的に成長する場を創り、学生が主体的に問題を発見し解を見いだしていく能動的学修（アクティブ・ラーニング）への転換が必要である[6]。

　ここからも分かるように、近年大学においては受動的な学習から、ディスカッションやグループワークなどのアクティブ・ラーニングへの変革が迫られている。そのような学習空間の提供のニーズと、利用者の学びを支援するラーニング・コモンズの持ち味が合致した結果、大学においてラーニング・コモンズが増加したのであろう。

＊4　米澤誠「インフォメーション・コモンズからラーニング・コモンズへ：大学図書館におけるネット世代の学習支援」（カレントアウェアネス No.289.2006）〈http://current.ndl.go.jp/ca1603〉（2015.12.10 閲覧）

＊5　総務省統計局「平成26年度 学術情報基盤実態調査」〈http://www.e-stat.go.jp/SG1/estat/List.do?bid=000001055072&cycode=0〉（2015.12.10閲覧）

＊6　新たな未来を築くための大学教育の質的転換に向けて～生涯学び続け、主体的に考える力を育成する大学へ～（答申）」（2012, 文部科学省中央審議会）

ラーニング・コモンズを置く場所は図書館に限定されていないが、前述した「平成26年度 学術情報基盤実態調査」では、大学内のラーニング・コモンズのうち85％以上が図書館内に設置されている。このことは、「学習の支援のためのサービス・資料・設備を総合的にワンストップで提供する学習支援空間」として図書館が選ばれたということであり、主体的な学習支援の場の役割を担う場所として図書館が期待されている証拠である。また、「大学図書館の整備について（審議のまとめ）－変革する大学にあって求められる大学図書館像－」（2010年，文部科学省）[7]において、学習支援及び教育活動への直接の関与が大学図書館に求められる機能・役割のとして挙げられており、例としてラーニング・コモンズでの学修支援（機器，人，空間的支援）に触れられているなど、学びのための「共有地」として大学図書館が担う役割は大きい。

5. 日本の大学におけるラーニング・コモンズの例

日本の大学におけるラーニング・コモンズの例として、千葉大学西千葉キャンパス「アカデミック・リンク・センター」が挙げられる（**写真1**）。

2012年より、図書館にラーニング・コモンズ機能を持ったエリアを付加し、L棟（黙考する図書館＝静かな図書館）、I棟（研究・発信する図書館）、N棟（対話する図書館）K棟（知識が眠る図書館＝貴重書などの保管、書庫）あわせて

写真1　千葉大学アカデミック・リンク・センターN棟の様子（筆者撮影）

---

*7　「大学図書館の整備について（審議のまとめ）－変革する大学にあって求められる大学図書館像－」〈http://www.mext.go.jp/b_menu/shingi/gijyutu/gijyutu4/toushin/1301602.htm〉（2010，文部科学省）

第3章　ゼミ生が考える電子出版・電子図書館の最前線

「アカデミック・リンク・センター」とした。四つの棟の中でも、N棟とI棟が、学生が複数で学習するシーンを中心に考えられており、アクティブ・ラーニング・スペースとしての役割が大きい。この二つの棟は、学習に役立つコンテンツと人材が、空間と組み合わされている点が特徴である。

　例えばコンテンツ支援の例としては、iPad・PC（Windows, Mac）・アンドロイド端末・プロジェクターの貸出、人的支援としては学習支援デスク、ガイダンス・講習会、PCサポートデスクなどが挙げられる。そして、空間の工夫としては、様々な活動の「見る」（see）「見られる」（be seen）化が挙げられる。アカデミックリンクコンセプトブック*8には、以下のように書かれている。

　　　この棟では、多様な学習活動が展開されるだけではなく、様々なセミナー、プレゼンテーション、あるいは講演が行われるだろう。それらがすべて「見られる」状況におかれ、それを目にする学生たちに様々な知的な刺激を与えるはずである。また、学生自身がこのスペースにおいて展開される活動の企画に参加し、自ら考え、何かを作り上げていくことこそが、まさにアクティブ・ラーニングである。

　実際にアカデミック・リンク内は、このコンセプトを基に空間づくりがなされている。各部屋の仕切りが透明のガラスになっており、なるべく柱のない部屋、可動式の机や椅子など、空間がひとつなぎであるような工夫がされていた。

　また、授業期間の毎週火・金曜日の昼休みにN棟のプレゼンテーションスペース行われる、あかりんアワーというセミナーでは、教員による研究発表、留学経験のある教職員による体験談、院生や職員からの大学生活に役立つ情報の提供、卒業生による仕事や学生時代の話などを非常にオープンな空間で聞くことが出来る。座って聞くことも立って聞くこともでき、後ろのガラスはセミナー中解放されるため、通りすがりに聞くこともできる。普段は閉鎖的に行われる知的活動を開かれた場所で行うことによって、自分の学習の刺激になり、予期せぬ出会いにつながる。これがラーニング・コモンズの空間の一つの利点であろう。このように、「アカデミック・リンク・センター」では利用者の学習の支

＊8　『アカデミック・リンク コンセプトブック』（2012年，千葉大学アカデミック・リンク・センター）9頁

援を、設備・人・空間の三要素によってサポートしていた。

6. 公共図書館とラーニング・コモンズ

　今までは大学図書館に焦点を当ててラーニング・コモンズについて考えてきたが、ここからは公共図書館に場所を移して考えていく。公共図書館でのラーニング・コモンズの導入は、概念として普及していない現状がある。しかし、一方で普及させようとする動きも出てきている。

　例えば、アメリカ図書館協会会長のバーバラ・ストリプリング博士は、2014年7月28日に大阪府立中之島図書館で行われた講演会「インフォプロと図書館の新たな役割：米国図書館協会（ALA）の取り組み」において、想像力とものづくりを発揮するための場所としての図書館を作るうえでの提案として、ラーニング・コモンズの必要性を説いた[9]。

　また、京都府立図書館では「インテレクチュアル・コモンズ」を館内に設置するように府と交渉中である[10]。インテレクチュアル・コモンズとは、人と人が学び合い、対話する、つながる場のことであり、これはラーニング・コモンズも共通することが多くある。このような現状を踏まえたうえで、私は公共図書館にはラーニング・コモンズが必要なのではないかと考える。

7. 第三の場としての公共図書館、ラーニング・コモンズ

　ここでは、図書館の「場」の可能性を、特に第三の場としての図書館とラーニング・コモンズの関係性に着目して述べる。第三の場とは、オルデンバーグが1989年に発表した考えである。オルデンバーグは著作[11]の中で、第一の場を家庭、第二の場を職場や学校、そして第三の場をたまり場・お気に入りの場所とした。そして、第三の場（サードプレイス）とは「インフォーマルな公共の集いの場」であり、まちから「第三の場」が消えると住民の健全な日常や地域のコミュニティが衰退するとした。

＊9　インフォプロと図書館の新たな役割（2015.12.10閲覧）〈https://www.youtube.com/watch?v=uHCtEoRDoQE&list=PL8whUP3FZKvuU3zEOwCB83BApNWMU1mr9〉

＊10　「京都府庁内ベンチャー事業二役報告会プレゼンスライド」（2015.11.05）、〈http://www.slideshare.net/kumikokorezumi/ss-54767087〉（2015.12.10閲覧）

＊11　レイ・オルデンバーグ『サードプレイス コミュニティの核になる「とびきり居心地よい場所」』（2013, みすず書房）

第3章　ゼミ生が考える電子出版・電子図書館の最前線

近年の図書館研究では、1990年代半ばからアメリカの図書館界を中心に始まった研究「場としての図書館」というものが多く論じられている。高度情報化に伴う図書館のあり方の変化によって、図書館の新しい価値が模索されるなか、図書館の空間そのものの持つ価値の再定義・創造が目指される中、このオルデンバーグの第三の場という考え方から図書館について考える見方も多く広まった。オルデンバーグが良い「第三の場」の特徴として挙げているものをまとめると、**表2**のようになる。

オルデンバーグは著作の中で第三の場の例として、パブやカフェ、居酒屋などを挙げているが、図書館は含まれていない。理由を前述したオルデンバーグの考える特徴に則って考えてみると、

①　図書館には「会話」がないから
②　図書館にはいつもいる「常連」がいないから
③　雰囲気に「遊び心」がないから

の3点が考えられる。　この中でも特に、「会話」という第三の場である条件のうち最も大切なものがないため、第三の場として図書館が考えられないのではないかと、吉田・川崎は考察している[12]。

確かに現在の公共図書館には静寂を求める雰囲気が存在しているのではないだろうか。しかし筆者は、これらの現状はラーニング・コモンズの導入によって緩和されうるのではないかと考える。「会話」の不在は、会話を主体とするラーニング・コモンズの導入によって大きく変化するであろうし、図書館にお

表2　オルデンバーグの良い「第三の場」の特徴

1．全員がくつろぐことのできる「中立の領域で」あること
2．「人を平等にするもの」＝誰しもがアクセス可能であること
3．「会話が主な活動」であること
4．「利用しやすさと便宜」＝アクセスのしやすい場所であること
5．「常連」の存在があること
6．「目立たない存在」、入りやすい建物であること
7．「その雰囲気には遊び心がある」こと
8．「もう一つのわが家」であること

＊12　吉田右子, 川崎良孝『新たな図書館・図書館史研究：批判的図書館史研究を中心として』（2011, 京都図書館情報学研究会）

ける「常連」は、利用者に対して積極的に支援を行う司書や、コモンズによく来る人・よく交流をする人の存在が、図書館の空気を変える・雰囲気を保つ役として、その役割を担うのではないだろうか。そして、ラーニング・コモンズのような場所が図書館に出来ることによって、図書館全体の雰囲気も、現在のような静かなものではなく、よりオープンで楽しみのあるものに変化していくのではないかと考える。

図書館のもつ図書や雑誌などの"資料"と、第三の場の特徴である、もう一つのわが家のようにくつろげ、誰でも利用しやすく、人との会話・交流がある空間が組み合わさることによって、情報を獲得・熟考・共有出来るといった、新しい公共図書館の価値創造ができるのではないだろうか。

ラーニング・コモンズのような場所は、大学図書館だけに望まれるものではない。大学図書館よりも様々な境遇の利用者がおり、様々な使い方がされている公共図書館にラーニング・コモンズが設置されることによって、大学図書館における研究のための「学び」とは少し違った、生涯学習の場として、活発な利用の舞台とがなっていくのではないかと考える。

8. ラーニング・コモンズを公共図書館に導入するメリット・課題

ここで、具体的にラーニング・コモンズを公共図書館に導入するメリットについて考える。メリットとしてはまず、公共図書館が、知識を共有する場になるという点が考えられる。これは大学図書館においても同じことが言えるが、ラーニング・コモンズで図書館のもつ資料と、電子端末・ホワイトボード・プレゼンスペースなどが近くにある状態、つまり知識の受信・発信が近接した状態となることによって、図書館がこれまでのような知識を得る場だけにとどまらず、知識を発信していく場として機能することが出来る。このような情報資源と情報発信のコンテンツが共存した公共施設というのは、今まで存在しなかったのではないだろうか。

また、地域のコミュニティのハブとしての機能を持つことも考えられる。コミュニティの課題解決の場としてラーニング・コモンズが活用されることによって、複数人が共有して持つ課題の解決を円滑に行うことが出来る。

さらに、ラーニング・コモンズが地域の人と人との出会いの場になることも考えられる。会話を主軸としていることから、子育て中の母親同士の交流、市

95

民団体同士が知り合うなど、様々なつながりのきっかけとしても機能するのではないだろうか。同じような資料を求めてやってきたもの同士、同じようなものを抱えている場合も多い。

その人たちの出会うきっかけや、刺激を受けあうきっかけとして、ラーニング・コモンズが出来ることは多いのではないだろうか。パメラ・J・マッケンジーらは、2006年に発表した論文「プログラム室の内側」において公共図書館のプログラム室での活動を基に「相互作用の場としての図書館」の存在について論じた。この中では、公共図書館の特徴を「見知らぬ者同士の世界」であることとしたが、物的資源の共有や形式張らない会話の場の提供によって、公共図書館の限られた空間が見知らぬもの同士が交流する「狭い・私的なスペース」として豊かな活動の場になると述べている[13]。

新しい人と人との出会いなど自発的に発生するのが難しいものも、そのための場所を作ることによって、より発生しやすくなるのではないだろうか。公共図書館、特に市町村立図書館がラーニング・コモンズを設置することによって、図書館が地域の人々のつながりの起点となりうると考える。

また、生涯学習の場になるということもメリットの1つであろう。「考える場」として図書館が機能することによって、学ぶ場所が学校教育の間だけでなく、生涯全体わたって保障されることになる。図書館の中に「老若男女が学べる」スペースを作ることによって、図書館がよりアクティブな知恵の創造の拠点となるのではないだろうか。

また、ラーニング・コモンズの設置が注目されることによって、これまで公共図書館を利用したことのない人が公共図書館に足を運ぶきっかけとなることもメリットとして考えられる。現在の日本の市町村立図書館の利用者登録率は平均して40％程度となっており、これは残り60％の市民は図書館とあまり縁のない生活をしているということである[14]。

ラーニング・コモンズ導入が、公共図書館をこれまで利用してこなかった人々

---

[13]　ジョン・E・ブッシュマン，グロリア・J・レッキー編、川崎良孝他訳「場としての図書館 歴史、コミュニティ、文化」（2008，日本図書館協会）より、パメラ・J・マッケンジー他著「プログラム室の内側：カナダ公共図書館における狭く私的な女性領域の創造」（173-193頁）

[14]　日本図書館協会，図書館調査事業委員会編『日本の図書館 統計と名簿2014』（2015，日本図書館協会）

に対するはたらきかけとなり、結果的に導入以前よりも人を集める図書館となるのではないだろうか。以上の点において、公共図書館のラーニング・コモンズ導入は効果があるのではないかと考える。

このようなメリットが考えられる一方、公共図書館にラーニング・コモンズを導入する際に克服しなければならない課題も多い。考えられる課題としては音の問題がある。図書館には「静かに本を読む場所」というイメージが定着しているのではないだろうか。愛知学院大学の作野誠が、1999年に米子市立図書館の来館者の高校生45名を対象に調査を行ったところ、図書館に対して抱いているイメージとしては、「静か」（73.3%）、「おちついている」（53.3%）、「親しみやすい」（17.3%）の順で多かった[15]。

また、中央大学大学院の長谷川幸代が2012年に八王子市の生涯学習センター図書館に来館した図書館利用者11人を対象に公共図書館と書店のイメージの比較アンケートを行った結果、書店と比べて公共図書館には「やぼったい」、「じみな」イメージがついており、また、「ひっそり」、「ひかえめな」、「しずかな」などのイメージにも当てはまるという結果が出た[16]。

公共図書館の利用者にとって、図書館は静かで、落ち着いている場所というイメージがある。そのような静寂の雰囲気を好んで公共図書館を利用する人も少なくはないだろう。このような中で、ラーニング・コモンズという賑やかな空間を公共図書館に持ち込むことに抵抗のある利用者も多いのではないだろうか。ラーニング・コモンズを設置することによって、現在定着している「静かに本を読む場所」としての公共図書館の雰囲気とは変化してしまうことについて、静かな図書館を好む市民に対してどのように折り合いをつけていくかが課題となってくるだろう。この課題を克服することによって、公共図書館のラーニング・コモンズ導入は活発化していくのではないだろうか。

9. 日本の公共図書館におけるラーニング・コモンズの例

ここでは、日本の公共図書館において、ラーニング・コモンズ的な機能を持っ

＊15　「高校生の図書館イメージ等の紹介―米子市立図書館における調査結果の一部から―」
〈http://homepage2.nifty.com/sakuno/Kiyousikai13.HTM〉（2015,12,10閲覧）
＊16　長谷川幸代「公共図書館のイメージについての調査研究:― 図書館と書店のイメージ
比較 ―」（『情報メディア研究2014,12, 52-61頁）

ていると思われる図書館を紹介し、より良い公共図書館のラーニング・コモンズ設置への参考としたい。筆者がラーニング・コモンズ的な機能を備えた図書館であると考えるのは、長野県の塩尻市にある「えんぱーく」(**写真2**)である。

塩尻市は、長野県ほぼ中央に位置する人口65000人ほどの市である[*17]。ワインの名産地としても知られている。塩尻市は2010年、市街地活性化の一環として、様々な機関(交流センター、子育て支援センター、商工会議所、市役所分室、民間のオフィスなど)が複合した施設「えんぱーく」を建築した。えんぱーくの1,2階が図書館となっており、全体の面積1万1901㎡のうち3286㎡が図書館になっており[*18]、他の施設が図書館を中心に構成されている。

えんぱーくの特徴としては「機能融合」が挙げられる。例えば、壁で部屋を仕切ることを極力避け、フロアごとや部屋ごとに機能を分けない工夫がされている。このことによってワンストップな空間づくりを実現させている。

また、1つの場所でも学習室、読書スペース、ボランティアルーム、談話スペース、飲食スペースなど、利用者によって変えることが出来るようになっており、利用者のニーズに合わせた利用方法が可能になっている。図書館内のみならず、えんぱーくの中には多くの種類の机や椅子が置いてあり、私自身実際に訪れたときには多くの人が館内で本を読み、作業をしていた。机と椅子が置いてあるスペースでは、学生が集まって勉強している横で囲碁をする老人のグループなどがおり、館内のあちこちで自主的な集団が活動をしている明るくオープンな

写真2　えんぱーくの外観と館内(筆者撮影)

[*17]　塩尻市公式ホームページ〈http://www.city.shiojiri.nagano.jp/〉(2015,12,10閲覧)、
[*18]　全体の面積は『新建築』(新建築社 2010,10 84-89頁)、図書館の面積は前掲注14

図書館という印象を受けた。

塩尻市立図書館の伊東館長は、2014年の10月に行われた新潟県新発田市のえんぱーく視察会[19]において、「人が交流し、賑わってほしい考えについて、オープン当初は批判的な意見もあったが、それ以上に利用者は増える結果となり、新しい利用者が訪れる図書館が作れたと考えている。」と述べている。

この言葉通り塩尻市立図書館は利用者登録率約65％と、全国平均よりも高い数値を維持しており、また、来館者も今年の春に来館300万人を達成するなど、増加の一途をたどっている。

長野県の地域新聞「市民タイムス」によると、2010年の開館以来、一日平均1800人が利用し、年間利用者数は当初目標の40万人を大きく上回る約60万人に上るという[20]。えんぱーくに見られるようなノンストップに開かれた図書館空間は、公共図書館のラーニング・コモンズについて考えるときに一つの参考となりうるのではないだろうか。

10. 良い公共図書館のラーニング・コモンズのあり方とは

では、えんぱーくの例から、公共図書館と音の問題について考え、良い公共図書館のラーニング・コモンズのあり方を検討していく。前述した伊東館長は図書館と音の関係について、このように述べている[21]。

> 図書館が静謐な場所というのは読み物を中心としたハードユーザーの考えであり、市民の10％〜15％程度である。(中略)えんぱーくの整備では、市民交流を進め、遊びと読書を混ぜ合わせた図書館をめざす覚悟を決めたので、音を遮断するような部屋のつくりはしていない。ただし、1階の奥には、一番高級な椅子を備えた、一番静かな場所を設けている。また、道路側の賑やかな場所には、子育て支援センターや児童コーナーを設けたり、吹き抜けから上階の音がもれないよう、厚いガラスを設置するなど、設計に配慮している。

---

*19　新発田駅前複合施設基本設計審査会委員「えんぱーく視察概要」PDF
*20　市民タイムスニュース◇抜粋版◇2015.03.20「えんぱーく来館300万人へ」
　　　〈http://www.map-color.co.jp/times_news/archives/15738.html〉(2015.12.10閲覧)
*21　前掲注19

写真3　ゼミ発表「公共図書館におけるラーニング・コモンズの可能性」

　一言で「利用者」と言っても、賑やかな場所で話した利用者から静かな場所で落ち着いて読書をしたい利用者まで、多くのニーズを持っている。そのニーズは、静かな空間/賑やかな空間と二極化できるものではなく、その中間層も数多く存在している。そのことを踏まえたうえで、図書館の空間に多様性を持たせ、館全体に静かな場所と賑やかな場所のゾーニングを作ることによって、図書館の音に関する課題は解決できるのではないだろうか。

　カレン・E・フィッシャーらの論文「場としてのシアトル中央図書館」[22]では、先進的な図書館として知られるアメリカのシアトル公立図書館について、オルデンバーグの第三の場の8つの命題のうちいくつかを立証できなかったとしていた。しかし久野が自身の論文の中で言及している[23]ように、これは図書館全体に第三の場としての定義を適用しようとしている。

　しかし、様々な機能を持ち多様な人が利用する図書館を、1つの色で染めてしまうのは良くないのではないだろうか。図書館全体を第三の場として機能させるのではなく、図書館を部分的に中第三の場として機能させ、結果的に図書館全体が様々なニーズを持った人の集まる空間として機能するべきなのではな

---

[22]　前掲13「場としての図書館 歴史、コミュニティ、文化」より、カレン・E・フィッシャーほか『場としてのシアトル公共図書館：中央図書館におけるスペース・コミュニティ、情報の再概念化』（199-224頁）

[23]　久野和子「新しい批判的図書館研究としての『場としての図書館』（"Library as Place"）研究―その方法論を中心にした考察」（『図書館界』vol.66 no.4 2014 268-285頁）

いかと考える。

　静と動のゾーニング分けによって、利用者の多様なニーズは実現され、図書館に賑わいと静かさが共存することが出来るのではないだろうか。

11. おわりに

　本稿ではラーニング・コモンズの現状について整理し、そのうえで公共図書館へのラーニング・コモンズ導入の可能性を説いた。筆者は公共図書館において利用者の多様な空間へのニーズに応える一つの大きな手段として、ラーニング・コモンズが適しているのではないかと考える。大学ではラーニング・コモンズの多くが図書館の中に併設されていた。これは、資料とコンテンツ、人的支援が密接出来る環境であるからという理由もあるが、図書館という大学における数少ない学びの「共有地」の中に、多様な環境を持たせるための仕掛けとも考えることが出来る。図書館の中にある賑わいには様々な理由があるが、図書館の中に市民の活動を担保する場、支援する場があることは、利用者にとっても地域にとっても良い効果をもたらすのではないだろうか。しかし、今回挙げた音の問題の他にも、運営体系や、人的サービスの内容、導入についての市民との連携など、まだまだ考えていかなければならない部分も多い。

　現在、ラーニング・コモンズは大学図書館のためのスペースという認識が強い。しかし、公共図書館にラーニング・コモンズを設置することによって、「学ぶ場」・「対話する場」として、公共図書館の新たな価値創造のできる存在となっていくのではないかと考える。

＜**参考資料**＞（ホームページはすべて 2015.12.10 閲覧）

＊小布施町立図書館まちとしょテラソ〈http://machitoshoterrasow.com/index.html〉
＊まちライブラリー〈http://machi-library.org/〉
＊武雄市図書館〈https://www.epochal.city.takeo.lg.jp/winj/opac/top.do〉
＊紫波町図書館〈http://lib.town.shiwa.iwate.jp/〉
＊千葉大学アカデミック・リンク・センター〈http://alc.chiba-u.jp/index.html〉
＊えんぱーく〈http://enpark.info/〉
＊『新建築』（新建築社 2010.10）
＊久野和子「『第三の場』(third place)としての図書館」(『図書館界』vol.66 no.2 2014 98-103頁)
＊小山憲司「場としての大学図書館—ラーニング・コモンズがもたらすもの」(『現代の図書館』vol.51 no.2 2013, 81-90頁)

第3章　ゼミ生が考える電子出版・電子図書館の最前線

第3節

公共図書館の役割の変容と図書館施設
山内　沙優理
（立命館大学文学部日本文化情報学専攻3回生）

◇概　要

デジタル・ネットワーク社会の進展にともない、公共図書館の役割も大きく変化しつつある。これまで貸出サービスに重点が置かれていたが、館内における資料提供サービスなど課題解決型サービスを中心に見た場合、そのあり方も大きく変容すると考えられる。本稿では、公共図書館の施設の観点から図書館の今後の方向性について考察する。

◇キーワード

図書館サービス、公共図書館、図書館施設、課題解決型サービス

1.　図書館におけるサービス

公共図書館の主な役割は、情報源となる図書、新聞、DVDなどの様々な形態の資料を収集し、整理、保存することである。そしてその収集し保存した資料を利用者に提供することこそが図書館の重要な役割である。図書館とはいわば知の集積とも言える場所なのである。

図書館員と利用者のかかわりの違いによってサービスは直接サービスと間接サービスにおおまかに分けることが可能である。直接サービスは利用者と直接的にかかわる対人サービスをいい、間接サービスとは利用者と図書館員が直接かかわりあうのではない資料の収集や整理をいう。他にも、対象にする利用者の別による利用者対象別サービスや、資料自体を提供する資料提供サービス、

102

第3節　公共図書館の役割の変容と図書館施設

資料の情報または資料に含まれる情報を提供する情報提供サービスなど様々な分け方が出来る。

さらにレファレンスサービス、専門的情報の提供、閲覧・貸出・リクエストサービス、児童・青少年サービス、障害者・高齢者・多文化サービス、地域資料の提供など多岐にわたる様々なサービスが存在している。

2. 現在に至るまでの日本の図書館サービスの変遷

現在に繋がる公共図書館の原型は戦後に確立されたものである。戦後の日本は、連合国に一時的に占領され、連合国最高司令官総司令部（GHQ/SCAP）の中心を担うアメリカによって制度が整えられ、図書館についてもその基盤ができたのである。現在では一般的である開架式書架や、図書館を運営する上で重要なサービスの一つであるレファレンスサービスもこの時期に日本に導入されるようになった。

終戦から5年が経過した1950年、従来の「図書館令」に加わって「図書館法」が制定され、公共図書館について「図書、記録その他必要な資料を収集し、整理し、保存して、一般公衆の利用に供し、その教養、調査研究、レクリエーション等に資することを目的とする施設」と規定された[*1]。

しかし、当時の日本は、それをすぐに受け入れるだけの図書館員の養成も体制も十分ではなく、利用者に十分なサービスを提供できるだけの状態ではなかった。当時の図書館の利用者に占める学生の比率が高かったのは図書、資料を利用者に提供するサービスを求めてではなく、自らの資料を持ち込み勉強する場所を求める利用者が多かったことを示している。

このような勉強する場所としての図書館からの脱却を図るために、1960年代に入ってからは、資料の提供サービスを中心に行う図書館を目指すようになった。それを提言したのが1963年に公表された『中小都市における公共図書館の運営』（中小レポート）である。これによって従来の図書館のサービスが見直されることになり、図書の貸し出しが増える形となった。

1980年代に入ると、市民の要望を受ける形で公共図書館の数は増加し、ま

[*1]　文部科学省　図書館法〈http://www.mext.go.jp/a_menu/sports/dokusyo/hourei/cont_001/005.htm〉、2015/12/18 参照

103

た、大規模な図書館が建設された。その中で、図書だけではなくビデオやカセットテープも提供がされ、図書館内で鑑賞するためのブースも設置されるようになった。利用者の拡大に伴い、図書館内の環境にも配慮されるようになり、飲食のできるカフェも設置するなどして、図書館に居心地がよく長く滞在できるような空間づくりを行うようになった。

1990年代からは情報通信技術の発達に伴い、図書館のサービスにも有効に利用されるようになり、現在に至っている。館内で利用ができるパソコンの提供、OPAC（Online Public Access Catalog、オンライン閲覧目録）の普及などが始まる。図書館はインターネットを活用し、ホームページを開設した。それによって図書館外でも蔵書の検索、予約などができるようになった。

3. 現在の図書館サービスの展開

現在の図書館では、デジタル化の影響を大いに受けている。貸し出し返却の際に自動貸し出し機を設置し、利用者個人が自分で処理を行える図書館は増えてきた。図書館内でパソコンを提供するところもあれば、全館に無線LANの活用で利用者個人のパソコンを持ち込んで使えるように整備したところもある。館内では、蔵書検索だけではなく、データベースを使えるようにし、利用者が正確かつ最新の情報を得ることができるようにもなった。データベースの使い方の講習会なども開く図書館もあり、図書館のサービスは充実してきている。

その中で、近年注目されているサービスの一つに課題解決型サービスがある。この課題解決サービスとは「日常生活で直面する課題や地域の課題解決への実用的な情報提供を目的としており、特定領域に絞った情報の収集・提供を行う」ものである[2]。ビジネス支援、健康・医療情報、子育て支援、行政支援、農業支援など様々なサービスがこれに当たる。

3.1 日本の公共図書館における課題解決サービス

日本でも様々な図書館において課題解決サービスは行われるようになってきた。その中で図書館海援隊という、図書館の有志による組織が生まれた[3]。

---

[2]　宮部頼子『現代図書館情報学シリーズ4　図書館サービス概論』（樹村房、2012年、40頁）

[3]　文部科学省「図書館・公民館海援隊」プロジェクト〈http://www.mext.go.jp/a_menu/shougai/kaientai/1288450.htm〉2015/12/18参照

第3節　公共図書館の役割の変容と図書館施設

この活動に参加している図書館は課題解決サービスに熱心に取り組んでいる。

例えば、鳥取県立図書館ではビジネス支援によって商品開発が成功した例などがある[*4]。他にも、貧困・困窮者支援、就業者支援・ビジネス支援などコーナーを設置することし役立つ情報を1つの分野を一か所に集めることで人の目につきやすくする工夫をしたり、様々な分野において相談会を開くことで利用者の役に立っている。そしてこれは図書館だけで行っていることではなく、法テラス、地方法務局、司法書士会、行政書士会等の外部機関などの協力を得て、無料相談を図書館にて行っている。このような専門的なことを図書館で相談できることはとても重要なことである。これが図書館などではなく直接専門機関にて相談するということであれば、萎縮して中々相談できないどころか、まず行くことすら敷居が高い気がして難しく感じてしまう。しかし、図書館に向かうのであれば気軽に相談することが可能であるし、また周りの目を気にすることもなく訪れることができると考える。

他の例として、岡山県立図書館でも、貧困・困窮者支援、就業者支援・ビジネス支援を行っており、その分野において役立つコーナーを設置している[*5]。また、おかやまインキュベーター協議会と共同主催で専門相談員による相談会である「創業(ビジネス支援)相談会」を開催している。医療・健康においても放送大学と「医療・健康」に関する連携講座を開催している。

他にも多くの図書館でこのような取り組みはおこなわれている。ジョブカフェとの連携やハローワーク発行資料の閲覧、融資の相談会、就職支援セミナーなどサービスは多岐にわたっている。

このように従来の図書館のイメージとはおおよそ違うサービスが様々な図書館で取り組まれている。

3.2　シアトル図書館における課題解決サービスの一例

アメリカのシアトル図書館において行われているホームレスの人たちに対する、きわめて興味深い課題解決サービスの事例について松林正己『図書館はだ

[*4]　マンガでわかる活用事例(鳥取県立図書館ホームページ)〈http://www.library.pref.tottori.jp/hp/menu000002900/hpg000002852.htm〉2015/12/16参照

[*5]　サービス案内(岡山県立図書館ホームページ)〈http://www.libnet.pref.okayama.jp/service/index.htm〉2015/12/16参照

第3章　ゼミ生が考える電子出版・電子図書館の最前線

れのものか　豊かなアメリカの図書館を訪ねて』より引用する[6]。

> しかしながらホームレスの人々を雇用し、コーヒーのたて方から収益の
> 管理まで実践しているのが図書館とはなんという名案であろう！この説
> 明を聞いたときには、快哉なるかな！と爽快な気分になった。もちろん
> コーヒー・カートのスタッフがホームレス出身とはだれも気付づいてい
> る様子もない。小ざっぱりした服装である。学歴に関係なく最低限の仕
> 事を身につけさせ、その延長で企業のノウハウを実践させる。スキルを
> 身につけさせて、1人前になった段階で、就職先を紹介するのだという。

　ホームレスに限らず困った利用者というのは世界共通で存在しており、図書
館側はそのことに頭を悩ませている。これはシアトル図書館でも例外ではない
が、シアトル図書館では、すべての人に開かれた図書館を目指しており、その
中にホームレスの人々も含まれているため、ホームレスの人々へのサービスを
展開している。

　シアトル図書館におけるホームレスの人々へのサービスは画期的であり、問
題になっていることに対して積極的に解決していこうとしているのである。松
林は、このシアトルのサービスはニューヨーク公共図書館科学産業ビジネス
館(New York Public library. Science, Industry and Business Library)のビジネ
スサービス支援よりさらに、職業支援を具体的に実施しているという報告をし
ている。シアトル図書館が行っている支援とは、図書館内でのジュースやコー
ヒー、サンドウィッチなどの軽食の販売をするコーヒー・カートの運営をホー
ムレスの人が担うというものである。

　図書館は万人に開かれ、皆が利用できる場所である。それは、子供から大人、
お年寄りまで。あらゆる年齢層を相手にするいわば、図書館を使いたいと願う
万人が利用者となりえるのである。確かに日本でもホームレスの人々に対する
サービスが無いわけではない。しかし、現状としてすべての人を受け入れる体
制が整っているわけでもない。現実としてはそれが充実しているわけでもなけ

---

[6]　松林正己著『図書館はだれのものか　豊かなアメリカの図書館を訪ねて（中部大学ブック
シリーズアクタ7）』（中部大学、2007年、38頁）

れば、積極的に成されているわけでもない。むしろどこか社会的に排除しよう
としているようにも見える。

　迷惑行為を受け入れるべきだとか、図書館運営を妨げることになって良いと
いうことではない。ホームレス問題については、最初から犯罪者等とは違うに
もかかわらず、この人だけは受け入れないと線引きをして、排除をしてしまう
のではなく、受け入れることで逆に図書館運営をより良いものに変えたことに
たいしてこのシアトル図書館の支援活動には筆者は驚きを覚え、感銘を受けた
のである。

　実際、このような方法をとるとすれば地域住民の理解やその制度の整備、資
金などの面で問題は出てくるのだと考える。ただ、問題になっていることが一
過性のものでない限り、その問題はずっと降りかかってくるものである。その
ためになにかしらの打開策なり対応なりを考える必要性は出てくるのかもしれな
い。コミュニティにとって、図書館はだれにでも開かれた場所であると規定す
るのなら、むしろ積極的に取り組むべきだろう。

4. 居心地の良い図書館を作るために

　図書館において必要になってくるのは充実したサービスを提供するのはもち
ろんのこと、その図書館自体の施設作りにも配慮が大事になってくる。それは、
書架をどこにどのように配置するか、図書をどのように人に魅せるか、どのよ
うな設備を用意するか、照明の明るさはどのくらい必要か、トイレやエレベー
タの位置など挙げていけばキリがないくらいに様々である。

　その中で２、３点、筆者が利用している中で、目についたことを述べる。

4.1　利用者にとって快適な図書館について考える

　「公衆的」状況下での他人との接近は、どんな場合であろうと、私たちに不快
感や居心地の悪さを引き起こし、その場から逃げ出したくなる衝動を生む（侵
入者を撃退できない場合）。

　　　例えば、従来の３人掛けの机は使われなくなっている。というのも、こ
　　　こでも真ん中の席は他の利用者との距離を保つために、私物で占領され
　　　てしまうからだ。距離が保てなければ、机に向かっても、落ち着かなかっ

たり、狭すぎる場所で勉強しなければならないと感じ、集中できない。

　上記はアントネッラ・アンニョリ『知の広場』より引用した文章である＊7。この引用文より図書館において利用者は距離が近すぎると居心地が悪く、落ち着かないということがわかる。図書館において複数人で利用できる平机が設置してあるのを目にするが、それらすべての座席が埋まっていることは滅多になく、見知らぬ人と近い距離で座ろうとしないことが窺える。また、ほとんどの場合利用者の横の席には荷物などが置かれ、空席は荷物置き場にされている。そのため、実際は座席数に比べて利用者が利用する座席は少ないと言える。これを踏まえて一人でも多くの利用者が利用できる場所を提供するのであるならば、１人掛けの席や区切りのある席を設置することが必要だと考える。そうすることで、他の利用者との距離が保たれることになり居心地の良い空間が利用者に提供できることになるのである。しかし、多くの資料を利用する際には、広いスペースの方が一人掛けの席よりも利便性が高いため、複数人で利用できるほど大きな平机が設置されていることも利用者にとっては必要なことである。

　一人掛けの座席や複数人で利用できるほど大きな平机など、どのような座席を設置するかというのは、利用者が求めるスペースによって異なるものである。なぜならば図書館はその地域によって利用者が違うからである。そのため、どのような椅子や机を利用するかということは利用者の使い方を観察したうえで行われることであり、利用者に必要とされるスペースはどのようなものかということも、各図書館によって異なるものだと考えられる。

　また、利用する座席以外にも、荷物の置き場の確保についても考えなければならない。『知の広場』では荷物について、両手が使用できないというようなことを無くすためにスーパーにあるような買い物かごや IKEA の店にあるような黄色いバッグとメジャー、メモ、エンピツの貸し出しについて言及されていた。これは利用者が快適に図書館において過ごせるようにするために、きわめて重要なことである。筆者の意見としては、かごやバッグなどの貸し出しに加えて、使用後に返金されるタイプのロッカーの設置もあれば便利だと考える。それによって重いものや多くのものを持って図書館内を歩くことが減り、疲労を軽減

＊7　アントネッラ・アンニョリ『知の広場　図書館と自由』（萱野有美訳、みすず書房、2011年）

第3節　公共図書館の役割の変容と図書館施設

してくれるのではないだろうか。

4.2　本の配置場所を考える

利用者にとって、本が手に取りやすい位置や目に入りやすい位置が存在している。そのため、図書館において書架の高さと本の配架場所に配慮することは重要なことである。

植松貞夫『図書館施設論（現代図書館情報学シリーズ12）』によれば、「床から30cm程度までの書架最下段は見づらく取り出しにくいから、この段については取り出しやすさ・見つけやすさを改善する方策を施すか、使用しないのが良いといえる。」と明言されている[8]。

そして反対に、成人は床から60〜160cmが利用しやすい高さ、90〜150cmが目に付きやすい高さとされている。多くの本を収納するという観点から見れば最下段の棚に本を配置することになるかもしれないが、利用者の利便性という観点から見れば、最下段の棚（床から30cm程度のもの）を使うのはあまり好ましくないと言えるであろう。

そのため、利用者に勧めたい本がある、もしくは利用者の注目を引きたい本があるという場合には、どの位置にあればその本に注目し、手に取ってもらえるかを考える必要性がある。

5.　働く人にとっての図書館

図書館は利用者だけではなく、図書館で働く人のことも考えて設計されなければいけない。それが成されていなければ、利用者からの要求や希望に対して迅速に対応することが出来ないからである。図書館で働く人たちにとって働きやすいということは、利用者にとっても必要なことになってくるのである。図書館で働く人にとって動きやすい職場が利用者にも、利便性の高い図書館であると言える。そのため、この先図書館が変わっていくとしても視野にいれておかなければいけないものであり、忘れてはいけないことだと考える。

以下に、小川俊彦『図書館を計画する』からその事例を引用する[9]。

---

*8　植松貞夫『図書館施設論（現代図書館情報学シリーズ12）』（樹村房、2014年、134頁）
*9　小川俊彦『図書館を計画する』（勁草書房、2010年、89-91頁）

写真1　ゼミ発表「公共図書館の役割の変容と図書館施設」

　職員が働きやすいということに、移動距離の問題がある。広い図書館になればなるほど、当然であるが動く距離が長くなり、ブックトラックを押したり、本を抱えたりの移動になるので想像以上に疲労する。大きい図書館であれば貸し出し量も増え、それは同時に同じ数だけ返却され、その本を配架するという作業が必要になり、忙しい時間帯にはほとんどの時間に配架に費やすということも起きる。

　別の動線としては、利用者空間つまり閲覧室と、事務室、そして書庫との動線も効率的でないと、職員が館内を駆け回ることになる。難しい問題あるが、閲覧室の一角に事務室があり、それにつながる形で書庫があること、加えてその書庫はレファレンスサービス部門のカウンターに直結するようになっていることが、迅速なサービスを行う面からも、職員の移動効率を考えるうえからも望ましいことである。

　働く人にとって効率的に動けるということはとても重要になってくる。
　もし配架に時間がかかってしまえば、その本を求めている利用者が、検索をしてその配架場所を訪れ探しても求める本がそこにないということも出てくる。その場合利用したい人が本を手に取れなくなってしまう可能性が出てくるのである。そのため、効率的な配架をするためにブックトラックなど一度に多くの本を運べる道具を使えるような環境を整えるのは重要なことであり、通路の幅はどの程度の広さを確保しなければならないかを設計の上で考える。しかし、

ブックトラックが通れる幅であったとしても、来館者が多い混雑時にはブックトラックでは通れないため手で抱えて配架をする場面もある。そして、混雑時には配架以外の業務においても館内を頻繁に動くことが増えると予想できるため、その際にも効率的な動線を確保することが重要である。

また、配架以外にも他に、図書館にとって必要であり重要な業務は存在する。一つのことに時間がかかるということは、他の業務ができる時間が減ってしまうということにもなる。そのため、短縮できる部分は短縮する必要性がある。

書庫がレファレンスカウンターの近くに位置しているというのも利用者に迅速に図書を提供する上で大事なことである。これがもし離れた場所に位置していたら離れている距離が大きいほど利用者を待たせることになる。書庫については、一部の図書館では、自動書庫を採用しているところもあり、利用者により早く求められた資料を提供できるような工夫をしている。自動貸し出し返却機、自動仕分け機などもそれにあたり、人の手で行わずに済みまた迅速に行えるものに関しては機械に頼み、逆に人の手によってしか出来ないことに時間を割くようにすることが求める人に手厚いサービスを提供していくことにつながるのだと考える。

小川は『図書館を計画する』の中で「何を、どうあきらめる、あるいは犠牲にして、どこを活かすか、どの関係を大事にするかということを考えて設計を進めていく必要がある。」とも述べている。すべてについて満足のいく図書館を作りあげるということは難しいことであるが、そのような中においてどのような面を重視し、それによってどのように図書館員が動くかを考えていかなければならない。

6. 結　論

本稿では現在の日本の図書館におけるサービスの変遷、図書館において利用者、図書館員など図書館を利用するすべての人にとって求められている居心地の良い空間づくりについて、どのような変遷を辿り現在の図書館に至ったかを考察した。そして、日本の公共図書館において展開されているサービスとはどのようなものであり、公共図書館の施設、設備において求められる形が明らかになった。

利用者向けのサービスは従来の図書館に対する印象とは異なる展開がされて

いる。これは非常に画期的なことであり、図書館が利用者にとって利便性の高い場だということを示せることになる。そのためには、現在の図書館で何を行い、どのような問題の相談を受けつけているかなどを利用者に知ってもらう必要がある。施設や設備についても、従来とは異なる座席や書架の配置されることで、利用者にとって居心地の良い空間が展開されるということが言える。

　今後の課題としては、利用者が図書館に何を求めているか、また利用者の図書館内における行動のパターンを知ることだと考える。それにより利用者にとって居心地の良い空間とはどのようなものかということも知ることができるだろう。その中でどのようなサービスの展開をするのか、どのような施設を設計していくのかが図書館の来館者を増やし、図書館を運営していく上で重要なことであると考える。

　また、本稿では詳しく書けなかったが外国では日本の図書館以上に様々なサービスを展開している場所もある。そのような国々の図書館からも学び、それが日本においても通用するかを考察し、現在の日本においても可能であるならば取り入れていくことが、今後の日本の公共図書館の発展を促すことになるだろう。

　図書館において様々な変化が起こるなかで、どのようにその場を利用できるか、そしてどのような場面で役に立つのかを知ることは重要なことであると考える。

＜参考文献＞

＊植松貞夫『建築から図書館を見る（図書館・情報メディア双書10）』（勉誠出版、1999年）
＊アントネッラ・アンニョリ『知の広場　図書館と自由』（萱野有美訳、みすず書房、2011年）
＊高山正也、岸田和明『図書館概論（現代図書館情報学シリーズ１）』（樹村房、2011年）
＊益子一彦『図書館空間のデザイン　デジタル化社会の知の蓄積』（丸善出版、2011年）
＊大串夏身、常世田良『図書館概論（ライブラリー図書館情報学２）』（学文社、2012年）
＊植松貞夫『図書館施設論（現代図書館情報学シリーズ12）』（樹村房、2014年）
＊堀場弘、工藤和美『図書館をつくる』（彰国社、2014年）
＊山本順一『図書館概論 デジタル・ネットワーク社会に生きる市民の基礎知識』（ミネルヴァ書房、2015年）

第4節　読書アクセシビリティの観点から見た

第4節

読書アクセシビリティの観点から見た
共同自炊電子書籍モデル
堀江　健太郎
（立命館大学文学部日本文化情報学専攻3回生）

◇概　要

　電子書籍の登場は音声読み上げ等の機能により、視覚障害者の読書に貢献する事ができるようになった。しかし、点字や録音図書よりも機能が拡張されてはいるものの、日本で提供されている電子書籍はまだまだ視覚障害者の読書にとって課題があるのが現状である。一方で、障害者手帳を持っていない人の中にも「弱視」やディスレクシアなどの読書困難者が確実に増えてきている。これらの人を含めて、視覚に障害のある人達の読書アクセシビリティを確保するニーズが生まれてきている。視覚障害を持つ人たちが読書を行うためにはどのような形で電子書籍が貢献できるのかを考える必要がある。

　本稿では電子書籍とそれを取り巻く環境についての現状と課題、それを踏まえた電子書籍の提供方法として「共同自炊」について考察する。

◇キーワード

　電子書籍、視覚障害者、アクセシビリティ、読書困難者、共同自炊

1. はじめに

　電子書籍の登場によって人々が書籍を享受できる方法が拡張した。

　現在、地方の町の小さな書店は近年の出版不況によって閉店してしまい、地方の住民が買いたくても書籍を買うことができない状況が生まれている。しかし、電子書籍であれば、書籍を購入する際に営業時間と場所に制限のあるリア

113

ル書店とは異なり、ネット環境さえあればいつでもどこでも、周りに書店が無い地域でも電子書籍を購入し、読むことができるというメリットがある。

また電子書籍は紙の書籍とは異なり、書籍を電子データとして取り扱うので、書籍の総重量は、何冊もの書籍を端末に入れていても端末の重量のままである。

さらに電子書籍は紙の書籍には無かった特典が付いて販売されることもある。例えば、漫画は本来モノクロであるが、電子版のみフルカラーで販売されること、電子版のみの書下ろしが付いてくるなど、電子書籍の登場によって書籍を購入する側の人々は今まで以上に書籍を楽しむ方法が増えたのである。

この電子書籍が読書を拡張できることで、筆者がとりわけ関心を持ったのは電子書籍が視覚障害者の読書に対して大きく貢献できる事例である。

> 私は全盲だが、画面読み上げソフト（スクリーンリーダー）を組み込んだPCで米国アマゾン.comのキンドルストアにアクセスして、キンドルブックを購入すれば、すぐにキンドルで読書を始められる。どうしてかといえば、キンドルには英語音声合成エンジン（TTS）が内蔵されていて、出版されているキンドルブックの多くがTTS対応になっているからだ[*1]。

石川は電子書籍によって視覚障害者がより手軽に、読書を楽しむことができる可能性を論じている。一方で、視覚障害者が電子書籍を十全に利用するためには課題もある。本稿では、視覚障害者に対して電子書籍が与えられるメリット、デメリットを調査し、そこから電子書籍をどのように提供すれば電子書籍が視覚障害者の読書に貢献できるか考察してゆく。

2. 視覚障害者と読書困難者

人々が視覚障害者という言葉を聞いて、イメージを浮かべるのは全く目の見えない人、点字を使って読書をする人、点字ブロックを利用して歩いている人などという、全盲の人をイメージしがちである。

しかし、上記のようなイメージは視覚障害者の中でもごく一部であり、視覚障害の程度や原因、読み書きの困難は様々なものがある。

[*1] 石川准「電子書籍を読書障害にしないために－出版社と国立国会図書館への期待」（日本図書館協会現代の図書館編集委員会編『現代の図書館49巻2号』2011年、83頁）

竹下の調査[*2]によると、厚生労働省の発表（2013年）身体障害者手帳を持つ在宅の視覚障害者は全国に推計31万5500人。日本眼科医会の発表（2009年）によると、国内の視覚障害者は推計164万人で2030年には202万人に達するという。狭くとらえると国内の405人に1人、広くとらえると78人に1人が視覚に何らかの障害を持っていると言える。

障害の程度では、まったく目が見えないか、光や物の影や形などがわかる「全盲」「光覚」の人が20万人程度いるのに対して、ある程度の視力はあるが、日常生活を送る上で何らかの困難のある「弱視（ロービジョン）」の人が144万人余りいる。一方、視覚と聴覚の両方に障害を持つ「盲ろう者」も1万4000人近いと推計される。これら視覚障害者に限らず、社会的に読書が困難なものは存在する。それは高齢者である。60歳を過ぎると細かい字が読み辛くなり、特に80歳を超えるとページをめくるのも大変になってくるだろう。読書したくてもできない高齢者が増えつつあるのだ。

松原らの調査によると、総務省統計局のデータによると65歳以上の高齢者は年々増加しており、2020年には3590万人に達すると推測されている[*3]。

さらにこの高齢化によって読書困難者となったものが視覚障害者となるケースもある。竹下によると、次のように分析されている。

> 40歳を過ぎてから視覚障害になった人は1994年の発表で47％に上がっており、一般の学校で学び、就職したり結婚した後、視覚障害になった人が過半数を占めている[*4]。
> 視覚障害の原因では、緑内障が24％、糖尿病性網膜症が21％を占め、長い年月をかけて視力低下していく人や継続的な治療が必要な人が多い。加えて、高齢化によって認知機能や聴力の低下、そのほかの疾病や健康不安を合わせ持つ人も増大している[*5]。

---

*2　竹下亘「1-1　視覚障害者等の読書環境と発展の歩み」（社会福祉法人　日本盲人社会福祉施設協議会　情報サービス部会編『障害者の読書と電子書籍～見えない見えにくい人の「読む権利」を求めて～』2015年、12-13頁）

*3　松原聡　池田敬二　山口翔　岡山将也「電子書籍のアクセシビリティ」（『情報通信学会誌30巻3号』2012、82頁）

*4　注2の前掲書に同じ

*5　注2の前掲書に同じ

また、読書困難者は高齢者に限らない。河村は著作権法 37 条が想定する出版物を読むことが困難な人々には以下のような人々を挙げている[6]。

・印刷物を読めない全盲の人
・大きな文字や適したカラーコントラストでないと読みにくい弱視の人
・視力はあっても、出版物の情報を解読し理解することが難しいディスレクシア（識字障害）等の発達障害あるいは高次脳機能障害等の人
・パーキンソン病などの病気や薬の副作用もしくは ADHD 等で、集中して出版物を読むことが困難な人
・幻覚や幻聴があって混乱しやすい人
・本を持って読むことが難しい（紙アレルギーを含む）人
・手話を第一言語とする人と聴覚トレーニングを必要とする難聴の人

全盲の人を除いたこれらの人たちは物を見ることはできても通常の紙の本で読書を行うことは難しい。

まとめると、将来的に日本の人口の10％以上の人々が何らかの視覚障害を患って紙の本で読書を行うことができなくなる。とりわけ高齢化によって視覚機能が低下した人々は点字などに慣れていないので、点字などで読書をするまでに時間がかかる。さらに読書障害者の場合は目が見えているにも関わらず通常の読書を行えないというわけである。

現在、視覚障碍者の読書手段として、点字図書、録音図書（DAISY など）、大活字図書などがあるが、これらでは上記の高齢化によって視覚障害を患った人々と読書障害者に対応することができない。ゆえに電子書籍が視覚障害者の読書に貢献することができるのではないかと期待されている。

3. 電子書籍のメリット

冒頭に述べたように電子書籍には端末一つに何冊も書籍データを入れることができる、ネット環境さえあれば何時でもどこでも書籍を購入できるといったメリットがあると紹介した。この項では電子書籍が視覚障害者に与えることができるメリットについて紹介してゆく。

---

[6] 河村宏「デジタル・インクルージョンを支えるDAISYとEPUB」『情報管理54巻6号』2011年、308頁〈https://www.jstage.jst.go.jp/article/johokanri/54/6/54_6_305/_pdf〉2015年12月22日参照

第4節　読書アクセシビリティの観点から見た共同自炊電子書籍モデル

電子書籍の持つ機能で一般的になりつつあり、視覚障害者のアクセシビリティに貢献している機能には、

①　文字の大きさを変えることができる。

②　文字の背景色を変えることができる機能(画面の白黒反転機能など)。

③　文章や文字をハイライトし、音声と同期することができる。

④　音声で読み上げさせることができる(TTS 機能)。

⑤　読み上げ速度を変えることができる。

⑥　単語検索ができる。

⑦　音声や画像、動画、アニメーションが埋め込まれている。

などの機能が挙げられる。

　これらの機能は視覚障害者だけでなく、弱視などの読書障害者にも貢献できる。例えば①と②の機能を利用することによってディスレクシアの人は自身が書籍を読みやすい形式に変換することで読書を行うことができるようになるのだ。①と②の機能は従来の紙の点字図書では行うことができなかったことである。この機能こそ電子書籍が今求められている理由である。

　さらに、①～⑦の機能の内、音声に関わる機能、いわゆる TTS 機能がとりわけ注目されている。

　杉田はTTS機能の中でも、2013年5月1日に日本でもアマゾンがiOS版のKindleアプリを音声読み上げ対応をさせたことが視覚障害者の読書を変えたと言われている[7]。

　従来の音声読み上げに対応している電子書籍としてマルチメディア DAISY 図書が挙げられる。このマルチメディア DAISY 図書はパソコンにテキストを読み上げるためのソフトウェアが入っていなくとも音声読み上げが可能であるという便利な電子書籍ではあるものの、制作をボランティアに頼っているために国内におけるマルチメディア DAISY 図書で入手可能な図書は 600 タイトルと少ない[8]。

＊7　杉田正幸「2-3視覚障害者の電子書籍利用の現状　iPhoneやiPadでの視覚障害者の電子書籍利用を中心に」(社会福祉法人　日本盲人社会福祉施設協議会　情報サービス部会編『障害者の読書と電子書籍～見えない見えにくい人の「読む権利」を求めて～』2015年、54頁)

＊8　野口武悟・植村八潮・成松一郎・松井進「電子書籍のアクセシビリティに関する実証的研究（Ⅰ）－音声読み上げ機能の検討を中心に－」専修大学人文科学研究所編『人文科学年報44号、2014年、200頁』

第3章　ゼミ生が考える電子出版・電子図書館の最前線

　また従来、視覚障害者は図書館による点字や録音図書、対面朗読サービスを利用することで読書をしてきた。しかし、図書館に新刊書が受入されても点字や音声となるまでに半年から1年間という期間が空いてしまう。また書籍の中でも専門書が特に不足していることもあり視覚障害者から情報が遠ざかっているという状況が存在していた。

　しかし、iPhoneやiPadなどに標準で搭載されているスクリーンリーダー「Voice Over」を使えば、多くの新刊書籍が発売と同時に読めるようになる。ゆえに読書環境が変化したと言われている。

　日本の出版界でも電子書籍事業には関心を持っており、KADOKAWAは、電子書籍は専用リーダーよりもiPadのような汎用リーダーが市場を占めると予想をしている[9]。汎用機であれば上記の①〜⑦の機能を利用することが可能であるので、電子書籍は視覚障害者と読書障害者の両方の読書に貢献できるであろう。

4.　電子書籍の課題

　今までに筆者は、電子書籍によって視覚障害者の読書環境が向上することを述べてきた。電子書籍の機能は確かに点字や対面朗読など既存の読書提供方法よりも優れている。しかし、現状では課題も多い。

　電子書籍が抱える課題として以下のものが挙げられる。
① 　電子書籍のファイルフォーマットが統一されていない
② 　電子書籍を販売する出版社が電子書籍にDRM（著作権保護手段)をかけている
③ 　コンテンツ数が少ない
④ 　音声読み上げ機能にとって「日本語」が難しい
⑤ 　日本語のスキャニングが難しい
⑥ 　視覚障害者用のICT機器が高価である
⑦ 　法制度上の問題
これらが電子書籍を運用するうえでの現状の課題である。

＊9　2015年9月9日、KADOKAWA本社でのインタビュー調査による。

第4節　読書アクセシビリティの観点から見た共同自炊電子書籍モデル

実装方法	PDF	HTML	Flash	アプリ	電子書籍＊
コンテンツの開発が技術的に容易	○	◎	△	×	◎
著作権管理（コピーなどの禁止.）	○	×	△	◎	○
複数機種で表示・動作互換	○	○	×	×	○
組んだレイアウトを反映	◎	×	×	△	△
対話的動作（正誤判定等）	×	△	◎	○	○
サーバとネット経由で情報交換	×	○	△	○	△
オフライン動作	○	×	○	○	○

表1　電子書籍のファイルフォーマット種類と特徴

＊電子書籍用フォーマットには、XMDF・AZW・EPUB などがある
出典：田村恭久「電子教科書の現状」、『情報管理』vol.57 no.5、2014、311頁

　まず①のフォーマットの問題について、電子書籍のファイルフォーマットには、田村が挙げる以下の種類（**表1**）がある＊10。

　現在、電子書籍はこれらのフォーマットが並存している状況である。複数のフォーマットが並存することで電子書籍を利用する側にデメリットが生じる。

　現状 TTS 機能で最も期待されているスクリーンリーダーの「Voice Over」はリフロー型の電子書籍フォーマットである EPUB 形式の電子書籍を音声読み上げすることが可能であるが、「フィックス型」である PDF 形式の電子書籍を音声読み上げすることができない。

　また、HTML はオフライン動作ができない特徴を持つ。電子書籍のファイルフォーマットが統一されていないことで、安定した環境ではなく、フォーマットに合わせないと読書が行えない読書環境が存在している。

　②について、出版社が販売する電子書籍のテキストデータがあれば、TTS 機能を使うことによって視覚障害者は書籍を聴読することが可能となる。しかし、出版社はテキストデータを出すことで書籍の内容をコピーされてしまうという懸念を持っており、DRM という著作権保護手段を電子書籍にかけることによって電子書籍の購入者にその利用を制限している。

　DRM がかかることによって TTS 機能による音声読み上げが許可されておらず電子書籍を聴読することができない、コンテンツを読むのに専用のインターフェースや指定された端末を利用しなければならないという不便が生じる。こ

＊10　田村恭久「電子教科書の現状」（『情報管理57巻5号』2014年、311頁）
　　　〈http://doi.org/10.1241/johokanri.57.307〉2015年12月22日参照

れではアクセシビリティを確保する事は出来ない。

③について。①と②の状況を見て現状視覚障害者向けのコンテンツが限定されてしまうことが明白である。また、専門書のコンテンツが圧倒的に少ないことが深刻である。この情報化社会では視覚障害者が仕事や学習で専門書を利用する状況にある。その時には一般図書ではどうにもならない。これは点訳や音訳等既存の提供方法にも当てはまる課題である。

加えて、現在点訳や音訳、テキストデータ等のコンテンツの制作をボランティアに依存している状況もあまりよくない。もちろんボランティアの活動が悪いというわけではない。しかし、これらのコンテンツの作成が善意のボランティアの存在を前提であることで、今後もボランティアが継続的にコンテンツ作成に協力してくれる保証がないという点で不安定な状況にあるといえる。また、社会情勢と市民生活の変化とともに新しいボランティア志望者が減る一方でベテランのボランティアが年々高齢化してゆく傾向が広がっている（竹下2015）。

④と⑤について。TTS機能は文字が英語表記であれば問題なく文章を読み上げることが可能であるのだが、日本語表記の文章の場合うまくいかない。日本語の場合仮名漢字交じりの文章から読みを抽出するという言語処理が必要な上に当て字や人名、ルビなど難しい読みが加わるのでTTS機能の技術の問題で読み上げがうまくいかないことがある。

また、近年視覚障害者の中には購入した書籍をOCRと呼ばれる書籍のページを取り込んで電子書籍を自炊する人々がいる。このOCR技術もアルファベットを読み込むことは機械にとって簡単なのだが、日本語、特に漢字で類似したものを正確に読み取ることが難しく、出来上がった電子書籍をTTS機能で読み上げるときに正確に再現できるとは限らないのである。

⑥について。視覚障害者の為のICT機器は元来高価であった。ラビット[11]が取り扱っている商品を例に挙げると、「サピエ対応 携帯型DAISY録音再生機プレクストークリンクポケット」の値段は1台8万5000円、「DAISY再生機プレクストーク PTN 2」は4万8000円と高価である。これらの商品を購入する際に補助を申請することが可能である。しかし、障害者手帳の等級によっては補助が出ない、また今後増加する読書困難者であれば障害者手帳を持ってい

---

*11　ラビット〈http://rabbit-tokyo.co.jp/〉2015年11月12日参照

ないので補助を受けることが出来ない。

そのような状況下で「iPad」のような汎用機が視覚障害者向けの機能を持っているという点で注目されている。KADOKAWA でのインタビュー調査において現在の電子書籍利用状況で最も利用されている電子書籍閲覧ツールが汎用機であり、汎用機の利用が増加する傾向にある今、汎用機に視覚障害者向けの機能を組み込むことを働きかける必要性がある。

⑦について。大胡田は現行法制度において以下4点の課題を提起している。

以下に、それら4点[12] それぞれについての要約を記す。

(1) 読書の権利が明確にされていないこと

視覚障害者と読書障害者のための読書権については法的な権利とされていない。このことは、視覚障害者の側から出版社等の事業者に対して書籍へのアクセス権を主張すること、救済を求めることが出来ないことを意味している。

(2) 多数のボランティアの存在が前提となっていること

点訳や音訳、テキストデータ作成等の作業は多数のボランティアの活動無くして成り立たない構造となっている。③の課題でも述べたように、今後もボランティアが視覚障害者の為の作業を続けてくれる保証はない。

(3) 出版社に対して書籍の電子データの提供を義務付ける制度が無いこと

現在、一冊の書籍が出版されるまでの全工程のほとんどで電子データが用いられている。

仮に点字図書館やボランティア団体、個々の視覚障害者や読書障害者の人々が直接その書籍の電子データの提供を受けることができれば、紙の書籍をテキストデータ化するまでの手間を大幅に削減することができる。OCR でスキャニングするときに生じる漢字の誤認識はもちろん、「山田」の読みが「やまた」なのか「やまだ」といったルビふり表示や TTS 機能における漢字の読み分けを割

---

[12]　大胡田「5国内法整備と著作権」(社会福祉法人　日本盲人社会福祉施設協議会　情報サービス部会編『障害者の読書と電子書籍〜見えない見えにくい人の「読む権利」を求めて〜』2015年、119-120頁)

第3章　ゼミ生が考える電子出版・電子図書館の最前線

表2　電子書籍に関する実態アンケート

Q：御社は今までに紙の本のテキストデータの提供依頼を受けたことがありますか？	
A1：依頼されたことはない。	54社
A2：依頼されたことがあり、提供した。	12社
A3：依頼されたことがあるが、提供しなかった。	5社

出典：山口翔「電子書籍の音声読み上げによるアクセシビリティ向上」を元に作表。
　　　『現代社会研究』10号、2012、117頁

り振る苦労を削減することが可能なのだ。

　しかし、現行法制度では、出版社は点字図書館等や視覚障害者に対して書籍の電子データを提供する事は求められていない。また、出版社に対して電子データの提供を依頼したとしても、ほとんどの場合これに応じてくれることはない。

　出版社へのテキストデータ提供依頼についての山口翔の調査を紹介する。山口が所属する立命グローバル・イノベーション研究機構において電子書籍関連団体である日本電子出版協会、電子出版製作・流通協議会、日本電子書籍出版社協会、電子書籍を考える会の4団体の内『日本出版年鑑2010』に掲載されている出版社135社を対象にこの実態についてアンケートを行った所、71社より有効回答を得た（**表2**）。

　この結果より、大胡田が主張するほど出版社は書籍のテキストデータを提供しないわけではないが、テキストデータの提供依頼自体が大多数の取り組みとなっておらず、提供依頼しても入手が確実でないことが判明した。法整備がされない限り、出版社からデータの提供を受けることは難しいだろう。

（4）　ユニバーサルデザインに配慮した製品開発のインセンティブが無いこと

　障害者基本法は、電子書籍端末を開発するメーカーが同端末を視覚障害者にも利用可能なものにすることが含まれているが、この規定は努力義務にとどまっており、実効性がほとんどないと言える。

5.　電子書籍を取り巻く環境

　前項で視覚障害者および読書障害者が快適に電子書籍を利用するために取り除く必要のある課題について論じた。これらの課題を解決できれば視覚障害者と読書障害者は各人の読書権が確保され、情報に接することができるようになる。

122

しかし、これらの課題を全て一挙に解決することができるかと言えばそれは難しい。

出版社側の事情を考慮すれば電子書籍の海賊版が流通する現状を考えると出版社は DRM の解除について慎重にならざるを得ない。これに前項で紹介した山口の調査を加える。テキストデータの提供依頼自体が大多数の取り組みとなっていない、提供依頼したとしても入手が確実でない状況、さらに、出版社が出版データの作成行程を外注している場合ファイルを有していないためテキストデータ自体を提供できないという問題がある。

また、KADOKAWA でのインタビューによれば出版社は視覚障害者を顧客として考えていないわけではなく、現状の電子書籍技術では視覚障害者をターゲットにできないという問題がある。KADOKAWA は将来的には販売する電子書籍に TTS 機能を付けるべきだと考えているがそもそも TTS 技術自体が発展途上であるため何とも言えないようだ。また、iPad で代表される米国では自動車の利用が盛んであり、文化の違いから電子書籍に求められていることが異なるという見解を示した。

技術と文化の問題はこれだけにとどまらない。例えば、アメリカ社会には障害に基づく差別を禁止した米国障害者法を根拠に 2009 年キンドル DX に視覚障害者が利用する際に情報へのアクセスの面で障害者が不利となることに対して申し立てを行いアマゾンにその訴えを基にアクセス機能を強化したキンドル 3 を開発させるといった障害と福祉に対する社会基盤が強くある。

社会基盤だけでなく、使用している文字、OCR の読み込みに適したアルファベットと細かい表記やルビを必要とする漢字の違いは根本的に変えることはできない。文化の問題を一様に解決することはできない。

技術の面について考える。電子書籍の開発について、統一されていないファイルフォーマットやハードの形態、TTS 機能を起動させるための動作などを統一した電子書籍を開発するべきであるという議論があるが、逆に統一させることによって生じる不都合も存在する。それは技術の発展が止まってしまうことである。新興の技術が発生と淘汰を繰り返すことによって技術は進歩する。よって一概に電子書籍にあらゆる面で統一性のあるソフトウェア、ハードウェアを作成するとかえって不都合が生じてしまうリスクがある。

ファイルフォーマットについては KADOKAWA と集英社へのインタビュー

調査から EPUB 3 へと移行が行われる動きがあるが、電子書籍閲覧用のインターフェースについてはインターフェースが異なることによって各書店が一番見せたい形で電子書籍を提供できるメリットがあると主張している。

　出版社側としては現状電子書籍の規格を EPUB に統一しておけば電子書籍の見え方については問題がないという見解であり、技術と市場のニーズがかみ合っていないのでそもそも統一的な電子書籍を開発する事が難しいことを示している。

6. 共同自炊電子書籍システムの提案

　今までの論で視覚障害者と読書障害者のための完璧な電子書籍端末とデータを構築することは難しいことが分かった。解決しようにも技術や文化、社会基盤、市場の等が複雑に影響しあっていて一挙に解決することは現実的ではない。

　だからといって、視覚障害者と読書障害者の読書権を確保するための試みを止めることはナンセンスである。出版社側も技術さえあれば視覚障害者を電子書籍のターゲットにする事はビジネスとして考えているし、図書館関係者の中には、例えば、三田市立図書館では電子書籍の音声読み上げ機能を利用した視覚障害者の読書を支援するための実証実験を行っている[13]。

　しかし技術面、とりわけ電子書籍の端末、ハード面での成果を上げることは容易ではない。製品の開発までには長期間にかけての提案と妥協が必要である。また、開発している最中に想定外の技術の発達が起きた場合も話が変わってくる。映像記録メディアが VHS から BD に変わったように、電子書籍の読み方が現行のタブレット端末での読書から別の新しい何かでの読書へとスタイルが変われば「今」の技術が時代遅れの「過去」のモノになる可能性がある。

　そこで筆者は電子書籍の提供法として電子書籍のデータの面での提供に注目する。今日の情報化社会において視覚障害者が不利となっている点は何もいわゆる娯楽としての読書ができない事だけではない、より深刻なものとして仕事や研究で利用する専門書のコンテンツの不足による情報不足がある。この問題を解決する助力となる考えとして筆者は共同自炊電子書籍システムを紹介したい。

---

*13　「神戸新聞　夕刊」2015年3月6日、4版、11面

7. 共同自炊電子書籍とは

電子書籍を手に入れる方法で書店などのネットストアから購入する方法が一般的だが、もう一つ「自炊」と呼ばれる方法がある。これは「手持ちの書籍や雑誌を裁断・解体し、各ページをイメージスキャナーで読み取り、電子書籍化すること（デジタル大辞泉）」である[14]。

OCR技術の向上と普及によって健常者はもちろん、視覚に障害がある人々もOCR機器を購入し、自己が所有する書籍を裁断して電子書籍化して読書を行っている。視覚障害者の場合はスキャンした書籍をTTS機器で読み込むことで書籍を聴読することが可能となる。

しかし、この「自炊」には問題がある。それは著作権の問題である。著作権法上は本の持ち主が個人的に楽しむための私的複製は問題とならないが、スキャンしたデータを転売や譲渡するといったいわば海賊版を流通させる行為は違法となる。自炊は読みたい書籍をすぐに電子書籍化できるという大きなメリットがあるものの、著作権との兼ね合いが必要な側面を有する側面がある。

この著作権の問題を解消し自炊という可能性を発揮できる例として浅川の「ブックシェア」についての例と、石川の「共同自炊」の例の2つの事例を紹介して、視覚障害者と読書障害者への電子書籍提供法としての共同自炊電子書籍について紹介と考察を行う。

7.1 ブックシェア

まずは「ブックシェア」について紹介する。この「ブックシェア」とはOCR機器を用いて書籍全体のテキスト化を行い視覚障害者ユーザー同士がデータを共有するインターネットサービスである。発祥は1999年当時、米国の視覚障害者に広く使われていたOCRソフトウェアの開発・販売を行っていたアーケンストーン社のCEOジム・フラクターマンが視覚障害者によるOCRで作成したテキストファイルを共有する仕組みをひらめいた事である。

文字情報にアクセスしなければ現代の社会生活は成り立たない、しかしOCRソフトウェアを利用することによって視覚障害者はその情報にアクセス

---

[14]　じ‐すい【自炊】, デジタル大辞泉, JapanKnowledge〈http://japanknowledge.com〉（参照 2015年11月24日）

できるようになる。ただ一方で、ある書籍を誰かが一度デジタル化すれば、他の人がOCRによるスキャニングを行うことは二度手間である。そのデジタル化書籍を他にも必要とする視覚障害者が利用できるようになれば視覚障害者の読書環境を変えることができる。その発想の下でフラクターマン氏がアーケンストーン社売却後の2000年に立ち上げたのがブックシェアである。

ブックシェアが成立する要素として以下のことが挙げられる。

一つは、アルファベット言語はOCRによる認識が容易であり、かつスペルチェックによる修正が可能で視覚障害者自身が高い精度でデジタル化を行うことができる点である。これでユーザー自身積極的にサービスを支える下地ができている。

二つ目に、著作権と利用可能者について綿密にデザインされている点である。米国著作権法の例外規定では、専用フォーマットを用いて視覚障害者とその他の障害者に限って配布することが許可されている。ユーザーについては読書障害である事を医師が証明する必要がある。例えば公約機関であるNational Library Serviceによって読書障害であると認定されたユーザーはブックシェアを利用できる。

三つめに運営である。ブックシェアの運営は様々な団体の支援により、ユーザーの負担を抑える仕組みで行われている。一般ユーザーは入会費25ドルと年間使用料50ドルで全サービスを利用することができる。

浅川の調査では2014年8月時点で29万3000冊もの書籍がブックシェアで提供されている[15]。

このブックシェアという仕組みは筆者が考えるソフト面における電子書籍提供に重点を置いた提供法として優れていると考えられる。この仕組みであれば電子書籍を利用できるのは許可を得た視覚障害者と読書障害者に限定され、また著作権処理がなされているので自炊における海賊版対策となり得る。

一方で、このブックシェアの仕組みはOCRソフトウェアにとって読み取りやすい文字であるアルファベットであるから成立している面がある。日本語の書籍の場合技術面の問題で誤認識等の問題が発生してしまうのはどうしようも

---

[15] 浅川智恵子「アメリカのブックシェア」と読書障害者～日本版ブックシェアへの拡大～」（日本盲人社会福祉施設協議会　情報サービス部会編『障害者の読書と電子書籍～見えない見えにくい人の「読む権利」を求めて～』小学館、2015年、67頁）

ない。しかし技術は将来向上するはずである。それを考えれば、まずは視覚障害者の人々のため大量の書籍データを集める仕組みを考えることが重要である。電子データであれば後継の技術にダビングや加工することは物理的な物質よりもはるかに容易であり、それがデジタルデータの強みである。

ファイルフォーマットとビューワーが専用のものになってしまうことが予想されるが、現状出版社側も販売する書籍の目的に合わせたビューワーの利用を推進しているようなのでそれでも問題はないであろう。ただ閲覧できる端末が限定されない、iPad などの汎用機で閲覧できるようにすることは必要だ。電子書籍市場でも汎用機が主流となりつつあり、視覚障害者専用機ではコストもかかり障害の程度に合わせにくい。そうなれば電子データの加工をする際には視覚障害者だけでなく健常者の力を借りることが必要となる。

このブックシェアに似た仕組みが日本にも存在する。それが通称「みんなでデイジー」と呼ばれる「アクセシブルな電子書籍製作実験プロジェクト」である。これは晴眼ボランティアによる作業効率の最大化をコンセプトにしたクラウドソーシング型図書校正システムである。

日本点字図書館協会が主体となり日本アイ・ビー・エムと東京大学の協力もと、2013年から実施されている。この取り組みでは日本点字図書館が選書した書籍に加えて、ユーザー（視覚障害者）からリクエストされた書籍も迅速にデジタル化してテキストデイジー形式で提供している。リクエストを受けてから提供までの時間は数日から数週間であり、浅川は大学の授業で必要な人や業務で必要な人など機関に期限のあるニーズに対応できていると分析した。

OCR の技術不足を補いさらに電子データを加工できる体制があるという意味ではアメリカ発のブックシェアを日本に合わせた日本版ブックシェアと言える。しかし、この校正作業を行っているのがボランティアという点で筆者はみんなでデイジーの基盤将来的に不安定であると考える。

7.2 「共同自炊型」電子図書館

みんなでデイジーでの運営面などの比較として次に石川が提案する「共同自炊型」電子図書館（石川は「共同スキャン」と呼ぶ）を紹介する。

共同スキャン電子書籍のコンセプトはコンテンツの質よりも選択の自由とスピードと量を重視している。人々が読みたい本を自分で購入し、それを共同ス

キャン型電子図書館を運営する NPO に譲渡する。この NPO は視覚障害者等情報提供施設としての認定を受けている。本を注文することでオンライン書店から NPO に本が配送されて、翌日にはテキストデータとなって注文した利用者と他の利用者の両方が書籍を利用できるという仕組みである。

電子書籍の共同利用に加えて資料へのアクセスがかなり早くなるという点でみんなでデイジーよりも優れている。ただこの共同スキャン電子図書館では誤認識があり、目次と見出し以外は一切校正しない。誤認識の数は本によってかなり幅があり、快適に読める本もあれば読むに耐えないものも出てくる。

石川はたとえ補助金なし、ボランティアなしでも成立し持続できる電子図書館をコンセプトとしてこのモデルの実証研究を行った。氏の共同スキャン型電子図書館の実証実験では、最初の2年間、参加者70人で1000冊くらいの本をテキスト化した。そしてアンケート調査から誤認識があっても参加者の満足度が大変高いという結果が出た。参加者は40代と30代が多くサピエの読者層とは明らかに違う結果が出た。この結果から情報を積極的に利用したい世代の人々は誤認識があっても迅速に書籍にアクセスしたいと言える[16]。

以上、ブックシェアと共同自炊型電子図書館の2例が共同自炊電子書籍の例である。

8. 共同自炊電子書籍モデルの構築案

3項に入って筆者は共同自炊型電子書籍について2例挙げた。電子データの形式で電子書籍を現代の迅速な情報アクセスへのニーズに応えることができる可能性があるという点を両例とも達成できると考えられるだろう。

しかし、両例ともに完全なものではなく課題を内包している。浅川が取り扱う「ブックシェア型」の場合、日本語の電子書籍を提供する場合、現行の技術レベルでの書籍の完全性、例えば OCR の誤認識を減らすこと、を確保することが可能であるが、その分提供までの期間がどうしても長くかかってしまう。加えて、作業に関わる人々がボランティアという点で作業の継続性が不安定である。石川が取り扱う「共同自炊型電子図書館」では電子書籍の提供の迅速性と作

---

[16] 石川准「視角障害者による『共同自炊』の試み」日本盲人社会福祉施設協議会 情報サービス部会編『障害者の読書と電子書籍〜見えない見えにくい人の「読む権利」を求めて〜』小学館、2015年、72〜75頁

業を行う人材、資金面が補助金なしでも行えるモデルであるという点で事業の継続性が望めるが、電子書籍の完全性が損なわれており、ニーズと満足度が高いといえども視覚障害者の方々に誤認識に耐えていただかなくてはならないという理不尽な状況を生み出すこととなる。両例ともに一長一短がある。

　そこで筆者は両例の良い点を組み合わせ、課題をできるだけ減らせる共同自炊電子書籍のモデルを考察してみようと思う。

　まず、電子書籍の提供方法を２段階にする事を提案する。利用者から利用したい書籍のリクエストが入った場合、「共同自炊電子図書館」のようにとにかく迅速に書籍を電子化する。この方式でまずは利用者にとって必要な書籍のコンテンツ数を増やすことが重要である。コンテンツが増えれば当然利用者が集まってくる。共同自炊電子書籍を広めることがより可能となる。そして誤認識がある資料は「日本版ブックシェア」のように後で職員の手によって電子書籍の誤認識を減らして完全性を上げて、先行配信した資料と差し替えることで遅れはするものの完全性を確保することが可能となる。点訳・音訳ではできない、電子書籍データベースならではの情報の書き換えが容易である点が役に立つ。

　次に電子書籍を提供する主体について考察する。これもまずは石川のように専任の職員を設けることが必須であろう。事業を長年にわたって障害者の方々に提供するためにはボランティアでは確実性にどうしても欠けてしまう。さらに事業を進める中で技術革新が発生することで電子書籍のフォーマットや端末が急激に変更するなどの事態が発生すれば素人では太刀打ちできず、専門家の領域となる。

　ただ、上記で筆者が述べた書籍の電子化の２段階方法を実現する場合、石川方式では必要最小限度の職員数が前提となっているので２段階目の作業に入ることができなくなる。そこで、電子書籍の校正等の完成度を上げる作業については積極的にボランティアの力を借りることがあってもよいと考える。その際には電子データを「みんなでデイジー」のようにクラウドソーシング形式で門戸を広くすることでデータ編集により多くの人が参加できるようになる。これならば文字どおり日本版の共同自炊電子書籍を作成することが可能になる。また、日本の社会風土が変われば出版社自体がテキストデータを提供してくるようになるかもしれない。作業のための必要な人材をまずそろえて、それから作業は

■ 第 3 章　ゼミ生が考える電子出版・電子図書館の最前線

写真 1　ゼミ発表「読書アクセシビリティの観点から見た共同自炊電子書籍モデル」

利用者、出版社を問わずだれでも参加できるような体制が望ましいだろう。

　最後に運営形式について考察する。共同自炊電子書籍を運用するには著作権の事を考えて、視覚障害者等情報提供施設としての認定を文化庁から受けた主体であることが必要である。この主体として大きく公共図書館と NPO 法人の 2 種類の組織を想定することができる。筆者としては NPO 法人が運営する方が望ましいと考える。

　組織体としては公共図書館の方が著作権処理や職員の専門性という点で優れている。しかし、共同自炊電子書籍を運営する場合、石川が言うようにかなりの資金が必要となることが予想される。公共図書館は図書館法で利用者に対して無料で資料を提供する義務がありその財源は国に頼っている。しかし、現在の公共図書館に新しい事業を起こせる財源を確保できるのかと考えるとかなり怪しい。加えて、石川とブックシェアの事例を考えるに共同自炊電子書籍を運用するためにはかなりの資金が必要であると予測できる。それならば財源確保を柔軟に行える主体の方が都合がよいであろう、場合によってはブックシェアのように利用者である視覚障害者と読書障害者の人々から使用料を徴収することがあってもよいと考える。

　以上、筆者が考察した共同自炊電子書籍のモデルである。

9. おわりに

　技術の進歩によって我々が情報を受け取る方法は多様化しそして情報がより

第4節　読書アクセシビリティの観点から見た共同自炊電子書籍モデル

身近なものとなった。媒体が物理媒体である紙からデジタルデータである電子書籍へと発展することによって我々はネット環境であればいつでもどこでも情報を得ることができる。

　しかし、その恩恵を得ることができるのが健常者のみであるのは視覚障害者にとって理不尽である。情報利用の重要性が増している今日においてはなおさら多様な視覚障害を持つ視覚障害者と読書障害者に対して合理的配慮を行うことが電子書籍関係者のみならず、社会全体で考えることが必要である。究極的には音声読み上げのできる電子書籍、TTS機能やディスレクシア等の多様な障害を持つ人々が扱える汎用電子書籍端末、社会法制度を包括的に考えることが一番良いが、それらすべてを一度に解決することは不可能である。利害関係や現行技術の問題が必ず立ちはだかるからだ。

　そのため筆者は本論において電子書籍の提供方法で共同自炊電子書籍という電子データの面での貢献方法に絞って論じた。もちろん筆者の考えと別のアプローチで視覚障害者と読書障害者の人々に電子書籍を提供するアイデアは多様に存在するであろう。筆者はとにかく電子書籍という新たな情報入手手段を健常者・障害者と問わずに十全に利用できる環境を整える方策を考察することが重要であると考える。

＜参考資料＞
＊石川准「電子書籍を読書障害にしないために－出版社と国立国会図書館への期待」（日本図書館協会現代の図書館編集委員会編『現代の図書館49巻2号』2011年、83頁-88頁）
＊竹下亘「1-1　視覚障害者等の読書環境と発展の歩み」（社会福祉法人　日本盲人社会福祉施設協議会　情報サービス部会編『障害者の読書と電子書籍〜見えない見えにくい人の「読む権利」を求めて〜』2015年、10-21頁）
＊松原聡　池田敬二　山口翔　岡山将也「電子書籍のアクセシビリティ」（『情報通信学会誌30巻3号』2012、77-87頁）
　〈https://www.jstage.jst.go.jp/article/jsicr/30/3/30_77/_article/-char/ja/〉参照日2015年12月24日
＊河村宏「デジタル・インクルージョンを支えるDAISYとEPUB」（『情報管理54巻6号』2011年、305-315頁）
　〈https://www.jstage.jst.go.jp/article/johokanri/54/6/54_6_305/_pdf〉2015年12月22日参照
＊天野繁隆「2-1アクセシブルな電子書籍の可能性」（社会福祉法人　日本盲人社会福祉施設協議会　情報サービス部会編『障害者の読書と電子書籍〜見えない見えにくい人の「読む権利」を求めて〜』2015年、40-47頁）
＊野口武悟・中和正彦・成松一郎・植村八潮「電子書籍のアクセシビリティに関する実証研究（Ⅱ）」2015年、187-199頁〈http://ir.acc.senshu-u.ac.jp/〉

131

第 3 章　ゼミ生が考える電子出版・電子図書館の最前線

$$\boxed{\text{第 5 節}}$$

Google ブックスによる影響と
その未来図の模索
松元　陽平
（立命館大学文学部日本文化情報学専攻 3 回生）

◇概　要

「Google ブックス」という書籍検索サービスがある。これは Google のデジタル化した書籍の全文を検索できる（著作権の切れた書籍であれば全文を閲覧可能）サービスであり、ネット環境さえ整っていれば、世界中の人々が簡単にアクセスできるものである。しかし、この Google ブックスには著作権をはじめとするいくつかの問題があった。本稿では、この Google ブックスのサービスを概観上で、その問題点を把握し、Google ブックスが今後どのような方向に向かっていくのか、また周囲はどのような対応を取るべきなのかについて考察する。

◇キーワード

Google、書籍検索サービス、デジタル化、著作権、図書館

1.　はじめに

1.1　研究目的

世界最大級のインターネット企業「Google」が提供している、「Google ブックス」という書籍検索サービスがある。これは簡単に言えばあらゆる書物をデジタル化し、Google で検索できるようにするサービスであり、これを利用すれば、Google 社がスキャンした書籍の全文を対象にして検索を行うことが可能となっており、さらに検索した書籍の一部（著作権の保護期間が切れた物は全

132

文)を閲覧することができる。一見すれば、これは非常に便利なサービスであり、人類にとってはまさに夢の実現であったと言える。

　長い時間をかけて人類が蓄積してきた知的財産に、世界中の人々が簡単にアクセスできるようになったのだから。しかし、Google図書館プロジェクトでは、デジタル化の手順において大きな問題があった。書籍のスキャン・デジタル化を、著作権者に断りなく進めていたのである。それにより世界中の出版社や著作権団体から反対の声が上がり、2005年には全米作家協会や米国出版社協会を原告とする集団訴訟に至るまでとなった。Google社の進めた夢の実現は、思わぬところでストップをかけられることになったのである。

　そうして現在に至っても、Googleブックスをめぐる問題は全世界で注目の的となっている。2008年には一度和解が成立したものの、一方では人類の積み重ねてきた知識をまとめあげる希望として、また他方では著作権を侵害する悪魔として、どちらにもなり得るこの書籍検索サービスについて、各国は頭を悩ませている。

　こうしたGoogle問題の現状を把握し、今後どのような方向へと向かっていくのかを考察する。それが本稿の目的である。

1.2　先行研究

　Googleブックスはその登場当初から世界中に大きな衝撃を与えていた。それゆえに、このGoogle問題に関する論考は多く存在している。

　植村八潮は、『出版メディア入門(第2版)』で、Googleブックスが発表されてから訴訟を受けるまでの流れを示し、Googleブックスがデジタル著作権管理のあり方について、大きな問題提起をなしたと述べた[1]。

　また、柴野京子は『書物の環境論』で、Googleブックスのサービス内容を三つに分けて説明し、その問題となっている箇所を列挙した。それから国立国会図書館の電子化事業を引き合いに出し、Googleブックスと長尾構想が、電子出版物の開発と流通をめぐる両者の関係の急接近のきっかけとなったことを述べている[2]。

＊1　川井良介編『出版メディア入門(第2版)』日本評論社、2012年、p 222
＊2　柴野京子『書物の環境論』弘文堂、2012年、p 104

第 3 章　ゼミ生が考える電子出版・電子図書館の最前線

　以上の二つは、現状の把握を主とした論考であるが、Google ブックスに対して一定の懸念を持ち、具体的な行動をとるべきだという主張もある。以下に述べる。

　元フランス国立図書館長のジャン‐ノエル・ジャンヌネーは『Google との闘い―文化の多様性を守るために』で、Google ブックスを「何世紀にもわたって蓄積されてきた知識という宝庫がすべての人々の役に立つという夢の実現」と表現した。

　しかし同時に Google ブックスが基礎にしているアメリカの資本主義と、それによる一方的なコントロールを懸念し、文化の多様性を守るためにヨーロッパで結束して、強力なネットワーク開発に立ち向かうべきだと論じた[3]。

　次に、牧野次郎は『Google 問題の核心―開かれた検索システムのために』において、Google ブックスによる影響をメリット・デメリットの双方から、図書館・出版社・著作権者・利用者それぞれの観点から論じた。また、音楽業界でもすでに同じようなことが起こり、業界が激変していることから Google ブックスの流れも止まらないであろうこと、いくら拒絶しようとも全世界にいつかは広がるであろうことを指摘し、以下のように述べた[4]。

> 　問題は、そのとき我々はどうするのか、そのときのためにどう対処していくのか、何を準備するのか、である。
> 　時間的余裕はない。考えてみれば音楽は iTunes に制覇され、動画は YouTube に、電子書籍は Kindle、iPad、書籍販売はアマゾン・コムに、そして書籍検索は Google に握られつつある。
> 　我々の文化や、歴史的資産、これからのさまざまな文化をどう発展させ、どう世界に発信していくのか、それが問われている。

　以上のように、先行研究では、Google ブックスに危険性を見出している論考がある。だが、牧野次郎のように、抑止することを不可能と考え、その上で何をすべきか考えていくことを推奨する考えもある。

＊3　ジャン‐ノエル・ジャンヌネー『Googleとの闘い―文化の多様性を守るために』岩波書店、2007年、p22
＊4　牧野次郎『Google問題の核心―開かれた検索システムのために』岩波書店、2010年、p108

1.3　研究手法

未来を推測するためには、まず過去と現在を熟知する必要がある。よって、まずは Google ブックスの詳細について把握し、その黎明期から現在までの動向を追う。そこから Google ブックスをとりまく問題を認識し、全世界で起こる訴訟を列挙する。そして、Google ブックスが進むであろう未来を考察する。

2.　Google ブックスについて

2.1　Google ブックスの成り立ちとデータ

書籍をデジタル化し、インターネット上に公開しようという試みの始まりは、おそらく1971年のプロジェクト・グーテンベルクになるだろう。この計画は、アメリカの著作権法で著作権の切れた著作を収集し、全文をデジタル化して公開するというものであった。このように書籍をデジタル公開する試みは、他にもペルセウス電子図書館や、日本では青空文庫や近代デジタルライブラリーなどが挙げられ、件のGoogleブックスもそのひとつに数え上げられる。とはいえ、Googleブックスとその他については、書籍データの収集方法において大きな隔たりがあったのだが、それについては後述することにする。

Google ブックスが発表されたのは 2004 年のことである。当時は Google プリントというプロジェクト名で公表され、Google はこの計画を「インターネット外の情報をオンラインで検索できるようにする、Google の試みの大きな一歩[5]」と表現した。それは、グーグル社の掲げる理念、「世界中の情報を整理し、世界中の人々がアクセスできて使えるようにする[6]」に則ったものだったのだろう。その後、「プリント（印刷）」という単語が、電子化した書籍を自由に印刷できてしまうというイメージを与えると批判されたため、後に Google ブックスへと改称されることとなったが、Google ブックスは後述の二つのプロジェクトを用いて、凄まじい量の書籍データをかき集めた。

2011年におけるスキャンされた書籍数は1500万冊、ページ数にして50億にも上り、単語数にすれば 2 兆になる。参加した図書館は全世界で40以上、

＊5　『米 Google、書籍の中身まで全文検索する「Google Print」開始』INTERNET Watch
　　　〈http://internet.watch.impress.co.jp/cda/news/2004/10/07/4898.html〉（引用日：2015-11-27）
＊6　「Google 会社情報」Google
　　　〈https://www.google.com/intl/ja_JP/about/company/〉（引用日：2015-11-27）

第3章　ゼミ生が考える電子出版・電子図書館の最前線

参加出版社は3万5000社、言語数は478言語となっている[7]。これのみでも途方もない数であるが、引用した佐藤陽一のデータは前述の通り平成23年のものであるため、現在ではさらに増加していると予想される。

2.2　Googleブックスのサービス

柴野京子の『書物環境論』によれば、Googleブックスのサービス内容は大きく「①キーワードによる出版物の全文検索。②内容の閲覧・入手（ネット上での閲覧、プリントアウト、ダウンロードなど）。③冊子体の本を閲覧・入手するための図書館や書店へのリンク。」の3つに分けられる[8]。

そして柴野は、次のように3つのサービスを解説している。

　　①は、グーグル検索と同じように、任意のキーワードを入力すると、そのキーワードを含む書籍と当該ページが表示される。元になる書籍は画像で読みとるが、検索にかけるには中身が文字データになっている必要があるので、画像から個々のテキストを認識するOCR技術を使って変換する。

　　②は、グーグルブックスがもっているデータを、何らかの形で見たり入手することができるサービスである。ダウンロードできるところから画面上での部分閲覧まで、いくつかの段階があり、著作権の有無や、権利者の意向などによって、可能な範囲が異なっている。全文が見られるものについては、ダウンロードの可否のほかに、有料か無料かの区分がある。著作権が存続しているものは原則として有料、消滅している物は無料である。全文を見ることができない場合には、キーワード検索で出た結果を含む部分（「スニペット表示」とよばれる）、もしくはその前後数ページのみが画面上に表示される。これは、インターネット書店や電子書籍の「立ち読み」に近いものだ。iPadなどのデバイスにダウンロードする場合はグーグルeブックストア（2010年開設）から行う。

　　③の図書館や書店へのリンクは、検索して出てきた本を冊子として買

＊7　「平成23年度国立大学図書館協会シンポジウム　電子書籍と大学図書館」国立大学図書館協会ニュース.〈jcul.jp/ojs/index.php/daitoken/article/download/71/43〉（引用日：2015-11-27）
＊8　注2の前掲書、p93

いたい、閲覧したいという要望を想定したもので、検索結果の左側にリンクが表示される。

このように全文検索によって、知りたい書籍の内容を見て、著作権の保護期間内にあるかどうかによって、無料閲覧かオンライン書店での購入かといった選択肢があるのは、極めて至便なサービスである。

2.3 二つのプロジェクト

書籍の検索サービスを提供するには、それ相応のまとまったデータベースを用意しておくことが前提となる。Google は図書館ではないため、Google ブックスというサービスを開始するにあたってまずは書籍のデータを収集することが必要となった。そこで進められたのが二つのプロジェクト、「パートナー・プログラム」と「図書館プロジェクト」である。

順に説明すると、まずパートナー・プログラムは、出版社などの作り手から直接出版物の提供を受ける手法である。これは出版社などの権利者との合意に基づいて行われるもので、出版社と権利者は Google を宣伝媒体として認め、情報を提供し、一方の Google はその書籍をデジタル化することが可能となる。提供側の利点としては、Google を通じて新たな販売ルートが確保されることが挙げられる。

すでに市場で販売されていない書籍であれば、デジタル市場で再流通できる可能性も高くなるうえに、そこで書籍を購入してもらえれば、一定の報酬も受け取ることができる。Google 側は書籍を送ってさえもらえれば、スキャンや登録などは負担すると宣言しているため、出版社や権利者へのデメリットはほとんどなく、メリットは大いにあると言えるだろう。

もうひとつの「図書館プロジェクト」は、提携した図書館から蔵書の提供を受け、デジタル化を進めるプログラムである。

このプロジェクトに対しては、当初ハーバード大学図書館、スタンフォード大学図書館、カリフォルニア大学図書館、ニューヨーク公共図書館、日本では慶應大学図書館などが参加し、蔵書を提供した。

Google はスキャナーを使って受け取った書籍のページを読み取り、OCR でテキストデータに変換する。スキャンした書籍は図書館に返却され、デジタル

化されたデータは Google と図書館の双方で利用できるようにする。このプロジェクトは、図書館側においても大きなメリットがあったと言えるだろう。図書館には大量の書籍が保管されている。そして、その中には相当に古いものも含まれており、図書館側はその古い図書の保管にとても苦労している背景がある。

　書籍は散逸しやすく、虫害にもあいやすい。ただ閲覧されるだけでも、人が触れれば減失の危機にさらされる。そういった状況もあり、図書館側としては、本が老朽化し、本でなくなってしまう前にデジタル化を進めたいはずである。しかし、デジタル化には手間がかかる。牧野次郎の『Google問題の核心―開かれた検索システムのために』では、その手間は次のように述べられている[*9]。

　　　(略)デジタル化は、書籍のスキャニングを行うため膨大な施設、機器類、ソフトウェアとそれらを操作してデジタル化するための作業、高度な技術、デジタルデータの編集作業などが必要となる。運営のコストが厳しく制限されている図書館の力ではこうした作業を進めることは事実上不可能であった。その結果、デジタル化して保管することが必要な書籍についても、デジタル化はほとんど進んでいないというのが実情である。

　したがって、Google の提案した図書館プロジェクトは、図書館にとっては一定の利点をもつことになる。書籍を提供さえすれば Google 側がデジタル化して、そのデータを共有することができるのであるから、単純な思考で言えば、図書館に拒む理由はないだろう。しかし、この図書館プロジェクトには大きな問題があった。

3. Google 問題
3.1　図書館プロジェクトのはらむ問題
　図書館プロジェクトは、図書館による蔵書の提供を受けて、デジタル化したデータを収集するというものだ。しかし、そもそもの話にはなるが、図書館は蔵書を Google に提供して、デジタル公開させてよいのだろうか。著作権の残っ

＊9　注4の前掲書、pp98 〜 99

ている書籍に関しては不可だろう。権利者の同意に基づいて書籍を保管し、利用者に閲覧を提供するというのが図書館の権利の限度であり、著作権者の許諾無しに Google に蔵書をデジタル化させ、また検索対象として内容まで公開させてしまう権限はないはずなのである。

こうして権利者の許諾を得ず、図書館との交渉のみでデジタル化を進めた結果、米国出版界と著作権団体がクレームを出した。権利者としては自分の出した著作を勝手にデジタル化され、いつの間にか Google ブックスの一部として取り込まれているのであるから、批判が出るのも当然である。クレームを受けた Google は、著作権が存続しているものについては、希望があればデジタル化や公開は行わない、という方針を示したが、翌年の 2005 年の秋には全米作家協会と全米出版社協会を原告とする集団訴訟に発展する。

3.2 集団訴訟と和解による波紋

集団訴訟から 3 年後、2008 年に原告は Google と和解する。その和解内容は、柴野京子によれば、以下の 3 つだった[10]。

- ・著作権者に対して相応の利益を支払う。
- ・すでにデータ化したものについて、一定の解決金を支払う。
- ・これらの権利処理を行う機構をグーグル負担で設ける。

まず、「相応の利益」というは、デジタル化されている書籍が Google ブックスにおいて一部のみ公開されている場合、利用者が全部を閲覧しようとした際に発生する料金の 70％を権利者に支払うものである。しかし、実際には諸々の手数料がかかるため、権利者に入ってくるのは 63％ほどと言われている。

二つ目の「一定の解決金」については、すでにデジタル化した書籍の主要部分に対しては 60 ドル、挿入物に対しては 15 ドル、三つめの規定よって設立されて版権レジストリという権利登録機関を通して支払われる。

このようにして、Google は和解案を提示したのだが、ここで新たな問題が発生する。原告の起こした訴訟が、米国特有の集団訴訟（クラスアクション）だっ

＊10　注 2 の前掲書、p96

第3章 ゼミ生が考える電子出版・電子図書館の最前線

たためである。

　集団訴訟、中でもクラスアクションというのは、司法判断が原告以外の同じ利害をもつ者にも及ぶ訴訟のことであり、判決の効果が訴訟を起こしていない人間を含め、含まれた人々は和解から離脱すると表明しない限り、和解を受け入れたとみなされる特徴がある。

　さらに、この訴訟が著作権侵害訴訟としての特質を有していたため、ベルヌ条約が大きく影響してくることになる。ベルヌ条約とは、日本やアメリカを含めた世界 160 ヶ国以上が加盟する著作物を守るための法律である。また、このベルヌ条約には内国民待遇という制度があり、加盟国の作家は、他の加盟国においてもその国の作家と同等の保護を受けるというルールがある。つまり、米国で提示された Google の和解案が、日本や他のベルヌ条約加盟国にも及ぶということである。その上、クラスアクションのため、離脱(オプトアウト)を表明しなければ和解案を受け入れたことになる。これを Google が狙ったのかは定かではないが、事実上、世界中の著作権者が和解案へと巻き込まれたのである。それも、本人の意図せぬところで、あるいはこの訴訟が起こっていることすら知らなかった著作者もいるかもしれない。しかし、離脱しなければ、Google ブックスにおいて利用されることを受け入れたことになる。世界中の著作権者全員が、この和解案を受け入れるかどうかの判断を迫られたのである。

　これを一方的と捉えた権利者は少なくなく、Google からすれば権利を保護する措置であった和解案への反発が、世界中で一斉に起こることとなった。

3.3　各国の対応

　反発が起こる中で、日本はどのような反応をしたのだろうか。まず前提として、日本の権利関係は少しばかり特殊である。このことを牧野次郎は次のように述べている[11]。

　　　まず前提問題として、日本の出版社は、書籍に対して明確な権利を保持
　　していないことが多い。出版契約を締結していればよいのだが、契約手
　　続きをしているところばかりではない。法的な立場は全く明らかにせず、

---

*11　注4の前掲書、p104

にもかかわらず著者を支えるという姿勢から、著者から全て任されて共同作業を進めるという形もとられ、著者と一体化し、事実上著者の代理人のような立場にあることが多い。

　この結果、日本の多くの出版社は日本ペンクラブなどの数社の例外を除いて、このGoogleブック検索和解に対して態度を留保し、著者の判断に任せると宣言したり、成り行きに任せる立場をとった。

　このように、日本は概ね流れるままに任せる、という反応だった。これに対し、日本ペンクラブと日本文藝協会は、Googleの行為は著作権を侵害している、即刻デジタル化を中止し、無断で作成した書籍データについては削除するように申し立てた。それを皮切りに出版社の方も動き出し、角川は自社の出版する全作品を図書館プロジェクトから外すようにGoogleに要請した。こうして、日本の出版社の多くは図書館プロジェクトに反対し、日本の著作物、著作権を守る姿勢をみせたのである。

　一方、ヨーロッパでも反対勢力は多かった。坂本博は、ヨーロッパの動向については次のように述べている[12]。

　　ヨーロッパに目を向けると、フランス政府は、グーグル社を知的財産の番人にする和解案は認められないと異議を表明した。フランス出版社協会(SNE)は、和解案に反対意見を提出した。
　　ドイツ政府は、アメリカの受訴裁判所に対して意見書を提出した。

　このように、Googleの和解案への反対を表明した。中でもドイツの意見書は明確な指摘をしているので、坂本の論文からいくつか紹介する。

　　・グーグル社の行為は、デジタル化、デジタル表示、デジタル配信には、著作者の事前の同意を必要とするドイツとヨーロッパの著作権法に反している。

---

[12]　「グーグル和解問題と国際的著作権保護」『レファレンス』2010年6月号、国立国会図書館調査及び立法考査局、2010、p 18
〈http://www.ndl.go.jp/jp/diet/publication/refer/pdf/071301.pdf〉(引用日：2015-11-29)

3.4 日本ペンクラブ・Google 共同声明

Google ブックスへの議論が交わされる中、Google と交渉する団体もあった。2012年12月17日、「日本ペンクラブ・Google共同声明」（**資料1**）にて、次の点が確認された[13]。

資料1　日本ペンクラブ・Google 共同声明

「日本ペンクラブと Google は、図書館プロジェクトに関する著作者の懸念を解決し、協力関係を構築することで合意しました」

日本ペンクラブと Google は、本日、「Google 図書館プロジェクト」においてデジタル化された日本語の作品、および将来においてデジタル化される可能性がある日本語の作品の利用について、双方の基本的立場を尊重しつつ、建設的な協力関係を構築していくことについて合意しました。

Google の図書館プロジェクトでは、米国の図書館においてデジタル化された書籍に、著作権保護期間内の日本の出版物が含まれていますが、そのことについて日本の著作権者から懸念が示されていました。本日の合意はこの懸念を解決し、協力関係を構築する出発点となるものです。

同合意の中には、Google ブック検索でユーザーが検索した際に、表示されるスニペット（数行の抜粋表示）を、今後、日本ペンクラブに所属する著作者もしくは当該作家の書籍を出版する出版社（以降、著作権者）から要請があった場合には、速やかに Google が削除するという項目が含まれます。また、作家、出版社から除外登録をうけた書籍については、今後の図書館プロジェクトでの新たなスキャニングの対象から除外します。

Google では、図書館プロジェクトの開始当初から、著作権者から通知を受けた場合に、スニペットを削除、またはスキャニングから除外する対応を行なっていましたが、ここに改めて、Google の責任においてこれらを確実に実施することを確認しました。また Google は、Google が保有するデータを、最善の方法と責任をもって管理することは言うまでもありません。これらにより、日本ペンクラブは、Google による著作物の利用について、著作者によるより広範なコントロールが実現されると考えます。

それとは別に、Google は、著作権者からの要請がある場合に限り、スキャンされたデジタルデータを利用して Google Play 上で電子書籍を販売する仕組みを提供します。

他方、日本ペンクラブと Google は、図書館プロジェクトに関連して、今後、法的手段をもって争わないことを約束し、日本ペンクラブの会員が、今回決めた両者の合意に疑義を呈した場合においては、会員に対し理解を求めるよう努力します。

さらに、今後、出版流通の多様性の確保をはじめ、日本における言論・出版・表現の自由の維持・拡大に貢献することを目的に、日本ペンクラブと Google は、現代日本文学その他の翻訳及び普及事業を実施する予定です。

今回の合意が、日本の豊かな出版文化のもとで生み出される数多くの書籍を、日本はもとより世界中の読者により広く届けるための一助となることを期待しています。

以上

---

[13]　「日本ペンクラブ・Google共同声明」日本ペンクラブ
〈http://www.japanpen.or.jp/statement/20122012/google_google.html 〉（引用日 2015-11-30）

3.5 訴訟の経過

一方、米国で起こっていた訴訟にも一定の動きがあった。

2012年10月4日、米国出版社協会は、Googleによる図書館プロジェクトが著作権侵害であると訴えていた問題について、Googleとの間で和解が成立したと発表した。和解内容によると、Googleは引き続き図書館資料のデジタル化を実施できるものの、米国の出版社は希望すればデジタル化された図書を図書館プロジェクトから削除することができることになった[14]。

これは、上記の日本ペンクラブとの共同声明の取り決めにも似ている。対して、次のような判決も出ている。

> （略）Googleブックスが著作権侵害にあたるとして、米国作家協会などが同社を提訴していた訴訟の控訴審で、米連邦巡回控訴裁は10月16日、一審のニューヨーク南部連邦地裁と同様、同サービスはフェアユース（公正利用）にあたるとのグーグルの主張を認める判断を下し、原告側の主張を退けた（略）。
>
> この訴訟では、一審のニューヨーク南部連邦地裁は2013年、同サービスはフェアユースにあたるとのGoogleの主張を認める判決を下したことから、原告側が控訴していた。今回、米連邦巡回控訴裁は、「同サービスでの検索は全文が対象であるが、閲覧できるのは書籍の一部で、すべての内容を参照する手段は提供していないことなどから、フェアユースの範囲で、著作権法に違反しない」と結論付けた。今回の判決を受けて、Googleは「判決で、同サービスをユーザーの主張が明らかに示された。つまりグーグル・ブックスはユーザーが読みたい書籍や購入したい書籍を探すのに便利な方法であると同時に、著作権者にも利益がもたらされる」と発表。同サービスは、「デジタル時代の目録カード」にあたるとしている。一方、米作家協会は「フェアユースを誤って解釈した地裁の判決を認めた米連邦巡回控訴裁の判断に失望した」として、最高裁に上告すると発表した[15]。

* 14　「米国出版社協会（AAP）とGoogleが図書館資料デジタル化プロジェクトに係る著作権侵害訴訟で和解」カレントアウェアネス-R〈http://current.ndl.go.jp/node/22005〉（引用日：2015-11-30）
* 15　「グーグル・ブックス訴訟、控訴裁もグーグル主張のフェアユース認める」知財情報局〈http://news.braina.com/2015/1020/judge_20151020_001___.html〉（引用日：2015-11-30）

このような合法の判決が出た以上、Google ブックスは事業を進めることに正当性を得るわけである。もはやGoogle ブックスを押さえ込むことは不可能なのだろう。

4. Google ブックスの進む未来

4.1 Google ブックスは止まらない

改めて、Google ブックスのもたらすメリットについて目を向ける。

まず、図書館側についてだが、これは前述でも記したように、蔵書のデジタル化が費用と手間をかけずに行える点である。著作権侵害かフェアユースかの議論を抜きにして述べれば、図書館が Google ブックスの図書館プロジェクトに書籍を提供するのには一定の説得力があるといえる。

次に出版社や著作権者だが、これには金銭的メリットがある。著作権は残っているものの、すでに品切れになって市場に出ていない書籍をデジタル化して、Google ブックスにて有料で提供すれば、新しいビジネスにも繋がる。

牧野は「出版社が現に出版している場合であっても、検索エンジンによって検索可能となることで露出度も上がり、売り上げが増加する可能性が高く、既存の権利者にも決して損はない」と述べている[16]。

そして、利用者のメリットについてだが、これは Google の収集した膨大な書籍を、世界中のどこからでも検索できることに尽きる。住んでいる場所の都合でなかなか書店や図書館に行けない人々に読書の機会を提供できるのである。そう考えれば、他の電子書籍サイトやデータベースを用いればよいという指摘があるかもしれないが、Google ブックスほどの書籍の本文データを持つデータベースは他にはない。

利点だけを考えれば、Google ブックスは様々な方面での改革を起こせると言えるだろう。とはいえ、もちろん Google ブックスが拡大することによる弊害も見過ごせない。もし仮にあらゆる書籍がインターネット上で検索できるようになり、閲覧したり購入したりしてその場で読めるようになってしまえば、これまでの書籍販売の仕組みが崩れてしまうことになる。それについて、牧野は次のように述べている[17]。

---

[16]　注4の前掲書、p100
[17]　注4の前掲書、p106

第5節　Googleブックスによる影響とその未来図の模索

　　現在の書籍の出版は、印刷、製本、販売店への輸送、陳列、そして売れ残っ
　　た書籍を回収し、裁断する、という一連の連続的な作業が存在し、その
　　全体の経費をまかなうためには膨大な売り上げが必要であった。そのた
　　めには、流通経路を守り、書店の販売を確保し、確実に収益を上げてゆ
　　く必要があった。ただでさえ書籍の販売数が低迷する中で、ブック検索、
　　さらにこうしたオンライン販売の仕組みの提案は、これまでの書籍の製
　　作の流れや、販売経路を破壊することにもなり、既存の事業者は受け入
　　れることのできないものであった。

　しかし、このような実情があるものの、出版流通および出版業界が変わるの
もあり得ない流れではないという考えもある。牧野によれば、それは次のよう
に述べられている[18]。

　　（略）考えてみれば音楽業界では、すでに同じようなことが起きて、業界
　　が激変したのであって、それとの比較でどのように考えるべきか、とい
　　う問題が提起されていると言える。音楽著作権を保護し、CDの製作販
　　売を重要な産業としていた音楽業界にあっては、音楽のばら売りや、オ
　　ンライン販売は到底受け入れられず、新しい動きに対して強い警戒感が
　　あった。
　　ところが、アメリカでは、iPodとiTunesが一体化して、楽曲のばら売り
　　を始め、爆発的な販売実績を挙げた。2009年には、全米の音楽販売の
　　25％をアップルコンピュータのiTunes storeが売り上げている。当然な
　　がら音楽小売業者の中では、第一位である。

　音楽業界と出版業界を同一にして安易な推測を立てるのは愚かかもしれない
が、Googleブックスやアマゾン・コムによる書籍の売り上げが市場を占める
可能性はゼロとは言えないだろう。出版業界の流通経路が崩壊するのも、あり
得ない未来ではないかもしれない。それこそ、Googleが世界中の書籍のデー
タベース化し、Googleで検索して出てこない書籍は存在しないと言われる可

＊18　注4の前掲書、p107

写真1　ゼミ発表「Googleブックスによる影響とその未来図の模索」

能性もあるかもしれない。

4.2　独走は止めるべき

とはいえ、その検索して出てこない云々は、考えてみると危険である。前述でジャン‐ノエル・ジャンヌネーや柴野京子が述べていたような文化的な問題で、このような状況になると、人々は検索をGoogleのみに頼り、Google的な思考でしかものごとを考えられなくなる。ひいては、ジャン‐ノエル・ジャンヌネーの指摘したように、アメリカ資本主義の考え方に世界が偏り、文化的多様性が失われてしまうだろう。したがって、文化的多様性を守り、情報の偏りと独占を防ぐためには、Googleに対抗できる巨大プラットフォームを築く必要がある。しかし、Google並のデータベースを作り上げるのは簡単ではない。膨大な費用がかかる上に、世界中の資料を集めるのはそれこそ、図書館プロジェクトのような事業でなければ困難を極めるだろう。

そこで、政府がデータベース事業に積極的に介入していくこと、および各国の政府同士が協力するという案が出る。ジャン‐ノエル・ジャンヌネーがヨーロッパの国々すべてが強力なネットワーク開発に決然として立ち向かうべきである、と述べたように、企業だけでなく、国単位で協力していけば、世界的な企業のGoogleに対抗できるはずという考え方だ。例を挙げれば、EUが運営している、書籍や絵画、映画に写真などのデジタル化された文化遺産を検索できる欧州デジタル図書館（ヨーロピアナ）がある。政府が介入するのはどうか、

という批判も出るとは思われるが、Google の侵略が目前に迫っているのであれば、迅速な対応が必要という考え方も成り立つ。

4.3 日本における具体的方策

Googleの台頭に対し、日本でも危機を感じたことによる動きがある。2012年に設立された、出版デジタル機構である。「あらゆる端末、あらゆる電子書店、あらゆる出版社を結ぶ架け橋となり、電子出版ビジネスの市場拡大をサポートするためのインフラをつくり、出版物のデジタル化の支援に努めます*19」という理念のもとに、書籍のデジタル化および、出版社から預かった電子書籍データを、電子書店へと取り次ぐ事業を行っている。講談社、集英社、小学館、新潮社、筑摩書房、等の約1000社以上の出版社と50以上の電子書店が参加している。また、官民出資の投資ファンド、「産業革新機構」が出資している、このことから、この出版デジタル機構が前述に挙げた、政府が事業に介入した具体例と言える。とはいえ、実際に流通させている書籍数は30万とまだまだ充分ではない。さらに、官が民間企業に出資することにより、競争上の不公平が生じるなどの批判がある。あまり順調に進んでいるとは言えないだろう。

5. 結論

ここまで論じてきたが、Google は悪ではないと私は考える。人類の知の積み重ねである書物を世界中から集め、デジタルデータに変換するというのは、人々の役に立つということは間違いではないのだ。しかし、そこには利点だけではなく、弊害も潜んでいる。Google の独走を許せば、文化的多様性や競争性が失われてしまう可能性がある。ゆえに、Google のみにデータの収集を任せ、傍観していてはいけない。対抗できるデータベースを構築し、Google と肩を並べるような検索エンジンを築いていくべきなのだ。その可能性があるのは、ヨーロッパで言えば欧州デジタル図書館、日本では出版デジタル機構になるのではないだろうか。そうして世界にいくつかの巨大なデータベースが生まれ、それらに世界中の人々がアクセスできるようになれば、人類の知識の共有化は為され、また文化の多様性や競争性も守ることができるだろう。

---

*19 「会社概要」出版デジタル機構〈http://www.pubridge.jp/company/〉（2015-12-25取得）

第6節

日本における電子書籍フォーマットの標準化の歴史的意義

郭 昊（GUO Hao）

（立命館大学文学部日本文化情報学専攻3回生）

◇概　要

　2010年のいわゆる「電子書籍元年」から日本の電子書籍市場は徐々に拡大している。しかし、さまざまな課題が顕在化している。その一つは電子書籍のフォーマット標準化の問題である。これまでの電子書籍フォーマットは各メーカーが定めており、共通のルールや規格などが存在しなかった。そのため、端末ごとに読まれる電子書籍が限定され、読書環境の永続性も保障できない状態にある。そこで、本稿では、電子書籍フォーマットに関する諸概念を整理し、電子書籍交換フォーマットの標準化の重要性を明らかにする。

◇キーワード

　電子書籍、フォーマット、電子書籍市場、電子書籍交換フォーマット

1. 序　論

　2010年、日本ではスマートフォンの新機種をはじめ、iPadやGALAPAGOSなどの電子書籍が閲覧できる端末が多数発売された。それと同時に、BOOKWALKERなどの電子書籍販売サイトも相次いで開設され、「電子書籍元年」と呼ばれるようになった。

　それから5年後、2015年度の電子雑誌を含む電子書籍の市場規模について、インプレス総合研究所の予測によると、その規模は1890億円程度と見られ、さらに、2019年度には2014年度（1411億円）の2.3倍の2890億円程度にな

ると予測される[1]。

しかし、電子書籍市場の形成には様々な課題があることも事実である。その一つは電子書籍のフォーマット標準化の問題である。電子書籍フォーマットとは、電子書籍配信や販売用のデータ形式、データの記述方法の取決め、あるいは、規格のことである。

これまでの電子書籍フォーマットは各メーカーが定めており、共通のルールや規格などが存在しなかった。そのことによって、端末ごとに読まれる電子書籍が限定される一方、読書環境の永続性も保障できない。

そこで、本稿では、電子書籍交換フォーマットの標準化の重要性について考察を行う。

2. 電子書籍フォーマットの現状

電子書籍とは、従来のような「紙」と「インク」を利用した印刷物ではなく、パソコンやスマートフォン、専用表示端末などで書籍データを取り込んで閲覧する「書籍」である。

しかし、実際には、電子書籍についての概念は非常に曖昧で、定着していない。2009年の『電子書籍の流通・利用・保存に関する調査研究』では、電子書籍の定義について「『電子書籍』は、ほかにも『eブック』『e-book』『電子ブック』『電子本』などさまざまな名称があるが、その定義はきわめて困難である。」と湯浅俊彦が指摘している。概念が定着していない原因は様々であるが、主因としては電子書籍に関する業界の見解が統一していないこと考えられる[2]。

一方、電子書籍フォーマットとは、電子書籍配信や販売用のデータ形式, データの記述方法の取決め、あるいは、規格のことである。電子書籍業界では電子書籍の各フォーマットについて概念や規格などをそれぞれ定めているが、業界全体で共通のルールや規格などが存在しなかった。徐々に拡大しつつある電子書籍市場は、実は戦国時代のような群雄割拠の様相を呈している。

本稿では、電子書籍市場における主な電子書籍フォーマットと対応する端末について整理して示し、両者の関係を述べる。

---

[1] インプレス総合研究所著『電子書籍ビジネス調査報告書2015』インプレス、2015、30頁
[2] 湯浅俊彦他著『電子書籍の流通・利用・保存に関する調査研究』図書館研究リポート No.11 国立国会図書館関西館、2009.3、6頁

第 3 章　ゼミ生が考える電子出版・電子図書館の最前線

以下では、まず主な電子書籍フォーマットを見る。

3.　フォーマットと端末について

3.1　フォーマットについて

前述したように、電子書籍の実体は書籍データであるが、そのデータの保存形式が様々である。「電子書籍」といっても、実は各電子書店ごとにフォーマットが異なっているのである。従って、ある電子書籍を読む前に、まず、自分が所有する電子書籍閲覧端末、あるいは、電子書籍を閲覧するためのソフトとその電子書籍が対応しているかどうかを確認することが非常に重要である。すなわち、必ずしも自分が読みたい電子書籍のフォーマットと所持する電子書籍閲覧設備が常に対応しているとは言えないわけである。一方、乱立している電子書籍フォーマット規格の中で、いくつかの主流となるフォーマットが存在し、電子書籍市場の大半を占めている[*3]。

そこで、以下では、現在よく使われて、主流となる電子書籍フォーマットを**表 1**に示す。

表 1 の(a) 〜 (c)は、電子書籍フォーマットは現在の電子書籍業界で主流となる電子書籍フォーマットである[*4]。(d)と(e)は、後述する電子書籍交換フォーマットと関わるフォーマットを示す。

以上、本節では、様々な情報源から、現在よく使われて、主流となる電子書籍フォーマットを示した。

以下では、それらの電子書籍フォーマットに対応する端末を示す。

3.2　端末について

iPad などタブレット端末の登場は、電子書籍市場規模を徐々に拡大した。

[*3]　電子書籍ビジネス調査報告書 2015』(pp.242) の調査によると、電子書籍の閲覧・購入端末割合の大半を占める端末は以下である (閲覧割合・購入端末割合)：一位 Android 搭載スマートフォン (60.5・54.7)、二位 iPhone (18.9・14.6)、三位 Android 搭載タブレット (17.6・12.4)、四位パソコン (Windows) (13.6・19.9)、五位 iPad (12.1・6.8)、六位 Kindle　Paperwhite (6.3・4.0)、七位 Kindle Fire (2.8・2.0) である。パソコンを除き、それぞれの端末に対応するフォーマットが限られているので、主流となるフォーマットが推測できる。

[*4]　筆者が調べた限り、電子書籍フォーマットとして使われていたのはほかにも CHM、HLP、EXE、HTML、TXT、LIT、WDL、CEB、ABM、PDG、umd、jar などが存在している。

第6節　日本における電子書籍フォーマットの標準化の歴史的意義

表1　主な電子書籍のフォーマット

（a）**PDF**：Portable Document Format（PDF）は、ソフトウェア、ハードウェア、オペレーティングシステムに関係なく、文書を確実に表示および交換するために使用されるファイル形式です。アドビが開発した PDF は、現在、国際標準化機構（ISO）で管理されているオープンスタンダードの1つになっています。PDF には、リンクやボタン、フォームフィールド、オーディオ、ビデオ、ビジネスロジックを組み込むことができます。また e-sign を付加することもでき、無料の Acrobat Reader DC ソフトウェアを使用して簡単に表示できます。
　　出典：「Adobe PDF について」
　　引用先：〈https://acrobat.adobe.com/jp/ja/products/about-adobe-pdf.html〉（2015.12.10）

（b）**AZW・MOBI**：Amazon の電子書籍プラットフォーム「Kindle」は、2つの専用電子書籍フォーマットに対応している。ひとつが「AZW」、もうひとつが「Topaz」だ。AZW は、仏 Mobipocket（2005年に Amazon が買収）が開発したフォーマット「MOBI」をベースにしている。DRM のサポートが追加されたことと拡張子が異なることを除けば仕様に違いはほとんどなく、Kindle 端末でも MOBI ファイル（.mobi ／ .prc）を閲覧できる。表示はリフロー（端末や閲覧ソフトの設定に応じて画面あたりの文字数を自動調整する可変レイアウト）を基本とし、ハイパーリンクでウェブにアクセスすることが可能。Mobipocket と同様、HTML をソースに制作されることが一般的だが、EPUB を AZW に変換して Kindle で読むというユーザーも多い。
　　出典：「実は重要！よくわかる電子書籍フォーマット規格‼」
　　引用先：〈http://ascii.jp/elem/000/000/584/584330/index-2.html〉（2015.12.10）

（c）**EPUB**：スマートフォンやタブレット型コンピュータ、ノートパソコンなどの情報端末で閲覧するために開発された国際的な電子書籍の規格の一つ。アメリカで電子書籍の標準化を進めている国際デジタル出版フォーラム International Digital Publishing Forum（IDPF）が2007年9月に第1版を発表した。EPUB とは、電子出版を意味する英語 electronic publication の略語で、EPUB 形式や EPUB フォーマットなどともいう。データファイルには「.epub」の拡張子がつく。EPUB は仕様が公開されており、自由に無料で利用できる。（中略）従来、電子書籍にはいくつかのデータ形式の種類があり、国際的な標準規格はなかった。しかし電子書籍リーダーの中心的な端末であるアップル社の iPad（アイパッド）、アマゾン社のキンドル、グーグル社の Android（アンドロイド）搭載端末、ソニーのソニーリーダーなどが EPUB を支持したことで、アメリカやヨーロッパでは電子書籍の実質的な標準規格となっている。2011年（平成23）に公開された3度目の改訂版である EPUB3.0 では、縦書きやルビ（ふりがな）、圏点（傍点）、禁則処理などといった日本語特有の仕様にも対応し、日本の電子書籍市場でも急速に普及しつつある。
出典：「日本大百科全書」Japanknowledge（2015.12.10）

（d）**ドットブック（.book）**：　ボイジャーが開発した電子書籍用のファイル規格の一つであり、専用の閲覧ソフト「T-Time」で読むことができる。機能としては、以下のような特徴がある。
「1. 日本語の自由な文字組」「2. ページをめくって読む、ブックライクなインターフェース美しく目に優しいアンチエイリアス（グレースケール）文字」「3. 文字サイズやページの大きさをユーザーが変更可能」「4.WEB サーバーに特別な設定は必要ありません」「5. クライアント側もプラグインのインストールだけで対応できます」「6. スクランブル設定により『立ち読み』機能や著作権の保護を実現」
出典：「ドットブックの特徴」
引用先：〈http://www.voyager.co.jp/dotbook/dotbook.html〉（2015.12.10）

（e）**XMDF**：XMDF はシャープが開発した電子書籍フォーマットおよび技術である。2001年からサービスを提供し、2010年に XMDF3.0 を発表した。XMDF は「.book」などと並んで国内の電子書籍市場では多く用いられているフォーマット。XML をベースとしながら、国際電気標準会議（IEC）に認定された標準規格でもある。GALAPAGOS メディアタブレット用に「TSUTAYA GALAPAGOS」というストアが存在するが、それ以外の電子書籍ストア・携帯電話用配信サービスでも採用例は多い。
出典：「シャープ、電子書制作ソフトを無償提供」
引用先：〈http://ascii.jp/elem/000/000/600/600219/〉（2015.12.10）

第 3 章　ゼミ生が考える電子出版・電子図書館の最前線

「電子書籍元年」と呼ばれた2010年1月に発売せれた『世界の電子ブックリーダー調査報告書2010』＊5 では34機種の端末の仕様が紹介され、その翌年に発売した改訂版としての「世界の電子ブックリーダー調査報告書2011」では、収録された機種数は、2010年の34機種から66機種と、約2倍の端末の仕様に増加した＊6。一方、アマゾン、アップル、グーグルなどの企業ではそれぞれ異なる電子書籍フォーマットと端末を製造し発売した。それによって、「3.1 フォーマットについて」で紹介した、電子書籍フォーマットは必ずしも、全ての端末に対応しているわけではないことは明らかである。

　そこで、ここでは、前述の電子書籍フォーマットに対応する電子書籍専用端末とタブレット端末を示す（**表 2**）。

3.3　フォーマットと端末

ここでは、主に筆者が所持する Kindle（第3世代）、The New iPad、iPad

表 2　主な電子書籍専用端末とタブレット端末

　(a) Kindle：アマゾン社が開発・販売している電子書籍リーダー。表示部に電子ペーパーの一種である E Ink を採用し（6 インチの白黒ディスプレイ）、携帯電話の通信網を利用して書籍や新聞のデータをダウンロードできる。データの文字を検索したり、マークを付けた個所を一覧表示する機能、内蔵の辞書で単語の意味を調べる機能などを備える。書籍のデータは、同社の Kindle Store で販売されており、Kindle から直接アクセスできる。
出典：「ASCII.jp デジタル用語辞典」
引用先：〈http://yougo.ascii.jp/caltar/Kindle〉（2015.12.10）

　(b) iPad：アップル社が開発した、タブレット型の薄型コンピューター（製品発表は 2010 年 1 月）。液晶ディスプレー上を指で操作するマルチタッチスクリーンを搭載する。本体サイズは、幅 189.7× 高さ 242.8× 厚み 13.4mm、重量は 730g（3G 対応モデル）。無線通信機能を備え、Web ブラウズ／メール／写真とビデオの再生、ゲームなどのほか、多数の iPhone 用アプリケーションが使える。3G 対応モデルもある。電子書籍リーダーとしても利用可能。
　出典：「ASCII.jp デジタル用語辞典」
　引用先：〈http://yougo.ascii.jp/caltar/iPad〉（2015.12.10）

　(c) GALAPAGOS：シャープが平成 22 年(2010)に発表したスマートホンおよびタブレット型端末のシリーズ名。実行環境として米国グーグル社のアンドロイドを搭載。電子書籍ストアのガラパゴスストアを通じて、新聞、雑誌、書籍のデータをダウンロードして閲覧できるほか、インターネット、動画や音楽の視聴、ゲームなどのアプリケーションも利用可能。
出典：「デジタル大辞泉」Japanknowledge（2015.12.10）

＊5　イースト株式会社著『世界の電子ブックリーダー調査報告書2010　Amazon Kindleをはじめとする34機種の仕様とファイルフォーマット』株式会社インプレスR&D、2010
＊6　『世界の電子ブックリーダー調査報告書2011』「タブレット端末で激変する業界の最新動向と66機種の全仕様」藤原隆弘 インプレスR&D、2011、表紙

第6節　日本における電子書籍フォーマットの標準化の歴史的意義

図1：Kindle（左）The New iPad（中）iPad mini（右）

miniを比較しながら、フォーマットと端末について述べる。

図1はKindle、The New iPad、iPad miniで電子書籍を閲覧する場面を示したものである。一見、似かよっているような画面では、実はそれぞれが異なるソフトで異なる電子書籍フォーマットを使っている。

Kindleの場合は、その電子書籍がKindleストアでダウンロードしたもので、フォーマットは「.azw」である。

The New iPadの場合は、その電子書籍がアプリケーション「iBooks」を使ってダウンロードしたもので、フォーマットは「.epub」である。

また、同じシリーズのタブレット端末にしても、図1（右）のiPad miniに表示されている電子書籍は「電子書籍」というより、「電子書籍ソフト」と言ったほうが適切である。なぜならば、iPad miniの「電子書籍」自体が一つでアプリケーションとして存在し、そのフォーマットもアプリケーションソフトウェアのフォーマット「.ipa」である。

さらに、同じタブレット端末でも、アプリケーションにより、電子書籍フォーマットも異なる。次ページの図2を見てみよう。

図2（左）は、The New iPadでアプリ「Kindle」を使用し、ダウンロードした電子書籍である。そのフォーマットは「.azw」である。

図2（右）はThe New iPadでアプリ「iBooks」を使用し、ダウンロードした電子書籍である。そのフォーマットは「.epub」である。

アプリケーションとして、「Kindle」と「iBooks」は異なる電子書籍閲覧ソフト

153

第3章 ゼミ生が考える電子出版・電子図書館の最前線

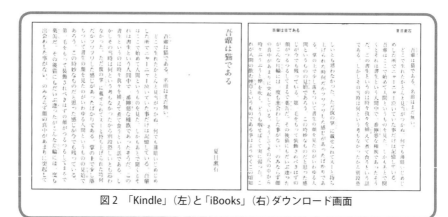

図2 「Kindle」（左）と「iBooks」（右）ダウンロード画面

で、それぞれに対応するフォーマットも異なる。

具体的に言うと、アプリケーション「Kindle」はKindleフォーマット8（AZW3）、Kindle（AZW）、TXT、PDF、保護されていないMOBI、PRCなどに対応している[*7]。

それに対して、アプリケーション「iBooks」はePubファイルフォーマット、PDF、MP3オーディオブック、AACオーディオブック、および audible.com のオーディオブックなどに対応している[*8]。

図2（左）の電子書籍は「.azw」形式であるが、そのフォーマットはアマゾンの端末とソフトしか使えないため、図2（右）のアプリケーション「iBooks」ではその本を読むことができない。また、アプリケーション「Kindle」はアマゾン専用のフォーマットしか対応しないため、図2（右）の電子書籍を読むこともできない。つまり、図2（左）と図2（右）の電子書籍は同じ内容のものにも関わらず、互換性がない。

以上のことから、「電子書籍」では各電子書店のフォーマットが常に同じでなく、異なっていることが分かった。従って、ある電子書籍を読む前に、まず、自分が所有する電子書籍閲覧端末、あるいは、電子書籍を閲覧するためのソフトがその電子書籍と対応しているかどうかを確認することが非常に重要である。

＊7 「技術仕様」〈http://www.amazon.co.jp/dp/B00KDROTZM/ref=famstripe_kb〉
＊8 「iBooks について」〈https://support.apple.com/ja-jp/HT201478〉

すなわち、必ずしも自分が読みたい電子書籍のフォーマットと所持する電子書籍閲覧設備とが常に対応しているとは言えないのである。

したがって、電子書籍業界で電子書籍フォーマットに関して、ある共通する標準を定めることが非常に重要である。次項では、電子書籍フォーマットの標準化について考察する。

4. 電子書籍フォーマットの標準化

4.1 電子書籍フォーマットの標準化の内容

前述したように、電子書籍フォーマットは各メーカーが定めて共通のルールや規格などが存在しないのが現状である。ある電子書籍閲覧端末やソフトは実際に限定された電子書籍フォーマットしか開けない。

そこで、一つの業界で共通するルールや規格を持つフォーマットを定めることが非常に重要であると考えられる。電子書籍フォーマットの標準化が必要なのである。

電子書籍フォーマットを標準化することで、各メーカーが製造されたそれぞれの端末やソフトが現在よりさらに多くの電子書籍に対応でき、利用者に大きな利便性を与えられる一方、電子書籍市場の発展にもさらに推進できると考えられる。

4.2 電子書籍フォーマットの標準化の意義

電子書籍フォーマットの標準化の意義は、乱立している電子書籍業界の環境を整備することが可能になることである。前述したように、現在の電子書籍市場では、新たな電子書籍フォーマットと電子書籍閲覧端末やソフトが次々と登場しており、今後もさらに増えていくと予測できる。もし今後、新たに登場した電子書籍フォーマットや電子書籍閲覧端末、ソフトも各社専用であれば、今後の電子書籍市場をさらに混乱させるだろう。そして、電子書籍コンテンツの生産性から考えても大きな阻害になる。電子書籍市場がさらに拡大するためには、一定の市場環境を整えることが非常に重要である。

電子書籍フォーマットの標準化について、植村八潮は次のように述べている[9]。

---

[9] 植村八潮著「電子書籍交換フォーマットの現状と標準化」『情報知識学会誌』Vol.20、No.4東京電機大学出版局、2010、356頁

第3章　ゼミ生が考える電子出版・電子図書館の最前線

　2010年は「電子書籍元年」と呼ばれる熱狂的な電子書籍ブームとなり，電子書籍コンテンツの制作と流通対応が急がれている。このためには電子書籍コンテンツの生産性を向上し，さらに制作した電子書籍を多種多様なプラットフォーム・端末において利用し，提供できる環境作りを行う必要がある．このような環境整備の一つとして，日本語電子書籍ファイルフォーマットの標準化が求められている。

　また、電子書籍フォーマットの標準化により、電子書籍コンテンツの生産性を向上できることで、電子書籍業界も電子書籍に関するコストがさらに大きく削減でき、利益面にも利点がある。そして、従来、専用端末やソフトしか読めない電子書籍が、電子書籍フォーマットの標準化することで、どのような端末やソフトが読まれるようになる。それは、経済的にも、利便性においても、一般の利用者にとって、大きなメリットである。また、フォーマットの標準化により、電子書籍自体も、さらに永く流通でき、情報の永続性の観点から見ても利点がある。
　海上忍は「電子書籍フォーマットの標準化」について、次のように述べている[10]。

　「電子書籍元年」と呼ばれた2010年は、さまざまなサービスやデバイスが登場した。これまで事業規模に差はあれど「一国の主」であり続けた出版各社も、電子書籍の流通を睨むと連携に踏み切らざるをえなかったか、印刷会社や取次会社、端末メーカーや通信会社と手を組むケースが大半を占めた。
　その企業間の共通語となりうる存在が「電子書籍フォーマット」だ。共通のフォーマットを採用することは、ビューワーを一本化できるという点で消費者のメリットとなり、制作コストを抑制したり、デザインなど技術的なノウハウを蓄積しやすいという点で出版側のメリットとなる。一本化しなければ、どのフォーマットで読むかという紙の時代には考えにくかった選択を消費者に迫ることとなり、制作コストや技術面における出版側の負担も増えてしまう。

---

[10]　海上忍「実は重要！よくわかる電子書籍フォーマット規格!!」
〈http://ascii.jp/elem/000/000/584/584330/〉（2015.12.10）

第 6 節　日本における電子書籍フォーマットの標準化の歴史的意義

　　電子書籍自体に形はないが、データとしての永続性を求められるサービ
　　スであるだけに、一度開始してしまうと容易には変更できない。出版物
　　という文化を支える要素であり、ある意味で公共性をも備えることから、
　　フォーマットの選択は重要といえる。

　さらに、言語アクセシビリティの観点から見ても、電子書籍フォーマットの
標準化が非常に重要である。なぜならば、「電子書籍フォーマットは電子書籍
のアクセシビリティの要素」[11]であり、標準化することにより、電子書籍の
アクセシビリティ能力を大幅に向上させることができるからだ。
　それについては、青木は以下のように述べている[12]。

　　電子書籍のアクセシビリティは、フォーマットとビューア、デバイスの
　　組み合わせによって変わる。例えば、電子書籍が文字情報を保持してい
　　たとしても、点字や音声出力機能のないデバイスを用いれば、それを生
　　かすことはできない。また、電子書籍自体も、点字や音声出力機能がア
　　クセスできないフォーマットであったり、アクセスできたとしてもキー
　　ボードや音声で操作不可能なビューアであったりする。

　以上のことから、電子書籍フォーマットを標準化することは電子書籍市場の
発展にとって、非常に重要である。電子書籍フォーマットの標準化により、乱
立している電子書籍業界の環境が整備でき、電子書籍が特定の端末に依存せず、
様々なコンテンツを長期的に利用することができる。従来よりも電子書籍の製
作が効率化でき、コストを引き下げることが可能となる。そして、電子書籍の
流通を円滑化し、普及することができる。そして、大手企業だけでなく、中小
規模の印刷会社や出版社でも電子書籍コンテンツの制作、提供や販売がしやす
くなる。さらに、電子書籍フォーマットを標準化することで電子書籍の読書ア
クセシビリティが向上できると考えられる。
　では、実際に、電子書籍フォーマットの標準化について、どのような活動が

──────────

＊11　青木千帆子「2014年電子書籍フォーマットのアクセシビリティ対応状況に関する実
　　　態調査」〈http://www.arsvi.com/2010/1502ac.htm〉（2015.12.10）
＊12　注11に同じ

157

写真1　ゼミ発表「日本における電子書籍フォーマットの標準化の歴史的意義」

行われたのだろうか。

5. 具体例から見た今後の電子書籍フォーマット
5.1　電子書籍交換フォーマット標準化プロジェクト

ここでは、日本がいわば国策として、2010年に行った「電子書籍交換フォーマット標準化プロジェクト」を紹介する。

2010年3月から総務省、文部科学省、経済産業省の副大臣・大臣政務官による共同懇談会として、「デジタル・ネットワーク社会における出版物の利活用の推進に関する懇談会」が開催された。その懇談会から示された課題解決のため、総務省では2010年度（平成22年度）委託事業として、「新ICT利活用サービス創出支援事業」を実施した。その中の一環として、2010年11月17日から2011年3月31日にわたって、「電子書籍交換フォーマット標準化プロジェクト」が行われた。

代表提案組織は、日本電子書籍出版社協会であって、共同提案者としては東京電機大学、大日本印刷、凸版印刷、慶昌堂印刷、豊国印刷、ボイジャー、シャープ、シャープビジネスコンピュータソフトウェアなども参加していた。成果としては、電子書籍交換フォーマット仕様書（ver.1.0）、電子書籍交換フォーマット検証用変換ツール、当実証実験における報告書がある。

電子書籍交換フォーマットとは、「日本語テキスト系電子書籍フォーマットの日本語表現に関する各種機能を包括しており、電子書籍データの交換を目的

とした XML フォーマットである。これまで(筆者注：「電子書籍交換フォーマット標準化プロジェクト」が行われた時点まで)に蓄積された 20 万冊とも言われる日本語電子書籍は、いくつかのフォーマットにて作られている。

ある特定のフォーマットで作成した場合、別のフォーマットに変換するためには作り直す必要がある。交換フォーマットとは、異なるフォーマット間でのデータの変換を容易にするために用意されたものである。これまでボイジャーのドットブックとシャープの XMDF によって制作された日本語電子書籍が数多く存在しているため、主にその両者の機能を中心に設計されている」と電子書籍交換フォーマット標準化会議のホームページに載せている[13]。

その後、電子書籍交換フォーマットの普及促進のため、日本電子書籍出版社協会、日本書籍出版協会、電子書籍制作・流通協議会、日本印刷産業連合会などがそれ採用して、普及促進活動を行った。また、国際標準化に関しても、「電子書籍交換フォーマットの IEC 国際標準化については、既に社団法人電子情報技術産業協会(JEITA)を通じて取組が始まっている」とも調査報告書で書かれている

しかし、国が電子出版業界に深くかかわり、数多くの企業や団体が参加したプロジェクトは成功したと言うより、「成功した失敗」といったほうがいいだろう。なぜならば、その電子書籍交換フォーマットは使用された例がほとんどなかったからである。

5.2　失敗した「成功」

前述したように、「電子書籍交換フォーマット標準化プロジェクト」は総務省の2010年度「新ICT利活用サービス創出支援事業」の一環として行われた。しかし、この順風満帆のプロジェクトは、実は、失敗したと言わねばならない。なぜならば、筆者の調べた限りでは、その電子書籍交換フォーマットを採用して、使用した例が見つけることができなかったからである。

それについては、林智彦は次のように述べている[14]。

---

[13]　「電子書籍交換フォーマット標準化会議のホームページ」〈http://ebformat.jp/〉
[14]　林智彦「電子書籍の父」富田倫生さんが遺したもの―日本が目指す方向性とは（後編）（page 2）〈http://japan.cnet.com/sp/ebook/35038872/2/〉（2015.12.10）

ところが、それから2年以上の月日がたったが、この「交換フォーマット」がその後、どこかで大規模に使われているという話は、寡聞にして伝わってこない（中略）成果報告後、新端末や新ビューワー（リーディングシステム）が次々と出現したにもかかわらず、それらに対応したとの報告も見られず、サイトの中で予想されていたサードパーティーからのオーサリングツールのリリースもなく、国際規格化についての報告もなく、サイト自体、以後更新されていない。

（傍点は筆者注：電子書籍交換フォーマットが発表した時点）

そして、引用した最後に林智彦が述べたように、電子書籍交換フォーマットの国際規格化については、「電子書籍交換フォーマット標準化プロジェクト【調査報告書】」では、「電子書籍交換フォーマットのIEC国際標準化については、既に社団法人電子情報技術産業協会（JEITA）を通じて取組が始まっている。（pp.638）」と書かれていが、JEITAの「平成26年度事業報告書」を調べてみると、国際標準化については「IEC62448（マルチメディアのシステムおよび機器－マルチメディアの電子出版および電子書籍－電子出版のための共通フォーマット）（44頁）」には、このひとことしか載せていない。

　以上のことから、「電子書籍交換フォーマット標準化プロジェクト」が成功したと考えられない。しかしながら、「電子書籍交換フォーマット標準化プロジェクト」は間違った活動ではない。序論に書いたように、現在、電子書籍市場は徐々に拡大している。電子書籍市場の拡大につれて、電子書籍フォーマットや閲覧端末、ソフトも現在よりもさらに増加していくと予測できる。しかし、すでに述べたように、現状では、電子書籍業界が共通のルールや規格がなかった。それによって、未来の電子書籍業界は現在よりもさらに混乱してしまうと考えられる。

　また、乱立している電子書籍フォーマットと閲覧端末、ソフト問題も消費者や企業などにとって、経済面にも利便性にも不利益であった。そして、電子書籍の読書アクセシビリティや情報の永続性から見てもメリットがない。したがって、出版業界で共通するフォーマットを作ることはきわめて重要である。

　なお、日本の「電子書籍交換フォーマット標準化プロジェクト」は世界的に

見て唯一の電子書籍フォーマット標準化の取り組みではなく、実際には中国でも似た取り組みを唱えたことがあった[15]。しかし、残念なことに、現在では、日本と同じように中国でもいかなる標準フォーマットも定められていないままである。

しかし、電子書籍フォーマットの標準化は必然の趨勢だと考えられる。今後も「電子書籍交換フォーマット標準化プロジェクト」のような取り組みが世界各国で行われるだろう。

6. 結　論

以上、本稿では、電子書籍フォーマットの標準化について考察してきた。その結果、電子書籍フォーマットを標準化することが電子書籍市場の発展にとって、非常に重要な取り組みであることが分かった。電子書籍フォーマットを標準化することにより、特定の端末に依存せず、様々なコンテンツを長期的に利用できる。そして、従来よりもさらに電子書籍の製作が効率化でき、コストを引き下げることが可能となる。そして、電子書籍の流通を円滑化し、普及することができる。そして、大手企業だけでなく、中小規模の印刷会社や出版社でも電子書籍コンテンツの制作、提供や販売がしやすくなる。さらに、電子書籍のフォーマットを標準化することで電子書籍の読書アクセシビリティが向上できると考えられる。

電子書籍フォーマットを標準化するための一つの例としては、日本での「電子書籍交換フォーマット標準化プロジェクト」は「成功した」とは考えられないが、電子書籍フォーマットを標準化するための重要な一歩であった。電子書籍フォーマットの標準化はきわめて重要な取り組みであると考えられる。今後も「電子書籍交換フォーマット標準化プロジェクト」のような電子書籍フォーマットを標準化活動が世界各国で行われるだろう。

本稿では、紙幅の関係で、「電子書籍交換フォーマット標準化プロジェクト」があまり使われていない原因とは何かという点については考察できなかった。

このことを考える際には、「電子書籍交換フォーマット標準化プロジェクト」

---

[15] 「中国における電子書籍フォーーマット標準化の苦節」
〈http://finance.qq.com/a/20130510/000554.htm〉（2015.12.15）

に実際にかかわってきた人々へのインタビューが必要になるだろう。これは今後の課題としたい。

7．おわりに

　本稿を執筆しながら残念に感じたことは、「約1億3000万円の国費を投じて実施された開発と実証実験のプロジェクト（林智彦2013）＊16」は合意を得るという成果を収めたものの、ほとんど使われていなかったことである。また、「電子書籍交換フォーマット標準化プロジェクト」のホームページも当時（2011年）のデータしか書かれておらず、その後（2012年以後）の活動や取り組みも一切記載されていなかった。そして、JEITA「平成26年度事業報告書」から見ると、JEITAは積極的にIEC国際標準化を取り組んでいるとは思えないことである。

　　＜謝辞＞

　本研究を行うに当たり、ご指導を頂いた湯浅俊彦教授に感謝します。また、日常、有益な議論をして頂いたゼミナールの皆様に感謝します。

＜参考資料・URL＞

＊イースト株式会社著『世界の電子ブックリーダー調査報告書2010　Amazon Kindleをはじめとする34機種の仕様とファイルフォーマット』インプレスR&D、2010.01

＊田中秀明著「電子書籍フォーマット　XMDF v3.0について」『シャープ技報』第102号、2011.02

＊藤原隆弘著『世界の電子ブックリーダー調査報告書2011　タブレット端末で激変する業界の最新動向と66機種の全仕様』株式会社インプレスR&D、2011.01

＊「中国における電子書籍フォーマット標準化の苦節」
　〈http://finance.qq.com/a/20130510/000554.htm〉（2015.12.15）

＊「Adobe PDFについて」〈https://acrobat.adobe.com/jp/ja/products/about-adobe-pdf.html〉（2015.12.10）

＊「Adobe PDFについて」〈https://acrobat.adobe.com/jp/ja/products/about-adobe-pdf.html〉（2015.12.10）

＊「EPUB 3.0.1」〈http://idpf.org/epub/301〉（2015.12.10）

＊「EPUB 3.0」〈http://idpf.org/epub/30〉（2015.12.10）

＊「OPS 2.0 Elevated to Official IDPF:Standard」〈http://web.archive.org/web/20071016130502/http://idpf.org/forums/viewtopic.php?t=98〉（2015.12.10）

＊「iBooksについて」〈https://support.apple.com/ja-jp/HT201478〉（2015.12.10）

＊「シャープ、電子書籍制作ソフトを無償提供」http://ascii.jp/elem/000/000/600/600219/（2015.12.10）

＊「ドットブックの特徴」〈http://www.voyager.co.jp/dotbook/dotbook.html〉（2015.12.10）

＊「技術仕様」〈http://www.amazon.co.jp/dp/B00KDROTZM/ref=famstripe_kb〉（2015.12.10）

＊「実は重要！よくわかる電子書籍フォーマット規格!!」〈http://ascii.jp/elem/000/000/584/584330/index-2.html〉（2015.12.10）

＊「電子化コストを低減し、電子コンテンツの普及拡大に貢献　電子コンテンツの制作ソフトウェア「XMDFビルダー」を出版社や電子書籍制作会社に無償提供」〈http://www.sharp.co.jp/corporate/news/110422-a.html〉（2015.12.10）

＊「電子書籍に統一規格　流通や著作権を官民で整備」〈http://www.nikkei.com/article/DGXNASFS1701G_X10C10A3NN8000/〉（2015.12.10）

第6節　日本における電子書籍フォーマットの標準化の歴史的意義

表3　電子書籍の発展略年史

年	月	主 な 事 項
1992 年	秋	PDF が誕生。
1994 年		Acrobat Reader の無償配布開始。
1996 年		PDF1.2 と Acrobat3.0 が発表。
1999 年		Mac OS X が発表。 PDF1.3 と Acrobat4.0 が発表。
2000 年	6 月	ボイジャー社が .book 形式を発表。
2001 年		PDF1.4 と Acrobat5.0 が発表。 シャープは XMDF 形式を提唱。
2003 年		PDF1.5 と Acrobat6.0 が発表。
2004 年		PDF1.6 と Acrobat7.0 が発表。
2005 年		アマゾンがフランスの Mobipocket 社を買収し、Mobipocket 社が開発した MOBI をベースに作られて、拡張子は .azw に。
2006 年		PDF1.7 と Acrobat8.0 が発表。
2007 年	9 月	IDPF は EPUB を公式の規格に。
	11 月	アメリカ国内で Kindle の販売を開始。 Kindle ではテキスト、PDF なども閲覧可能だが、アマゾンからのダウンロード販売は AZW が主流に。
2008 年	7 月	国際標準化機構によって PDF が ISO32000-1 として標準化。
		PDF1.7、Adobe Extension Level3 と Acrobat 9.0 が発表。
	以後	Kindle に新しいファイル形式 topaz が採用。
2010 年		PDF1.7、Adobe Extension Level8 と Acrobat X（10.0)を発表。
	6 月	IDPF サイトに EPUB2.01 のドラフト規格が公開。
	12 月	シャープは電子書籍専用端末 GALAPAGOS を発表し、それに XMDF の最新バージョン v3.0 を搭載。
2011 年	2 月	一般社団法人日本電子書籍出版社協会が推進する「電子書籍交換フォーマット標準化プロジェクト」の成果物である電子書籍交換フォーマットの基盤としてシャープの XMDF 形式とボイジャーの .Book がともに採用。
	4 月	シャープは次世代 XMDF 制作ツールの無償提供を発表。
	10 月	IDPF は EPUB3 を公式の規格に。
2014 年	6 月	EPUB3.0.1 規格が IDPF で正式に承認。

出典：「Adobe PDF について」https://acrobat.adobe.com/jp/ja/products/about-adobe-pdf.html（2015.12.10）
　　　「EPUB 3.0」http://idpf.org/epub/30（2015.12.10）
　　　「EPUB 3.0.1」http://idpf.org/epub/301（2015.12.10）
　　　「OPS 2.0 Elevated to Official IDPF:Standard」http://web.archive.org/web/20071016130502/http://idpf.org/forums/viewtopic.php?t=98（2015.12.10）
　　　「シャープ、電子書籍制作ソフトを無償提供」http://ascii.jp/elem/000/000/600/600219/（2015.12.10）
　　　「電子書籍交換フォーマット標準化会議のホームページ」http://ebformat.jp/（2015.12.10）
　　　「ドットブックの特徴」http://www.voyager.co.jp/dotbook/dotbook.html（2015.12.10）

第3章　ゼミ生が考える電子出版・電子図書館の最前線

第7節

デジタル・ネットワーク時代の読書
―紙と電子の違いが読書に与える影響―

小杉　彩夏
（立命館大学文学部日本文化情報学専攻3回生）

◇概　要

　近年、「読書離れ」という言説が広く流布している。そこで、娯楽を目的とした読書をすることによってもたらされる影響を、それに関連する法律も鑑みて考察した。また、読書という行為の次元について分類した。

　そして、大学生の読書実態を分析し、直面する問題を解決する方法も合わせて考察した。さらに、読書をする際の媒体（いわゆる紙の本か電子書籍か）の違いが、読書をするときにどのような異なる影響が表れるのかを比較した。

◇キーワード

　読書、読書離れ、紙の本、電子書籍、大学生

1.　はじめに

近年、読書離れが言われているが、果たして本当にそうだろうか。

　たとえば、電子書籍に象徴される電子出版の進展により、人々の読書形態が変化し、これまで読書をあまりしてこなかった人々が読書をするようになったとも考えられる。

　そこで、本稿では出版メディアにおける紙と電子の双方を比較し、読書という行為にどのような影響を与えるのか考察する。なお、調査対象は日本の大学生の読者とし、読書行為の内容は娯楽のための読書に限定する。

164

第7節　デジタル・ネットワーク時代の読書

2. 読書とは

2.1 読書に対する社会の印象

まず、社会が読書に対してどのような印象を持っているのかを要約する。毎日新聞社[1]の記事によると、子どもの頃の読書習慣が大人になっても続くと思うと回答したのは81％であり、ほとんどの人が子どもの読書習慣が重要であると考えている。また、読書率は2013年、2014年と比べると横ばいである。

2.2 読書をする意味

読書とは「本を読むこと、書物を読むこと」[2]である。本には、書物、書籍、図書というようにさまざまな呼称があるが、ここでは"本"と呼ぶことにする。なぜ読書をすることがよいとされているのか。それにはいくつかの理由がある。

第1に、人と人とのコミュニケーションを生み出す要素になる。同じ本の読者はもちろんのこと、著者ともコミュニケーションをとることができる。

第2に、活字は情報量が少ないので、想像力や思考力を高めることができる。本は活字で書かれており圧倒的に情報量が少ないため、書く力と読む力を培うことができる。また、読書は想像力なくして楽しむことはできない。

第3に、本を読めば読むほど言語能力を発達させることができる。それにより、考える力を鍛えることができる。

第4に、語彙や知識の増加が期待できる。本には大量の単語が書かれているので、それらと接触することにより、未知の単語を知ることができるだろう。そして、そこで得た知識を励みや糧にして自分の人生のために使うことができる。

第5に、読む時期によってその本の捉え方や受け取り方が異なるので、何度も同じ本を楽しむことができる。

第6に、本の内容に感情移入することで、本を身近に感じさせ、読書を推進する要因になる。また、あらゆる疑似体験ができるので、本の世界の話を自分のものとして楽しむことができる。このほかにも様々な要因を挙げることができる。

---

[1]　毎日新聞「＜第69回読書世論調査＞読書教育の場は「家庭」　調べ物「ネットで」6割（その1）」2015年10月26日付〈http://mainichi.jp/articles/20151026/org/00m/040/025000c〉（引用日：2015.12.18）

[2]　『デジタル大辞泉』、『日本国語大辞典』（JapanKnowledge）

165

第3章　ゼミ生が考える電子出版・電子図書館の最前線

2.3　「読む」とは

「読む」とは、青柳らによれば、「目の前に実際に存在しないものやことがらを、あたかも存在するかのように自分の中でイメージとして描き出して何が書かれているかを理解すること」とある[3]。

「読む」方法は人それぞれに異なるので無限だと述べても過言ではないだろう。また、先に、読書をすることで情報や知識を手に入れることができると述べた。

だが、それ以上の何かが「読む」という行為の中に含まれているかもしれない。いまや情報化社会の中で「読む」ことはますます重要になってきている。

その「読む」力は、多読と精読の両方で読書をすることでしか身につけることはできない。

2.4　読書に関する法律、決議
2.4.1「子どもの読書活動の推進に関する法律」と「子どもの読書活動の推進に関する法律に対する附帯決議」[4]

2001年に文部科学省によって定められた法律である。目的は、子どもの読書活動の推進に関して基本理念を定め、国や地方公共団体の役割等を明らかにし、子どもの健やかな成長の一助となることである。また、子ども（おおむね18歳以下の者）が自主的な読書活動ができるための環境整備をすることを理念としている。さらに、4月23日を「子ども読書の日」と制定している。附帯決議には、民意を反映し、行政が不当に干渉することのないようにすること、読書環境の充実や自主性を尊重することが書かれている。

2.4.2　「文字・活字文化振興法」[5]

2005年にこれも文部科学省によって定められた法律である。目的としては、文字・活字文化の振興に関する基本理念を定め、知的で心豊かな国民生活およ

＊3　青柳ゆきの他「読書は大学生の「心理的サポート」となるか」『佐賀大学文化教育学部研究論文集』Vol.20、no.1、2015、25-32頁
＊4　文部科学省「子どもの読書活動の推進に関する法律」〈http://www.mext.go.jp/a_menu/sports/dokusyo/hourei/cont_001/001.htm〉（引用日：2015.12.18）
＊5　文部科学省「文字・活字文化振興法」〈http://law.egov.go.jp/htmldata/H17/H17HO091.html〉（引用日 2015.12.17）

第7節　デジタル・ネットワーク時代の読書

び活力のある社会の実現に寄与することである。これは、すべての国民がその自主性を尊重されつつ、生涯にわたり等しく文字・活字文化の恩恵を享受できる環境を整備することを、基本理念とする。また、そのためには国語が日本文化の基盤だということに配慮し、言語力の育成に十分配慮される必要がある。さらに、10月27日を「文字・活字文化の日」と制定している。

2.4.3 「国民読書年に関する決議」[*6]

これは、衆議院が定めたものである。要約すると、日本では読書離れや活字離れが進み、問題となっている。このような危機意識からこれを定め、具体的な施策の展開を政府とともに進めてきた。また、2010年を「国民読書年」と定め、国をあげてあらゆる読書に関する努力を重ねることを宣言したものである。

2.5　読書という行為の次元

読書をする、すなわち本を読むことはある程度の積極性や自主性が必要である。受身で読むことはできるが、読了後のその本に対する印象や感想の持ち方が異なる可能性がある。

その行為は5つに分けることができる。

① 読書の対象、つまり何を読書材料として読むのかである。
② 読書の目的、つまりなぜその本を読むのか、何のために読むのかという、その本を読むことに決めた背景が存在する。
③ 読書時の行動、言い換えればどのように読むのかということになる。本を読むときの姿勢、たとえば椅子に座って読むのか、ベッドに寝転んで読むのか、人によってさまざまである。
④ 読書の作用、つまりはその本を読了した後に、そこから何が得られるのかということである。ある一文に感銘を受けたり、シリーズものであれば続きが読みたくなったり、同じ作者の別の作品を読んでみたいと思ったり、同じジャンルの違う作者のものを読んでみたいと思ったりする。一方で、面白くなかった、楽しくなかったというような、その本から得られることは何もなかったという結論を得ることもできる。その場合は、

[*6] 衆議院「国民読書年に関する決議」〈http://www.shugiin.go.jp/internet/itdb_gian.nsf/html/gian/honbun/ketsugian/g16913002.htm〉（引用日：2015.12.17）

167

その本が嗜好にそぐわなかっただけである。

⑤　読書をする場所、どこで本を読むかである。それは自宅かもしれないし、学校かもしれないし、図書館かもしれないし、カフェかもしれない。各個人によって本を読むことができる場所は異なる。その人が最も落ち着ける場所や読書に集中できる場所で読むことで、"読書"という行為、すなわちその本の内容に、世界に没頭できる。

3.　大学生の読書実態

3.1　読書に対する印象

では、大学生は読書に対してどのような印象を持っているのだろうか。読書をする人は、「読書といえば物語、時間があればする娯楽の一つとして考えている。楽しいもの、自分なりの考え方をつくるためのもの」というような印象を持っている。一方で、読書をあまりしない人は、「読む時間が無い、ほかの事に興味がある、読みたい本が見つからない・見つけられない」という理由が挙げられた。これらの印象がそのまま、読書をする動機につながっている。

3.2　読書状況

宮腰賢らによると、年間約62冊読む人もいれば、約10冊しか読まない人もいる[7]。

1970年代から各地で、1988年の林公・大塚笑子両教諭の提唱した活動をきっかけに全国に広まった朝読書による効果が、この24年の調査結果の差であろう。大学生調査によると、およそ70%の人が読書することを好きと言っており、およそ80%が月に最低1冊は何らかの本を手にしていることが分かっている。

だが、本の内容は物語やフィクションに偏り、自身の専門分野に関係する本を読んでいる学生は非常に少ない。さらに言えば、半数以上が自身の専門分野に関する本を読んだことがないと回答している[8]。

そして、第50回学生生活実態調査の概要報告によると、平均読書時間は約

---

[7]　宮腰賢『大学生の読書問題とは何か』全国大学生活協同組合連合会、1988.

[8]　大学生調査〈www.niye.go.jp/kanri/upload/editor/80/File/dai6-seijin.pdf〉（引用日：2015.12.18)

22分だが、0分も約半数存在する。その中身は物語やフィクションに偏る。それは「読書といえば物語」というイメージがあるからだろう[9]。

澤崎宏一[10]は、「読書好きな人や小説を多く読む人は文章理解力が高い。だが、インターネットの文章をたくさんじっくり読んでも文章理解力には反映されない」。文章理解力は、過去から今までの読書習慣が読む力に結びついている。

3.3　読書量

『大学生は日常的に高頻度でインターネットの文章を読んでいるが、読書好きや文章理解力と強い相関があるのは、文庫本の読書量だ』と澤崎は前述の調査結果で述べている。また、大学入学以前の読書量が大学入学後の読書習慣に強く影響することが明らかとなっている。特に高校時代にたくさん読書をする習慣があった人は、大学生になってからでもその習慣が変わることはない。

大阪教育大学生涯教育計画論研究室らの調査を見てみる。1ヶ月の読書冊数は、0冊が26%、1冊が22%、2～4冊が34%、5冊以上が17%である。また、1日あたりの読書時間では、「ほとんどない」が43%、61分以上が11%であった。この調査結果を見ると、5冊以上読む人と読書時間が61分以上の人はほとんど同じ人物であるといっていいだろう。一方で、1冊も読まない人がおよそ4分の1いることは、由々しき事態である。

では、なぜ大学生の読書量が減少しているのか。要因は2つ挙げられる。

まず1つは、余暇時間の多様化である。インターネットや情報端末、娯楽施設の充実により、読書以外のことに興味・関心がいってしまうのである。

もう1つは、大学入学以前の読書習慣による。大学入学以前の読書量が、大学入学後の読書習慣や読書量に強く影響している。高校卒業以前に多くの本を読んでいると、大学入学以降も多くの本を読んでいるということである。

3.4　読書離れ

前述した読書状況や読書量から分かるように、大学生にも読書離れの傾向が

---

[9]　第50回学生生活実態調査〈http://www.univcoop.or.jp/press/life/report.html〉（引用日：2015.12.18）

[10]　澤崎宏一「大学生の読書経験と文章理解力の関係」『国際関係・比較文化研究』10巻、213-231頁

第3章　ゼミ生が考える電子出版・電子図書館の最前線

見られる。そもそも、なぜ、読書離れという言葉が生まれ、問題視されるようになったのか。中野美雅[11]によると、読書離れとは、「過去に比べ読書をする人口が減少している現象」である。その読書離れが始まったのは1964年である。また、1980年代から「読書離れ」という言葉が使用され始めた。読書離れが問題視されるのは、読書をすることによって得ることができるさまざまな効果が認められているからであろう。問題視されなければ読書離れという言葉も生まれなかった。

4. 紙の本
4.1 紙の本とは

書籍とは、「文章・絵画などを筆写または印刷した紙の束をしっかり綴じ合わせ、表紙をつけて保存しやすいように作ったもの」[12] である。

およそ5000年前の古代中東で手書きの本が誕生したのが始まりである。そこから手書きの時代が続いた。およそ1445年ごろにグーテンベルクが活版印刷を発明したのである。そしてさまざまな過程を経て、現在の本の形になった。本の判型は15種類もあり、本の綴じ方も5種類以上ある。

4.2　紙の本のメリット

第1に、文字と紙の位置関係は一定なので、読んでいるところを常に把握しながら読める。

第2に、実際に本の内容を見てから買うかどうか決めることができる。この作業はブラウジング(browsing)と呼び、言い換えると、ページをぱらぱらめくって、おおよその内容について見当をつけたり、走り読みをすることである。本を選ぶときにはこの作業が欠かせない。

第3に、電池の心配がない。本を読んでいる途中で電池が切れてしまうのは好ましくない。それが良いところならなおさらである。

第4に、モノを所有する楽しみがある。本を本棚に並べる(読んだ読んでないは別にして)ことは、読書をする楽しみの一つではないかと考える。

第5に、本の内容とは直接関係のないさまざまな情報を無意識のうちに記

＊11　中野美雅「行動科学の立場から見た読書離れの分析」『高田短期大学紀要』27巻、1-12頁
＊12　　『デジタル大辞泉』(JapanKnowledge)

170

第 7 節　デジタル・ネットワーク時代の読書

憶することができる。たとえば、どのページにどんな記述がされていたかをすぐに探すことができる。

第 6 に、版の違いがある。初版や豪華版など、版が異なることで本の内容や装丁の変化を楽しむことができる。

4.3　紙の本のデメリット

第 1 に、本を書店などに買いに行く必要がある。買いに行けるときはいいが、そうでないときは都合が悪い。また、買える時間帯も限られている。

第 2 に、持ち運びに不便である。1 ～ 2 冊なら問題ないだろうが、大量に持ち運びたいときは重いし、荷物にもなる。

第 3 に、検索することができない。

第 4 に、紙は劣化するものである。良い保存環境があればいいが、それは一般的ではない。そのため、破れてしまったり雨などで濡れてしまったりする。

第 5 に、書き込みを完全に消すことができない。もし鉛筆やシャープペンシルで書き込んだとして、消しゴムで消すことはできるが、完全にその跡を消すことはできない。

5.　電子書籍
5.1　電子書籍とは

電子書籍とは、「電子化された書籍データ。紙に印刷するのではなく、スマートホンやタブレット型端末、パソコン、専用の電子書籍リーダーなどにデジタルデータを取り込んで閲覧する」[13] ことができる媒体を電子書籍と呼称する。

日本で初めて書籍を電子化し商業目的で販売されたものは、1985 年に発売された『最新科学技術用語辞典CD-ROM版』(三修社) であるとされている。その後、1990 年に「データディスクマン」(ソニー)、1993 年に「デジタルブックプレーヤー」(NEC) が発売された。

1998 年に「電子書籍コンソーシアム」が発足したが、2000 年に事業の終了に伴い、解散した。2004 年に「シグマブック」(松下電器、現パナソニック)、2008 年に「iPhone」(アップル社)、2010 年にタブレット「iPad」(アップル社) を発売された。また、2010 年には、「日本電子書籍出版協会」が設立され、電

＊13　注12の前掲書と同じ

171

子書籍が普及・発展するための環境整備が始まった。そのため、2010年は「電子書籍元年」と名づけられた。

5.2　電子書籍のメリット

第1に、本を書店などに買いに行く必要はない。いつでもどこでも自分の好きなときに買うことができる。

第2に、持ち運びに便利である。電子書籍端末がありさえすれば、何冊でも持ち運ぶことができる。

第3に、辞書機能やリンク機能がある。分からない言葉は即座に検索可能で、リンク先にもすぐに飛ぶことができる。

第4に、書き込みが可能である。紙の本でも書き込むことはできるが、電子書籍では何度でもやり直しが可能である。

5.3　電子書籍のデメリット

第1に、文字と紙の位置関係は常に一定ではない。レイアウトを自由に設定できるのはメリットにもなるが、デメリットにもなる。

第2に、ブラウジングができない。試し読みはできるが、始めの数ページのみで、走り読みや本の内容を把握することはできない。

第3に、電池の心配がある。電池がなくなれば、それ以上その本を読むことはできなくなってしまう。たとえ充電器を持っていたとしても、充電できる環境がなければ意味がない。

第4に、所有しているとはいえないだろう。本のデータがあるだけある。

第5に、版の定義が曖昧である。著者が好きなときに好きなように書き換えられることもあるので、読むたびに内容が異なる可能性もある。

6.　媒体の違いが与える影響

6.1　紙の本の与える影響

まず、前述したようにブラウジングができるので、その本がどういった内容なのかを知ることができる。これは、書籍を購入する際の決め手の一つである。また、その本の厚み、大きさ、質感、装丁、レイアウト、内容などを自分の目で見て、手で触って確かめることができる。これらは、電子書籍では味わうこ

とはできない。そして、いま本のどのあたりを読んでいるのかという、おおよその見当をつけることは読書をするときには相当重要なことである。さらに、探している文章をすぐ見つけることができるといった、内容とは直接関係のないさまざまな情報を無意識に記憶できる。つまり、紙の本は読書をする際の手がかりが豊富なのである。

酒井邦嘉は「紙の本では、どうしても足らない情報を想像力で補うことによって、その人に合った、自然で個性的な技が磨かれた」と指摘し、「電子書籍などの文明の利器は、残念ながらその地道なプロセスの代わりはしてくれない」と談じている[14]。電子書籍でも足りない情報を想像力で補うことはできるかもしれないが、それでも、そのプロセスの代わりになることはない。

さらに、液晶画面よりも、言い換えると電子書籍よりも注意を向けやすい対象なので、たとえば、画面で見つけることができなかった誤字脱字が紙では見つけることができた経験は多くの人が持っていることだろう。

6.2 電子書籍の与える影響

まず、従来の本とは全く形式が異なるので、紙の本とは別物として捉えるのが良いだろう。その上で、映像や音声が提供できるという点は非常に大きなメリットである。従来のように視覚だけでなく聴覚も使用して、その本を読むことができるのである。また、本の内容を読み上げることもできるので、自分でページをめくったりする必要はなくなる。

また、おすすめ機能があることも大きい。たとえば、とある本を読むと、その本の内容に似たジャンルや作者の本がおすすめとして表示されるのである。いろいろな本を読めば読むほど嗜好を分析し、多様な読みをすることができる。そのため、普段は読まないような本を読む機会を得られる。

さらに、今まで全く本を読まない読書をしない人が電子書籍で本を読むようになった。大量の本を持ち歩くことができること、手持ちの端末でいつでもどこでも本を買うことができることは、その状況に大きな影響を与えたといっても過言ではないだろう。購入したその瞬間から読むことができ、すぐに開けることも可能である。また、紙の本よりも安価で購入することができるのも読書

---

*14　酒井邦嘉『脳は紙の本で鍛えられる』（実業之日本社、2011、p125）

をする人や読書冊数が増える要因である。このように従来にはなかった気軽さや利便性が読書活動を推進し、読書離れを減らす一因になる。

　加えて、読書をする際に意味や読み方が分からない言葉は必ず存在することだろう。その時に即座にその言葉を検索できるのは便利である。すぐに意味や読み方が分かり、素早く本の内容に戻ることができるので、話の内容を忘れてしまったりすることはなくなる。また、その辞書の機能に同義語や対義語、例文など言葉の意味や読み方以外のことが検索結果に表示されたなら、次々とさまざまな言葉にリンクできるので、学習や学びを推進することにもつながる。

7. おわりに

　これまで読書の有用性や紙の本と電子書籍それぞれのメリット・デメリット、媒体の違いが与える影響を考察してきた。それぞれにメリット・デメリットがあり、どちらかのほうが優れているという観点の話ではないと考える。用途や目的に応じた棲み分け、使い分けが現時点での最もよい方法なのではないか。それぞれにそれぞれの良さがある。そう考える理由は3つある。

　第1に、印刷技術などの発展である。1445年にグーテンベルクが活版印刷を発明してから570年も経っている。版木から巻物に、やがてその長い歴史を経て今の本の形になった。570年という長い歴史の間に本の形は多様に変化している。昔はその本が読みたければ、人間の手で刷ったり、人間が手書きで書き写したりするしかなかったのが、いまや機械で大量に印刷することができる。これは人類の大きな技術の発展によるものである。また、その発展している間の1985年、グーテンベルクの活版印刷から540年後には情報端末での読書を可能にしている。言い換えれば、今から30年前に電子書籍が誕生したのである。始めは不十分なことが多々あったし、今でも課題は残っているが、ずいぶん使いやすくなっている。この技術の進化は経った30年の間に行われているので驚きである。電子書籍は今も進化し続けている。グーテンベルクの活版印刷から考えれば、非常に大きな進歩である。いまや誰もが読みたい本を読むことができるのである。

　第2に、ライフスタイルの変化である。1999年にNTTドコモがiモードサービスを開始した。これは、携帯からインターネットに接続できるサービスである。開始当初はさまざまな問題はあったが、人々の生活に役立ったことは明ら

かである。それが今ではWi-Fi（ワイファイ）と呼ばれる無線でネットワークに接続できる技術が開発された。

　これにより、たとえ屋外に居たとしても、高速でインターネットが利用できるのである。また、最近では、無料でアクセスできる無線LANを備え付けている店が増加していたり、無料でWi-Fiが使えるようになったりと、インターネットへのアクセスが容易になったことでますます人々の生活を豊かにしたことは間違いない。情報端末が一般に普及し、多くの人が利用できるようになったことで、本を印刷されたものだけでなく携帯でも読めるようになったことで、人々が読書をするときの環境が変化したのである。つまり、読書のライフスタイルが時代に伴って変化したのである。

　第3に、新しい読書媒体の出現である。前述したように、1985年に電子書籍なるものが誕生した。さまざまな会社が電子書籍端末を開発・販売しており、電子書籍専用端末も販売されている。これがあれば、または電子書籍を読むことができる端末があれば、それ一台で事足りるのである。これなら、何冊も持ち歩く必要はなくなるし、紙の本を何冊も持ち歩くときに生じる重さの問題も解決できる。また、防水加工されているものもあるので、お風呂に入っていても読書することができる。

　たとえば、楽天ブックスが販売しているkobo [15]を見てみる。正式名称は「Kobo Aura H2O」である。

　魅力として、①お風呂で読める、②高解像度、③大画面、④目にやさしい、⑤英語が学べる、⑥Pocketと連携、⑦SDカード対応が挙げられている。防水機能があるのはうれしい人も多いのではないか。お風呂での暇な時間を読書にあてることができる。

　また、大画面で解像度も高く、目にやさしいコンフォートライトというものを採用しているので、いつでも快適に長時間本を読むことを可能にしている。もちろん、明るさは自分好みに調整することもできる。そして、ジーニアスとプログレッシブを内蔵しているので洋書でも読めるし、読書時以外でも単語の検索が可能となっている。

　さらに、ウェブ上の記事もPocketに保存しておけば、インターネット環境が

---

*15　楽天ブックス「kobo」〈http://books.rakuten.co.jp/〉（引用日：2015.12.18）

写真1　ゼミ発表「デジタル・ネットワーク時代の読書」

ないところでも読むことができる。加えて、SDカードに対応しているのはありがたい。内蔵メモリは4GBで、本ならおよそ3000点、マンガならおよそ60～150点も所有することができる。かつ、マイクロSDカードならば最大32GBまで、単純計算で8倍の本を一枚のカードと読書端末一台があれば持ち運びすることができてしまうのである。

　さて、上記で電子書籍媒体の魅力を述べたが、どうしても"電子書籍"という呼び方に違和感を感じる。前述したように、今までの紙の本と"電子書籍"は別のものとして考えたほうが、紙の本か電子書籍かというような二者択一の議論は生まれなかったように思える。そもそも、なぜ紙の本に近づけようとするのだろうか。果たして、"電子書籍"が書籍(本)の体裁を保つ意味があるのか。保たなければならない理由は何なのか。

　筑瀬によれば、技術系の人達の紙への認識が甘いことを指摘している[16]。また、似たようなものを模倣することから技術開発が始まると述べている。これら以外にも原因はあるが、今ある"電子書籍"が"電子書籍"と呼ばれるようになったのは、それなりの理由が存在するようである。一般的に、人々は新しく出現したものに慣れるまで、ある程度の時間を要する。しかし、慣れてしまえばそれを当たり前のものとして使用することができてしまう。つまり、"電子書籍"と呼んでいるものも、いずれ人々は慣れ親しみ、当然のものとして使

---

[16]　筑瀬重喜「読書端末はなぜ普及しないのか」『情報化社会・メディア研究』5巻、33-40頁

用していくことができるようになるのかもしれない。

　最後に、読書の有用性は簡単ではあるがおおよそ認識できた。また、読書離れは電子書籍の誕生により、少しは解消されたことが分かった。現状では、紙の本と電子書籍の目的に応じた使い分けをすることがベストな選択である。つまり、読書媒体の選択肢が増えたのである。各個人が本を読むときに、各個人の好みや用途に応じた紙の本か電子書籍かを選択すればよいと考える。

＜参考文献＞
○インターネット

＊鳥取県「平成24年度子ども読書に関するアンケート結果について」〈www.pref.tottori.lg.jp/secure/724723/250423houkokuta.pdf〉（引用日：2015.12.5）

＊杉山侑「購入冊数に見る学生の活字離れの実態」〈www.bunkyo.ac.jp/~mediares/2013/sya3/2013sugiyama.pdf〉（引用日：2015.12.5）

＊酒井邦嘉「脳は紙の本で鍛えられる」〈http://mind.c.u-tokyo.ac.jp/Sakai_Lab_files/.../KLS2013JNg.pdf〉（引用日：2015.12.18）

＊文化庁「平成25年度「国語に関する世論調査」の結果概要」〈www.bunka.go.jp/tokei_hakusho.../h25_chosa_kekka.pdf〉（引用日：2015.12.18）

＊第52回（平成22年度北海道図書館大会）開催概要　〈www.library.pref.hokkaido.jp/.../qulnh00000002267.pdf〉（引用日：2015.12.18）

＊第一印刷「本のサイズ（判型）と本の種類」〈https://daiichiinsatsu.co.jp/200_support/2313_booksize.html〉（引用日：2015.12.18）

＊公正取引委員会「電子書籍市場の動向について」〈www.jftc.go.jp/cprc/reports/index.files/cr-0113.pdf〉（引用日：2015.12.18）

○論　文

＊立教大学「「読む」学生が育つ大学教育を求めて―若者の読書実態と授業実践を始点として―」『大学教育開発研究シリーズ』No.19

＊國本千裕、宮田洋輔、小泉公乃、金城裕奈、上田修一「読書行為の次元」〈http://user.keio.ac.jp/~ueda/papers/reading0811.pdf〉（引用日：2015.12.18）

＊猪原啓介、楠見孝「読書習慣が語彙知識に及ぼす影響―潜在意味解析による検討―」〈www.jstage.jst.go.jp/article/jcss/19/1/19_100/_pdf〉（引用日：2015.12.18）

＊吉田真弓、川島一夫「読書への意欲と意味づけ：読書量と読書に対する評価」『信州大学紀要』112巻、169-179頁

＊森忠繁、折原茂樹、千家令子「学生の読書に関する調査：―属性別分析―」『近畿医療福祉大学紀要』9巻、95-73頁および7巻、151-158頁

＊國本千裕、宮田洋輔、小泉公乃、金城裕奈、上田修一「読書行為の次元：成人を対象としたフォーカス＊グループ＊インタビュー」『日本図書館情報学会誌』55巻、199-212頁

○図　書

＊宮腰賢編『大学生活と読書』（慶應義塾大学、1999）

＊大阪教育大学生涯教育計画論研究室、大阪教育大学付属図書館『大学生の読書と電子メディア利用に関する調査研究』（大阪教育大学生涯教育計画論研究室、2000）

＊朝比奈大作、米谷茂則『読書と豊かな人間性』（放送大学教育振興会、2015）

＊天道佐津子編著『読書と豊かな人間性の育成』（青弓社、2011）

＊酒井邦嘉『脳を創る読書』（実業之日本社、2011）

＊苧阪直行編『小説を愉しむ脳』（新曜社、2014）

＊佐々木俊尚『電子書籍の衝撃』（ディスカヴァー＊トゥエンティワン、2010）

＊川崎堅二共著『電子書籍で生き残る技術』（オーム社、2010）

第3章　ゼミ生が考える電子出版・電子図書館の最前線

第8節

投稿型インターネットサービスと著作権

大野　穂波

（立命館大学文学部日本文化情報学専攻3回生）

◇概　要

　1990年代以降のデジタル化、ネットワーク化に伴い、著作権のあり方はアナログ時代から大きく変容してきている。著作権法は頻繁に改正を重ねてきてはいるが、デジタル化、ネットワーク化の進行に追いつけず現実の社会の実態との乖離が大きくなってきていることが現状である。その中で近年、YouTubeやTwitterなどといった、誰もがコンテンツを提供し得る新しいインターネットサービスが新たに普及してきた。本稿では、そのような投稿型インターネットサービスにおいて発生した事例を取り上げ、デジタル社会における著作権の問題を明らかにする。

◇キーワード

　著作権、デジタル化、ネットワーク化、YouTube、Twitter

1.　はじめに

　著作権とは、小説や絵など芸術分野の作品を制作者が排他的に支配しうる権利のことである。他人の著作物を利用しようとする者は著作権者の許諾を受けなければならず、無断で利用するときは著作権の侵害となる。権利の侵害をすると、罰則の適用を受けるほか、著作権者から差止請求や損害賠償請求を受けることになる。著作権は、クリエイターが収入を得て、芸術文化活動を活発にするために存在するが、近年のデジタル化とネットワーク化の進行によってそ

178

の役割、範囲が問題になってきている。デジタル化により簡単かつ完璧なコンテンツの複製が可能になったこと、ネットワーク化によりそのコンテンツを瞬時に世界中に発信することが可能になったことが原因である。権利者の被害は甚大なものであり、それを防ぐために著作権法は改正を重ねてきている。

本稿では、デジタル時代の訪れによって生じた著作権に関係する問題の中から、YouTube や Twitter などの投稿型インターネットサービスに関する問題を取り上げる。投稿型インターネットサービスで起こった事例を、投稿によって著作者の権利が侵害されることになる事例と、投稿者の権利が侵害された可能性がある事例の2つの側面から取り上げ、それぞれ考察していく。

なお本稿では、以下の単語を次のように定義する。

投稿型インターネットサービス：サービスの利用規約に同意してアカウントを作成することで、誰でも動画や文章などをインターネット上に公開することができ、お互いにそのコンテンツを見ることができるサービスのこと。

2. 先行研究

インターネットへの著作権法の対応については、堀之内清彦が『メディアと著作権』においてまとめている[1]。

それによると、1990年代後半にインターネットが世界で急速に普及し始めてから、インターネット条約の必要性が叫ばれるようになった。そして1996年にWIPO著作権条約とWIPO実演・レコード条約が採択され、日本では1997年にこれに対応した法改正が行われたという。ここで新たに整理・制定された公衆送信権等を規定する第23条は、以下のとおりである。

> 第二十三条　著作者は、その著作物について、公衆送信（自動公衆送信の場合にあつては、送信可能化を含む。）を行う権利を専有する。
> ２　著作者は、公衆送信されるその著作物を受信装置を用いて公に伝達する権利を専有する。

著作権法上にはインターネットという用語はなく、公衆送信権という用語に

---

[1]　堀之内清彦『メディアと著作権』（論創社、2015 年）

第 3 章　ゼミ生が考える電子出版・電子図書館の最前線

包摂されている。「デジタル化、ネットワーク化による権利者の被害は甚大なものであり、それを防ぐために著作権法は改正を重ねてきているが、その効果は十分でない」と堀之内は指摘している。

　また、デジタル技術の進展による、著作権法と現実とのずれについては長尾真監修の『デジタル時代の知識創造』において中山信弘が指摘している[2]。それによると、従来コンテンツの複製は技術を備えた業者にしか行えないものであったため、現行の著作権法は出版における複製権を中心に規定されているという。しかし技術の発展により、コンテンツの複製は一般人にも可能になった。そのため、「デジタル技術を用いた何らかの行為を行おうとすると著作権の侵害になることが多い」という。技術の発展により、一般人は著作権により行為を規制されるようになり、企業も著作権侵害を恐れて行動を萎縮させる可能性が出てきた。このことについて、中山は「著作権の蔓延も企業の萎縮も好ましいことではない」と主張している。

3.　投稿型インターネットサービスにおける事例
3.1　ユーザーによる著作権侵害

YouTubeは、2005年の5月にアメリカで起業されたサービスである[3]。インターネットを通じて、世界中の人がオリジナルの動画を共有することができる。現在では、ユーザーは10億人を超え、1日の視聴回数は数十億回にのぼる[4]。

　世界中の人がつながり、情報を交換し影響を与え合うことができるとして人気のサービスである。日本のニコニコ動画や中国の Youku などのような同種サービスも世界中に存在して、人気を博している。その一方で、このような動画投稿サイトでは、TV 番組の録画や CD 音源をそのまま投稿したものなどのように、権利者の許諾を得ていない動画が多く投稿されることも事実である。TV 番組を権利者に無断で投稿した場合、複製権（著作物を再製する権利）と公

＊2　中山信弘「インターネット時代の著作権制度」（長尾真監修『デジタル時代の知識創造変容する著作権』角川学芸出版、2015年、41-64頁）

＊3　YouTube「YouTube について」〈https://www.youtube.com/yt/about/ja/〉（引用日：2015-12-16）

＊4　YouTube「統計情報」〈https://www.youtube.com/yt/press/ja/statistics.html〉（引用日：2015-12-16）

衆送信権（著作物を放送したりインターネットにアップロードしたりして公に伝達する権利）の侵害になる。

　ユーザーが権利者に無断で動画を投稿した場合、著作権の侵害をしたのは誰になるのか。動画を無断で投稿したユーザーが侵害者になるのは明白であるが、動画投稿サイト側にも責任があるのではないかという主張も存在した。それを示すのがアメリカでYouTubeを相手取って行われた裁判である。

　以下では、この裁判を例に挙げて動画投稿サイトの責任について考察する。

3.1.1　Viacom 事件

　原告はViacom社とその他の映画会社、被告はYouTubeおよびその親会社のGoogleである。Viacom社はアメリカの巨大メディア会社であり、ケーブルテレビ局向けチャンネル事業や映画会社などを傘下に持つ。2007年3月に原告は、YouTubeが提供している動画投稿共有サービスによって、自らの著作権が、直接的および二次的に侵害されているとして被告を訴えた。

　具体的には、Viacom社が権利を持つ約16万本のビデオクリップが、無許可でYouTubeに掲載され、15億回を超える閲覧回数があるとして約10億ドルの損害賠償と著作権侵害行為の差し止めを求めたものである。

　それに対し被告の Google 側は、「YouTube は著作権者の法的な権利を尊重している」として訴訟に受けて立った。裁判の経緯は以下のとおりである。

2007年3月　ViacomがYouTubeをニューヨーク州南部連邦地裁に提訴
2008年4月　修正訴状提出
2010年6月　Google側勝訴の判決、Viacomは控訴
2013年4月　巡回控訴裁判所を経て、再びGoogle勝訴
2014年3月　和解を発表（和解条件は非公開）

　このように最終的な「和解条件」は非公開であったが、裁判においては、YouTube 側の主張が認められる結果となり、賠償金は支払われなかった。

　この裁判で重要なポイントになったのは、digital millennium copyright act（デジタル千年紀著作権法、以下DMCA）に定められた「ノーティス・アンド・テイクダウン」という概念である。DMCAとは1998年に成立し、2000年に施

第 3 章　ゼミ生が考える電子出版・電子図書館の最前線

行されたアメリカの改正著作権法である[5]。主に音楽や映像などのコンテンツの不正な複製の防止を目的としている。この法律の512条に定められた免責条項によると、サイトの運営者は、著作権保有者から連絡を受け、著作権侵害コンテンツを削除すれば、侵害の責任を問われないと規定されている。これが「ノーティス・アンド・テイクダウン」である。

　裁判が行われる以前に、Viacom は DMCA に基づく要望書を提出し、YouTube はそれに応じて動画の削除を実行していた。しかし Viacom は、YouTube が著作権付きの動画を無許可でアップロードする行為をやめさせるための有効な対策を講じていない上に、著作権侵害のコンテンツが存在することを歓迎していると主張して訴えるに至った。

　裁判では、DMCA の免責条項が YouTube に適用されるか否かが争点となった。裁判所は、DMCA の定めるコンテンツ削除の条件が、「著作権の侵害が存在するという一般的な認識を意味しているのか、それともむしろ、個々の投稿についての特定かつ同定可能な侵害に関する現実のまたは擬制的な認識を意味しているのか」が重大な問題であるとした。

　その上で判決では、DMCA 適用の条件は、個々の特定の投稿についての侵害を認識していることだと判断した。さらに裁判所は、一般的な侵害に対する認識や、侵害的な素材を投稿するユーザーの気質についての認識を原因として、ユーザーの投稿のいずれが著作権を侵害しているか発見する義務をプロバイダに課すことは DMCA の構造と効用に反すると指摘した。つまり、侵害行為を特定する負担は著作権の権利者側に存在するという判断であった。

　さらに Viacom と Google の裁判の他にも、Titan Media の名称でアダルト動画を提供することを事業とする Io Group 社が、動画投稿共有サイトを提供する Veoh Networks 社を著作権侵害だとして訴えた裁判もある。

　こちらの裁判でも、DMCA によって定められる「ノーティス・アンド・テイクダウン」が認められるかどうかが争点となり、判決は Viacom 事件と同様に動画投稿サイト側の主張が認められる結果になっている。

＊5　デジタル大辞泉「デジタルミレニアム著作権法」〈http://japanknowledge.com/lib/display/?lid=2001025753300〉（引用日 :2015-12-17）

182

3.1.2 考察

著作権付きの動画を無許可で動画投稿サイトにアップロードすることのメリットとデメリットについて、動画投稿サイト、違法動画投稿者、一般ユーザー（視聴者）、権利者それぞれについて考えてみると**表1**のようになるだろう。

明らかな権利侵害をしたのは動画投稿者であるが、逮捕される危険性は低いと言える。著作権侵害が親告罪であるために、動画投稿者が罪に問われるには権利者による告訴が必要になってくるからである。違法動画の投稿者のすべてに対して権利者が訴訟を起こすことは無いに等しいだろう。自分に危険が及ぶ可能性が低いことから、動画投稿者は気軽に違法動画をアップロードしてしまうことが考えられる。

その一方で、現在の状態では権利者の負担が重すぎることが指摘できる。動画投稿サイトは削除要請に応じて指定された動画を削除するだけで責任を問われることはない。違法動画でも再生回数が増えれば広告収入が得られるのだから、権利者からの要求がない限り違法動画を取り締まるメリットはない。判決では原告の主張を認めなかったViacom事件の裁判でも、裁判所は「被告は、著作権侵害素材が、自身のWebサイトに置かれていることを一般的に知っていただけでなく、歓迎していた旨、陪審員は認定できるだろう。そのような素材はユーザにとって魅力的なものであり、その利用の増加は、侵害コンテンツと非侵害コンテンツの区別なく、Webサイトの特定のページに表示される広告から、被告が得る収入を増加させた。」と判断している[6]。

現状では、違法動画を減らすための活動は、ほぼ権利者に求められているといえるだろう。

表1　無許可で動画投稿サイトにアップロードすることのメリットとデメリット

	メリット	デメリット
動画投稿サイト	再生回数が増え、広告収入が増加する。	削除要請に従って削除しなかった場合、責任を追及される。
動画投稿者	承認欲求が満たされる？	逮捕される可能性がある。
一般ユーザー	無料で動画が視聴できる。	特になし。
権利者	動画が話題になり、収入につながる可能性がある。	本来得られるはずの収入を失うことになる可能性がある。

---

* 6　奥邨弘司「動画投稿共有サイト管理運営者と著作権侵害（1）：民事責任に関する日米裁判例の比較検討」〈http://hdl.handle.net/2115/45722〉128頁（引用日：2015-12-16）

第3章　ゼミ生が考える電子出版・電子図書館の最前線

　しかし、YouTube が「著作権センター」というページを設け、権利者が侵害動画を見つけたときの通知の方法などを掲載しているのも事実である＊7。また、動画投稿者に向けた Web ページでは「動画を収益受け取りの対象にできる条件」という項目を用意している＊8。「コンテンツの作成者であるか、コンテンツを商用利用する権利を所有している。」「すべての音声コンテンツと動画コンテンツについて商用利用の権利を所有していることを証明する文書を提出できる。」というように明記されていて、違法にアップロードした動画では広告収入が得られない仕組みになっている。その試みの成果であるかは不明だが、筆者の実感として、YouTube にテレビ番組をそのまま投稿した動画は数年前と比較して減っているように思われる。

　それでも、動画投稿サイトは YouTube だけではなく、違法に動画をアップロードする投稿者は 1 人だけではない。一つの動画を削除したところで、別のサイトに別のユーザーが同じ動画をアップロードする可能性もある。そのすべてを把握して削除要請を出すのには、権利者に大きな負担がかかる。よって、違反行為を行う者の危険性が少なく、権利者に負担を強いる現在の状態には問題があると考えられる。

3.2　ユーザーの著作権

　前項では投稿者による著作権の侵害について考察したが、つぎに取り上げるのは、投稿型インターネットサービスにおけるユーザーの権利である。具体的には、Twitter での "つぶやき" の権利について考察していく。

　Twitterは2006年 7 月に開始されたウェブサービスである＊9。ユーザーが日常的な出来事や考えを140字以内で投稿することができ、お気に入りのユーザーをフォローすることで、気軽にそのユーザーの投稿を見ることができるようになる。また、他者の投稿を自分のフォロワーにそのまま紹介するリツイートという機能が特徴的である。Twitterはサービス開始以来、世界中でユーザー

＊ 7　YouTube「YouTube での著作権」〈https://www.youtube.com/yt/copyright/ja/〉（引用日 :2015-12-17)

＊ 8　YouTube「動画を収益受け取りの対象にできる条件」〈https://support.google.com/youtube/answer/97527〉（引用日 :2015-12-17)

＊ 9　情報・知識 imidas 2015「ツイッター」〈http://japanknowledge.com/lib/display/?lid=50010A-124-0293〉（引用日 :2015-12-17)

を獲得し、2015年9月現在では月間アクティブユーザーが約3億2000万人に
のぼる[10]。このTwitterについて、2つの事例を取り上げて考察したい。

3.2.1　新聞による違法複製

まず取り上げるのは、だいす@Saikoroidによる2015年6月のツイートで
ある。あるユーザー（中村悠一@nakamuraFF11）が投稿した内容と新聞のコ
ラムの2つの画像を投稿して、ユーザーの投稿内容を新聞社が盗用したと主
張している。現在は確認することができなくなっているが、6月18日の時点
で1500件以上リツイートされていて、批判的なコメントが多く寄せられた。
しかし、新聞社や元のユーザーからコメントが出されることは特になく、現在
でも新聞記事の電子版は公開されている。

　この件で、中村悠一@nakamuraFF11のツイートについて著作権は認めら
れるのだろうか。著作権法第二条第一項第一号によると、権利が保護される
著作物の条件は「思想または感情を創作的に表現したものであつて、文芸、学
術、美術又は音楽の範囲に属するもの」である。中村悠一@nakamuraFF11の
ツイートの内容は以下のとおりである。

> AM9:00店員さん「ご一緒にポテトはいかがですか？」
> 中村「じゃあポテトもください。」
> 店員さん「ポテトは11時からしか受け付けておりませんが…？」
> 中村「」

このツイートが著作物であるかどうかを判断する観点を3つに分けて考え
る。「思想または感情を」については、人の発言をそのまま文章にした投稿内容
なので、ただの事実の羅列にも思えるが、人によっては4行目の「」に感情を
感じる可能性がある。「創作的に表現」については、前述のとおり事実の羅列で
あるため、認められないと考えられる。「文芸、学術、美術又は音楽の範囲に
属するもの」については、あてはまるとすれば、文章であるため「文芸」であるが、

---

*10　Twitter「Twitterの利用状況」〈https://about.twitter.com/ja/company〉（引用
日:2015-12-16）

第3章　ゼミ生が考える電子出版・電子図書館の最前線

文芸の定義がはっきりしないため判断ができない。なお、短い文章では、俳句や短歌は一般的に著作物として認められるが、キャッチコピーは認められないことが多い。

筆者は、中村悠一＠ nakamuraFF11 のツイート内容は著作物として認められない可能性が高いと考える。しかし、著作物の基準は曖昧で、実際には裁判の判決が出ていないため、この結論はあくまでも予想である。

3.2.2　# アホ男子母死亡かるた

次に取り上げるのは、Twitterで投稿された内容を無断で書籍にまとめようとした例である。概要は以下のとおりである。

2012年10月にTwitterでイシゲスズコ＠suminotiger考案のハッシュタグ「#アホ男子母死亡かるた」が人気になった。ハッシュタグの内容は、母親には理解不能な息子の行動を自虐的にかるた風に表現したもので、多くの母親から賛同を集め、テレビに紹介されるなどもして人気を博した。

その約1年後の2014年1月に、ユーメイドが出版予定の本『アホ男子かるた』（甘井猫著）を公開。その内容の多くが「#アホ男子母死亡かるた」の投稿作であったにもかかわらず、投稿者やハッシュタグ発案者に対して許可を得ていないことが発覚し騒動になった。

これに対しユーメイドは、同年1月30日に発売無期延期を発表した。その際に、投稿者に無許可で出版するという判断に至った根拠について、「関係各所に問い合せた結果、ブロードキャストでのツイート利用に関するガイドラインに準拠した形での利用は問題ないとの判断に至った」と説明している[11]。

「# アホ男子母死亡かるた」の投稿内容は、著作物として認められるのだろうか。前述の中村悠一＠ nakamuraFF11 のツイートと同じように事実の羅列であるとも考えられる。しかし、こちらの例の場合はハッシュタグに投稿することで「理解不能な行動に翻弄されるが、やはり息子が可愛い」という投稿者共通の感情を表現していると考えることができる。さらに、短い言葉ではあるが内容をかるた風に表現しているため、より創作性を認めることができる。そのため、著作権が認められる可能性が高いのではないだろうか。その場合、書籍に

---

[11]　現在この発表を確認できるのは画像のみである。

まとめる際には著作者の許可が必要になるため、ユーメイドの行為は違反的であると考えられるだろう。

3.2.3 Twitter のガイドライン

ここまで、Twitter でツイートの著作権について触れてきたが、ここで Twitter 公式による、ツイートの利用に対するガイドラインについて取り上げたい。これは、テレビやラジオなどの情報メディアが Twitter での利用者の投稿を利用する際のガイドラインである。前述のとおり、ユーメイドも「ブロードキャストでのツイート利用に関するガイドライン」を根拠に『アホ男子かるた』の出版を決定・発表している。現在では、Twitter 社のホームページでこれに該当するページは「放送メディア内のツイート」となっている[12]。

それによると、Twitter 社は、ガイドラインに則している限り、放送メディアで Twitter を利用することを促進していて、使用の際に特別な許可は必要ないとしている。

ガイドラインの定める、メディアのすべきことは、以下の3点である。

・フルネーム、@ユーザー名、タイムスタンプ、ツイートテキスト、およびプロフィール画像を表示する。
・ツイートが放送内に表示されている間はツイートのすぐ近くにTwitterバードを含める。ロゴの表示に関するガイドラインに必ず従ってください。
・ツイートのフルテキストを使用する。ツイートテキストの編集または改変は、元のユーザーの許可を得た場合にのみ認められます。

さらに、してはいけないこととして以下の2つを定めている。

・ユーザーのアイデンティティ情報を削除する、不明瞭にする、または変更する。ただし、ユーザーのプライバシーに関する懸念など、特別な事情がある場合は、ツイートを匿名の状態で表示することができます。
・タイムスタンプを除外する（技術的な制限がある場合は除く）。

このようにTwitter社は、元のツイートを誰が投稿したかわかる状態で使用

---

*12　Twitter「放送メディア内のツイート」<https://about.twitter.com/ja/company/broadcast>（引用日:2015-12-17）

写真1　ゼミ発表「投稿型インターネットサービスと著作権」

する場合に限って利用を認めている。ユーメイドが出版を予定していた書籍、『アホ男子かるた』はハッシュタグ「#アホ男子母死亡かるた」の内容を、元の投稿者が分からない状態で漫画にしたものであった。よってガイドラインに従っているとはいえない。ガイドラインに準拠していたから出版しても問題ないという株式会社ユーメイド側の主張は認められない。さらに、このガイドラインは放送メディアを対象にしたものである。放送メディアの範囲については、「放送には、既存のまたは今後開発されるメディアの情報配信（あらゆる形式のテレビ、ラジオ、衛星、ビデオ、閉回路無線、電子セルスルーなど）による、ツイートの表示、配信、送信、再生、公演、公開表示が含まれます（ただしそれらに限定されません）。」とガイドラインに記述があるとおり、限定されていない。基準が曖昧なところではあるが、書籍が放送メディアに含まれると断定することは難しいのではないだろうか。

3.2.4 考察

以上2つの事例を取り上げてきたが、この2つに共通することは、権利の侵害をした可能性があった新聞社や出版社が法的な制裁を受けることはなく、多くの人の反対意見が寄せられるに留まったという点である。この点について考察したい。

現在、著作権法によってTwitterの投稿を守ることはできていないだろう。今回取り上げた2つの事例以外にも、人気のツイートが他のユーザーによっ

て全く同じ文章で模倣される、いわゆる「パクツイ」が多く見られることからも
それがうかがえる。

　このようにTwitterの投稿が無断で複製されることが多い原因は、投稿され
る文章が140文字という少ない文字数であること、簡単にコピーして自分の文
章として再投稿することが可能なこと、多くのユーザーにとって投稿内容はイ
ンターネット上に無数に存在して消えていく文章の１つでしかないという認識
であること、などが考えられる。たしかに、Twitterなどのようにインターネッ
ト上に投稿される文章は、一般人が思うままに書いていて、編集者などプロの
手が加わっていない。出版される書籍などと比較して洗練されているとは言え
ないだろう。しかし現在、Twitterが個人の意見や感情を文章で表現するツー
ルとして重要な役割を果たしていることも事実ではないだろうか。

　著作権法第一条には、「この法律は、著作物並びに実演、レコード、放送及
び有線放送に関し著作者の権利及びこれに隣接する権利を定め、これらの文化
的所産の公正な利用に留意しつつ、著作者等の権利の保護を図り、もつて文化
の発展に寄与することを目的とする。」とある*13。つまり著作権は文化の保
護と発展を目的としているということである。デジタル化が進む現代では、イ
ンターネットに投稿される文章も重要な文化になってきているのではないだろ
うか。よって、インターネットに投稿される文章にも作者の権利が認められ、
保護されるようになっていくことが望まれる。

　一方で、書籍『アホ男子かるた』が、一般のユーザーの意見に押される形で出
版が中止になったことも重要であると考えられる。現行の著作権法では著作
権侵害は親告罪であるため、罪に問うには権利者が告訴する必要がある。し
かし、訴訟を起こすには多くの手間や費用が発生する。そのため、個人が著作
権の侵害を訴えるには非常に高いハードルがあることが現状である。その中で、
ユーメイドにより書籍『アホ男子かるた』が出版されていたら、インターネット
に投稿された文章は自由に利用できるという認識が増してしまっていただろう。
Twitter の投稿内容を無断でまとめた書籍が出版される、という前例を作らな
かったことは評価されるべきであると考える。

---

*13　「著作権法」<http://law.e-gov.go.jp/htmldata/S45/S45HO048.html>
　　（引用日 :2015-12-17）

4. おわりに

デジタル化、ネットワーク化の進展に伴い、著作権は出版社やメディア関係者のみの問題にとどまらないものになってきている。YouTubeなどの動画投稿サイトへの違法アップロードやダウンロードなどのように、一般人も著作権侵害の加害者になる可能性が出てきている。さらにそれだけではなく、Twitterに投稿した内容の無断書籍化の例のように、著作権侵害の被害者になることもデジタル化、ネットワーク化の進展以前より増加しているのではないだろうか。

そのどちらにおいても、投稿型インターネットサービスの普及が原因の1つとして考えられる。簡単な登録だけで、誰もがコンテンツを発信できるようになったことは好ましいことではある。しかし、そのことにより著作権の問題が一般の利用者にとっても身近になったことを忘れてはならない。

また、投稿型インターネットサービスの事業者の果たす役割も重要になってくるだろう。現状では、著作物の権利者、投稿型インターネットサービス事業者、著作権を侵害する者の三者を比較すると、権利者の負担が大きいことが指摘できる。この先、さらにデジタル化、ネットワーク化が進んでも芸術文化活動が活発に行われるために、権利者が公正に評価されることが求められていると考える。

＜参考文献・URL＞
＊イシゲスズコ「スズコ、考える。」〈http://suminotiger.hatenadiary.jp/〉（引用日:2015-12-17）
＊岡田斗司夫・福井健策『なんでコンテンツにカネを払うのさ？―デジタル時代のぼくらの著作権入門―』（阪急コミュニケーションズ、2011年）
＊奥邨弘司「動画投稿共有サイト管理運営者と著作権侵害(1)：民事責任に関する日米裁判例の比較検討」〈http://hdl.handle.net/2115/45722〉（引用日:2015-12-16）
＊福井健策『著作権とは何か―文化と創造のゆくえ』（集英社、2005年）
＊福井健策『著作権の世紀―変わる「情報の独占制度」』（集英社、2010年）
＊知財情報局「米バイアコム、著作権侵害でユーチューブとグーグルを提訴」〈http://news.braina.com/2007/0315/judge_20070315_001＿＿＿.html〉（引用日:2015-12-17）
＊知財情報局「YouTubeに著作権侵害問えず、グーグルがバイアコムに勝訴」〈http://news.braina.com/2010/0624/judge_20100624_001＿＿＿.html〉（引用日:2015-12-17）
＊知財情報局「グーグルとバイアコム、YouTube著作権侵害訴訟でついに和解」〈http://news.braina.com/2014/0319/judge_20140319_001＿＿＿.html〉（引用日:2015-12-17）
＊宮崎美和子「ツイートの無断転載本は有りか無しか？『アホ男子かるた』大炎上のその後」〈http://otakei.otakuma.net/archives/2014052104.html〉（引用日:2015-12-17）

第9節

User Generated Content とノベル
尾崎　航平
（立命館大学文学部日本文化情報学専攻3回生）

◇概　要

近年、ニコニコ動画やYouTubeをはじめとする、ユーザーが自由に作品を
投稿し、別のユーザーが自由にこれを閲覧するというサービスが急速に影響力
を強めている。このようなサービスは電子機器の発達と共により身近に感じら
れるようになったのではないだろうか。サービスの中でも、ノベルというジャ
ンルでは、2000年頃より多くの作品が投稿されるようになった。

現在でも多くのサイトが運営されており、書籍化等の動きもある。本稿では
これらのユーザーが投稿した作品を User Generated Content と呼び、その中
でもノベルについて、現存するサイトの比較、共通する問題点を考察する。

◇キーワード

User Generated Content、ユーザー、ノベル、コメント機能

1.　はじめに

現代、私たちを取り巻く電子機器は日々発展の一途をたどっている。電子機
器の発展は充実した電子サービスのみをもたらしたわけではない。人々が作品
を作成、発表する場をもたらしたのである。ガラパゴスケータイと呼ばれる携
帯電話端末が出現した際に話題となった「ケータイ小説[*1]」に始まり、今で
はスマートフォンやタブレット端末が普及したことで、専門知識が必要な編集
作業をせずともクオリティの高い動画を個人が作成出来る環境が整っているの

第3章　ゼミ生が考える電子出版・電子図書館の最前線

である。更には、その作品を投稿することで不特定多数の人に閲覧してもらい、評価を受けることができる専用のサイトが存在する。今ではYouTube[2]に投稿した動画につけられる広告の収入のみで生活する「ユーチューバー[3]」と呼ばれる人々もいるのである。

この「ユーチューバー」の存在からも言えるが、これら個人が作成した作品が発表される場が非常に注目されているのである。この社会に絶大なる影響力を持ちつつある投稿作品だが、一方でモラル等に反する作品が多く投稿される可能性を秘めている。犯罪の様子を動画として投稿していた青年が逮捕された「つまようじ動画[4]」の事件は記憶に新しい。

私は投稿される作品の中でも、ノベル作品に注目する。ケータイ小説の普及時から注目を受けていたノベルの投稿作品は、現在でも多くのサイトが運営されており、人気作品の書籍化等のメディア展開も盛んに行われている。一方で、現在話題になるのは動画作品の方でもある。「ケータイ小説」からはじまったノベルの投稿、その現在の問題を現存するサイトやこれまでの事例から検討する。

2. User Generated Content

本稿では、投稿作品を「User Generated Content」（以降UGCと表記する）という言葉で表す。「User Generated Content」とは「ユーザーが独自に制作、編集したコンテンツ全般を指す[5]」言葉であり、近年の電子機器の発展とともに、動画作品の投稿が増加している。

また、Twitter[6]等のつぶやきもUGCと言える。多数のアクセスにより注目される作品もあり、ノベルや漫画作品であれば書籍化、音楽作品であればCDの発売等のメディア展開もなされる。動画作品であれば企業により広告がつけられる等して、製作者に収入として入るということもある。

＊1　携帯端末で読むことができる小説。主にガラパゴスケータイでの作品がこう呼ばれる
＊2　YouTube.LLC が運営する動画共有サービス。2005 年開設。
＊3　YouTube の動画につけられる広告費を投稿者として受け取り、主にその収入で生活する人のこと。また、YouTube を常習的に利用ているヘビーユーザーを指す場合もある。
＊4　少年が店の商品に爪楊枝を刺して穴を開ける、異物を混入させる等した動画をYouTube 上にアップロードし、炎上した事件。少年は逃走を図ったが、逮捕された。
＊5　Japanknowledge（手嶋彩子）より引用
＊6　「Twitter 社」が運営する簡易ブログ。短文を不特定多数の人に公開する。2006 年運営開始、2008 年から日本語利用可能となった。

現在、このUGCは新しいコンテンツの一つとして非常に注目されているものなのである。その一方でこれらのUGCで度々問題となるのがモラルの問題である。前述の「つまようじ動画」事件のような犯罪動画の他、著作権を無視するような作品も投稿されることがある。

これらのUGCは、基本的に専用のサイト、アプリに投稿されることがほとんどとなっている（これらのサイトを以降「UGCサイト」または「UGCアプリ」と呼称する）。動画では「YouTube」「ニコニコ動画[*7]」が非常に有名である。これらのサイトは、閲覧や投稿自体は基本的に無料であることがほとんどであり、オプションを追加するために一部課金が必要となっている。

また、閲覧者がその動画にコメントをつけることができる機能を備えているサイトが多い。コメントで感想を作者に伝える他、他人への紹介にも使うことができるというシステムである。つまり、UGCはユーザーが独自に作成した作品であり、UGCサイトやアプリケーションで投稿、閲覧が可能であるということである。

3. 研究手法と範囲、定義付け

本稿では、以下の2点の定義付けのもとに進める。

① UGC：ユーザーが独自に作成した作品。専用サイト、アプリケーションにて投稿及び閲覧が可能

② UGC サイト、UGC アプリ：UGC の閲覧及びユーザーからの投稿を受けるサービスを行うサイト又はアプリケーション。コメント機能等を備え作者を含めた他者に作品の評価を公開できるものであり、基本無料である。

研究手法としては、現在存在するノベル対応の UGC サイト、アプリの現状を把握し、それらを比較検討することで、ユーザーが多々あるこれらのサイトをどのような使い分けをしているか、また共通する問題点を検証する。さらに、実際にあった事例等も検証する。

研究範囲はノベル作品を取り扱うサイトに限定する。ただし、問題点の事例としては他サイトの例も検証対象とする。

[*7]　ドワンゴが開設、その子会社のニワンゴが運営する動画共有サービス。2006年開設。

4. ノベル作品を取り扱う UGC サイト

4.1 ノベル作品を取り扱う UGC サイト

UGCサイトの中でも、ノベル作品を取り扱うサイトに投稿された作品には、有名になったものが多数存在するが、そのサイト名自体はあまり知られていないものが多い。ケータイ小説の人気を広めたもので有名なのが「Mobage*8」と「魔法のiらんど*9」である。「Mobage」に投稿された『王様ゲーム』と「魔法のiらんど」に投稿された『恋空』は書籍化にとどまらず、漫画、映画等も作成されたあまりに有名な作品であると言える。

筆者はノベル作品を取り扱うUGCサイト、アプリのうち、「Mobage」内で扱われていた小説投稿サービスを独立させた「E★エブリスタ」、当時からそのまま運営されている「魔法のiらんど」に加え、積極的な書籍化にも力を入れる「小説家になろう*10」と、特徴的な会話表現が可能なアプリケーション「comico*11」の4つについて比較を行う。

4.2 E★エブリスタ

「E★エブリスタ」は「Docomo」及び「DeNA」の2社の共同出資によって運営されている株式会社「エブリスタ」が2010年より運営している小説投稿サイトである。このサイトは元々、2006年から運営されてきた「モバゲータウン」内に存在した小説投稿の機能のみを独立させたサイトである。

「E★エブリスタ」のサービスとしては、基本的にノベル等の文章作品を主に取り扱うサービスとなるが、漫画作品の取り扱いも存在する。パソコンと携帯端末の両方から閲覧が可能である。一般の作品は基本的に無料での閲覧、投稿が可能となっている。ただし、「E★エブリスタ」が一部作者の作品を有料閲覧としている。有料閲覧の対称は書籍化等のメディア展開がされた作品が多いように見受けられる。さらに書籍化には積極的なサイトであり、定期的に小説大賞を実施している。元々の前進サイトである「モバゲータウン」は現在

＊8　サイト「モバゲータウン」がリニューアルされたサイト。2006年開設。

＊9　「KADOKAWA」が運営するガールズエンターテイメントサイト。1999年開設。

＊10　個人が作成、運営していた小説投稿サイト。現在は「ヒナプロジェクト」が運営する。2004年開設。

＊11　スマートフォン向けの電子コミックアプリケーション。2013年サービス開始、小説版のサービスは2015年から開始。

第 9 節　User Generated Content とノベル

「Mobage」と名称を変更しているが、そちらのサイト内にも「エブリスタ」が運営する小説投稿機能が残されている。これは携帯端末のみからの利用となる。

図1は携帯端末から作品、「ブラックアウト2」を閲覧した場合の「E★エブリスタ」におけるノベルの表記形式である。「E★エブリスタ」では作品はすべて横書きとなっている。作者にもよる部分があるが、改行は基本的に多い。次のページボタンを押すことで読み進めていく方法となるが、スクロールは少なめに設定されていることがほとんどであり、1ページごとの文章量は非常に少ないのが特徴とも言える。ページ下部にその作品のページ数と現在のページ数が出るようになっている。ページ数が作品によっては非常に多くなるため、しおり機能があり、閲覧途中の段階を保存できる。また、目次内に各章のはじめのページにジャンプできるように設定されたボタンが用意されている。コメント機能も充実しており、コメントに対するコメントが書き込める他、コメント機能がページの下部にも設定されており、現在閲覧中のページからでも直接コメントを書き込むことができるという機能があるのも特徴といえる。

4.3　魔法のiらんど

「魔法のiらんど」は、「KADOKAWA」が運営する「ガールズエンターテイメントサイト」である。1999年から運営がされており、現在あるUGCサイトの中でも比較的古くより運用されてきたサイトであると言える。

サービス内容は小説の投稿だけではなく、音楽やHP作成、ブログ等の非常

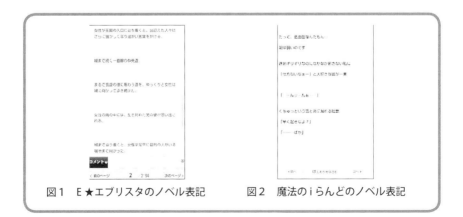

図1　E★エブリスタのノベル表記　　図2　魔法のiらんどのノベル表記

に幅広く充実したサービスとなっている。登録制であり、登録さえ行えばほとんどの機能が基本無料で使える。「魔法のiらんど大賞」という名称で独自の文学賞を開催している。

図2は携帯端末から作品「my darling」を閲覧した場合の「魔法のiらんど」のノベル表示形式である。すべての作品が横書きである。こちらも作者による部分はあるが、改行多めの作品が多い。次のボタンをおして読み進める方式も同じだが、ページ下部についているのは「しおり」機能のボタンである。1ページあたりの文章量も多くはない。

4.4　小説家になろう

「小説家になろう」は「なろう」の愛称で親しまれる人気があるUGCサイトの一つである。サイトの開設は2004年である。もともとは個人が開設したサイトではあったが、アクセス数の増加に伴い、グループ、そして法人での運営に切り替えられ、現在は「ヒナプロジェクト」が運営している。

サービスとしては文章作品のみの提供となっているサイトである。複数の出版社と共同で文学大賞を開催しており、書籍化にはかなり力を入れているサイトである。すべての作品が無料で閲覧でき、投稿も無料である。また、閲覧のみに特化した複数の派生サイトを持つという特徴もある。投稿された作品は自動的にジャンル分けされ、それぞれのジャンルに対応するサイトに登録されるという仕組みになっている。

また、他のサイトとの大きな違いがある。TXTファイルでの作品のダウンロード機能及びPDFファイルによる縦書きへの変換機能が存在するという点だ。これによりサイトに接続しない状態でも作品を読むことや、縦書き状態で読むことが可能となっている。PCからの閲覧、投稿が主となっているが、携帯端末からでも容易に閲覧、投稿が可能である。また、閲覧者側の機能としては、登録した作者が作品を投稿、更新した場合に通知を受け取ることが可能となっている。

図3は携帯端末から作品「無職転生」を閲覧した場合の「小説家になろう」のノベル表記である。基本横書きであるのだが、前述のとおりPDFファイルにより縦書きへの変換機能を備えるため、縦書きでの閲覧も可能である。改行は通常の紙媒体の書籍と同程度である。文章量は多めでスクロールする量は多め

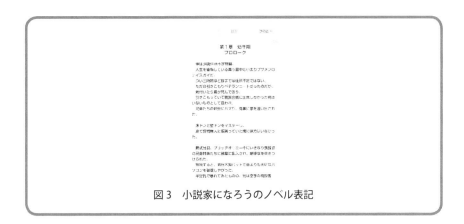

図3　小説家になろうのノベル表記

といえる。話ごとにリンクが用意されており、目次のページから移動することが可能となっている。

4.5 comico

「comico」は2013年よりサービスを開始したスマートフォン向けのアプリケーションである。「タテ読みタダ読み」がコンセプトであり、閲覧、投稿が無料なのを売りにしている。韓国IT企業のネイバー株式会社の日本法人、NHN PlayArtが運営、開発している。サービス開始当初は漫画作品のみのサービスであったが、2015年春よりノベル版のサービスを開始した。スマートフォン向けのアプリケーションではあるが、投稿はパソコンからのみ可能である。

「comico」のサービスは他のUGCアプリとは異なる。主なサービスは運営側が選出した公式作家が毎週作品を更新するというものであり、アプリケーションの利用者は基本的にこの公式作家の作品を閲覧することになる。作品の一話ごとに作者側からのコメントも同時に掲載されるなど、作者側と閲覧者側とのコミュニケーション性は非常に高いものがある。

UGCアプリとしての側面としては、「チャレンジ」というサービスが存在する。このチャレンジというサービスではパソコンから一般の人が作品を投稿できる仕組みになっている。「comico」ではこのチャレンジの機能を利用した作家大賞を行っている。チャレンジで人気の作品や、この作家大賞で優秀作品に選ばれた場合、書籍化ではなく、公式作家としてアプリケーションに参加でき

図4　comicoのノベル表記

るということになっている。また、漫画作品は単行本の発売やアニメ化も行われ、メディアへの展開は比較的積極的である。また、運営側がユーザーとコミュニケーションをとる企画も開催されるなど、ユーザーのことを考えた運営に力を入れている。すべての作品を無料で楽しめるが、2015年秋より、作品を他者に進める際の基準となる「おすすめボタン」を押す回数に課金できるシステムを採用した。

図4は携帯端末より公式作品「雨の日の物語」を閲覧した場合の「comico」でのノベル表記である。他に紹介したサイトとは大きく違うことが画像からも見て取れるが、一番の特徴は会話文の表現だ。横書きの文に、スマートフォン向けのメッセージアプリケーション「LINE＊12」でのやり取りを彷彿とさせる会話表現は他のUGCサイト、アプリでは見られない特徴だ。また背景の色を作者が自由に変更できる。

図4ではブラックであるが、基本のホワイトをはじめ、ブルー、ピンク、イエローが用意されている。一話ごとの区切りは比較的短めだが、会話分の表現もあってスクロールは多めになっている。

4.6　それぞれの比較

それぞれ特徴のあるサービスであるが、それらを比較すると共通する機能も

＊12　韓国企業ネイバーが運営するメッセージ交換アプリケーション。2011年サービス開始。

第9節　User Generated Content とノベル

存在する。まずは閲覧者側からのコメント機能である。それぞれが一話ごとの
ものもあれば作品ごとのものもあるのだが、閲覧者側が作品を読んでの感想を
作者、及び第三者に伝えることができる機能としてコメントの機能が備えられ
ているのである。

　また、これらのサービスは閲覧数や「オススメ」ボタンの押された回数等から
ランキングを作成し、上位の作品は他者の目に付きやすい位置にリンクが作ら
れる等優遇される。また、Twitter 等の SNS を使用した共有機能も備えている
点は共通している。

　ここで、現在それぞれのUGCサイトに登録されている作品数を見てみる。
2015年12月現在、「E★エブリスタ」では漫画作品も含め約230万作品が投稿
されている。「魔法のiらんど」では約107万の作品が投稿されているが、恋愛
を描く作品が非常に多いという特徴があった。「小説家になろう」では約35万
の作品が投稿されているが、こちらはやや、ライトノベルと呼ばれるものに近
い形の作品が多い。「comico」においてはチャレンジ作品はまだサービスの開
始が最近であることが要因してか、作品数は１万に満たない。

　表記の点を比較すると、「E★エブリスタ」及び「魔法のiらんど」はサイトの
運営開始時の主流であったガラパゴスケータイに適応した形の表記となってい
るといえる。そのため、パソコンでの閲覧は非常に見にくい形となることが多い。

　一方の「小説家になろう」は携帯端末やパソコン等あらゆる形に適応し、閲覧
の時と場所を選ばない利点がある。「comico」はパソコン、ケータイ端末の両
方からの閲覧が可能ではあるが、LINE 風の会話表現があることから、ケータ
イ端末からの閲覧が好ましいと思われる。漫画主体のアプリケーションならで
はの独特の表現法であると筆者は理解している。

5.　UGC サイトで起こりうる問題

5.1　発生しうる問題

　このように、UGCサイト、アプリではそれぞれの創意工夫がなされており、
ユーザーの自由な表現の場、そして閲覧の場となっているのである。しかし、
それらのアプリでは度々発生している問題が存在している。

　私は特に注視すべきであると考えた「作品のモラル」「運営からの削除」「コ
メントによる荒らし行為、及び炎上」「作品埋没の危険性」の四点を考えたい。

写真1　ゼミ発表「User Generated Contentとノベル」

5.2　作品としてのモラル

はじめにの段階で紹介した「つまようじ」動画の事件。これは店の商品につまようじを刺しているシーンを動画にしたものをYouTubeに投稿した少年が逮捕されたという事件である。このような犯罪行為の動画がアップされることもあるという危険性がある。多大な影響を及ぼすまでになってしまったUGCサイトに投稿されたこのような動画は閲覧者の気分を害する他、模倣犯を生み出す可能性を秘めているのである。

このように、他人の気分を害する可能性のある作品は基本的には投稿するべきではないという意識はあるように感じられるが、それ以上に問題となってしまうのが著作権の問題である。

テレビで放送されているアニメやCDに収録されている音楽等の投稿、また盗作の作品の投稿はそれぞれのUGCサイトで禁止されている行為である。運営側も著作権を持つ会社や個人からの要請があればすぐに削除する方針であるが、これらのUGCは非常に作品数が増えているというのが現状である。つまり、このような要請に対応するだけでは投稿の速度に追いついていないのである。

作品数が増えるがゆえに全てをチェックするという体制は整わない。著作権やモラル違反の作品が残ってしまうこともしばしばである。

5.3　運営からの削除

モラル違反の作品や著作権法違反の作品を削除するのは運営が行っているこ

第 9 節　User Generated Content とノベル

とである。しかし、その削除は時に行き過ぎたものとなってしまうことが指摘されている。「comico」の運営はこの点、非常に厳しい体制を敷いている。「性的表現の禁止」をはじめとして厳しい規約が存在しているのだが、その実線引きが曖昧だと指摘されることがある。

「comico」にて公式作品として連載されていた作品に「保留荘の奴ら」という作品がある。この作品は作者が実在する殺人鬼等の犯罪者をモデルにしたキャラクターを用いてギャグマンガ風に死後の世界を描いた作品としてランキングでも常に上位をキープする人気作品であった。

しかし、かなりのきわどい「性的表現」「血等が飛び散る殺人の描写」等チャレンジでは削除対象になりうる表現が多々用いられていたのである。また、実在する殺人鬼たちの殺人を美化するような描写をしていた。さらに世界的にデリケートな問題となりうる、独裁者「ヒトラー」をモデルとしたキャラクターが登場していた。このキャラクターはその他のキャラに比べ明らかにモデルがわかる状態で登場していた。

これらのことが重なり、コメントからもアプリの対象年齢にあたる中学生、高校生に読ませるべき内容ではないとの批判があがったのである。この事態を重く見た運営は「保留荘の奴ら」の連載を打ち切り、閲覧不能な状態にしたのである。

この作品は公式作品であったことから作者側の同意は得ていたと思われるが、多くの伏線を残した状態での終了は作者も意図しなかったことであることは明らかである。しかも、ユーザー側には告知せず閲覧不能な状態にしてしまった運営の行動は明らかに問題があったといえる。ただ、この作品を残しておいて、チャレンジでの描写はNGとされたチャレンジ側の作者は納得できないという状態を作り出す危険性はあったことからも閲覧不能というのは妥当な判断であったと言える。ただ、急に作品を読めなくなってしまった閲覧者側のショックもあったはずである。

削除の権限は作者と運営の二者しか持っていない。運営側からの削除という点に関して言えば、作者の意思ではないことが明らかである。「comico」のチャレンジの事例では作者からのコメントにて、明らかに運営側からの通告なしに削除に至ったというものも見受けられる。自由に発表する場において、その権利が侵されているというのは非常に問題があるのではないだろうかと考える。

201

5.4 コメントによる荒らし行為、炎上

コメント機能は作者が閲覧者の感想を知るために有効な機能であることは間違いないのだが、その一方で心無いコメントを書き込むことで一方的に批判、もしくは攻撃する行為が発生する。また、作品に対して批判が殺到することで短時間に大量の書き込みが起こる事例もある。前者の事例を「荒らし行為」、後者の事例を「炎上」という。

まずUGCサイトで言われる「荒らし」という言葉は「電子掲示板(BBS)・チャット・SNSなどインターネットを使ったコミュニケーションの場で、そこに集まる人々が不快に思う妨害行為を頻繁に行うこと。また、その人[13]」のことをいう。また「炎上」とは「(比喩的に)インターネット上のブログなどでの失言に対し、非難や中傷の投稿が多数届くこと。また、非難が集中してそのサイトが閉鎖に追い込まれること。祭り。フレーム。フレーミング」のことをいう。

「Mobage」内ではコメントに対するコメントがつけられる機能があったことを紹介したが、この機能により炎上することがあった。批判的なコメントを書くとその作品が好きな人たちがそのコメントに対する批判を大量に書き込むなどの荒らしが発生、炎上となることになるのだ。

ネットスラングになるが、作品を支援し、批判に対しての攻撃を行う人たちのことを「信者」、対称的に作品に対して批判的なコメントを書きこむ等の荒らし行為を行う人たちのことを「アンチ」と呼ぶ。この信者とアンチの言い争いに近しいコメントによって、普通のコメントを見ることができないような状態となってしまう場合が存在する。

5.5 作品埋没の危険性

UGCサイトにおける作品の数は増加の一途をたどっているわけだが、同時に作品が読まれない状態となってしまう事例が考えられる。作品が多く、ランキングが上位の作品が優遇され、目につきやすい状態となるというのはどのサイトでもあることだ。ただその場合、新しく投稿された作品や人気ない作品の閲覧が一向にされないということが起こりうる。

「comico」においてはチャレンジ作品は二つの種類に分けられている。すべ

---

*13 Japanknowledge（デジタル大辞泉）より引用

第 9 節　User Generated Content とノベル

表1　【ノベル】ベストチャレンジ作品とは？

チャレンジ作品より一定の条件を満たした場合に選出される作品です。

★　「ベストチャレンジ作品」選定条件★
☆　comico のガイドラインに沿った作品であること。 ☆　文章が日本語で、小説として読める形式になっていること。 ☆　審査開始までの 1 ヶ月以内のオススメ数が全話の合計で 10 以上、かつオススメ 　　した読者数が 10 人以上であること。

※一部例外がございます。　comico のチャレンジ作品規定より抜粋

ての作品がチャレンジ作品として登録されるが、「ベストチャレンジ」作品とい
う一定の条件を達成した場合のみに登録されるものとに分けられる。規定の条
件はノベル版においては、**表1**のとおりである。この場合問題となるのは3つ
目の規定である。10 人以上からおススメをしてもらえない場合はベストチャ
レンジに登録されることはない。ベストチャレンジになった場合、スマートフォ
ン用アプリにおける閲覧が可能になる。つまり、ベストチャレンジに登録され
なかった場合、アプリケーションでは作品は見てもらえないということになる。
読まれない作品をさらに目が付きにくい位置に置かれることになるのだ。

　他のアプリやサイトにおいてもランキング外の作品は並び替え機能において
も見えにくい位置におかれることになりかねない。読んでほしいために投稿を
行ったにもかかわらず、閲覧者側から目につきにくい位置についてしまうとい
う問題が発生するのである。

5.6　問題点

　これらの問題はすべてノベルに限定した話ではない。しかし、ノベル版にお
いて深刻な問題になりうる事柄である。これらの問題を解決することは非常に
難しいといえるのだが、改善されなければ自由な表現の場が失われてしまう可
能性が非常に高いのだ。

6.　おわりに

　現在、多くの UGC サイトは利用され、作品は増加している。作品等の表記
形態等に差異がみられるが、すべてのサイトにおいてコメント機能を備える
ことで作者が求める批評等が第三者から受けられる環境は整っているといえる。

203

それぞれのサイトによってはこの表記や、ほかに投稿される作品の傾向から投稿者、閲覧者側で使い分けがなされているといえる。

その一方で、問題もある。作品の増加により、個々の作品が埋没する可能性がある。自由なコメント機能により、モラル違反が発生し、現状でも問題となっている。また数が多く、著作権の管理が困難である点も問題といえる。自由な表現を行える場の提供という点では非常に優秀な UGC サイトだが、権利が侵害される危険性は常にある。本稿ではノベル版のサイトの検証を行ったが、問題点として挙げたものはあらゆるサイトでの共通する問題であった。ノベル特有の問題についても検証は必要であると考えている。

これら UGC サイト、アプリは非常に素晴らしい作品提供の場をユーザーに与えてくれた。しかし、いまだに多くの問題があることは否定できない状況となっていると考える。これらを完全に解決することは難しいと考える。しかし、本稿で明らかにした問題点がより良いサイト作りに生かされることで、より良いサービスが生まれると考える。

<参考文献>
＊魔法の i らんど〈http://maho.jp/〉 2015/12/15 閲覧
＊Mobage〈http://www.mbga.jp/〉 2015/12/15 閲覧
＊E ★エブリスタ〈http://estar.jp/.pc/〉2015/12/15 閲覧
＊comico〈http://www.comico.jp/〉 2015/12/15 閲覧
＊小説家になろう〈http://syosetu.com/〉2015/12/15 閲覧
＊植村八潮『電子出版の構図』印刷学会出版部 2010 年
＊福島聡『紙の本は、滅びない』 ポプラ社
＊川崎堅二、土岐義恵『電書籍で生き残る技術』オーム社 2010 年
＊竹内祐太、片倉弘貴、南澤孝太、舘暲
＊『触覚コンテンツの創作・共有を目的としたオンラインプラットフォームの構築』
＊日本バーチャルリアリティ学会論文誌 Vol18, No3 2013 年

第10節

インターネット時代における
楽譜の流通過程とその存在意義

尾関　麻利亜

(立命館大学文学部日本文化情報学専攻3回生)

◇概　要

　現在、楽譜は店頭や図書館、インターネット上からも得られる。スマートフォン、タブレット型端末が普及する以前から存在した、インターネット上での楽譜 (PDF) 掲載だけではなく、アプリケーションという形でも楽譜を入手できる。それぞれの楽譜の入手方法・使用形態を分析・比較、問題点にも着目し考察することで、楽譜の存在意義について論じていく。

◇キーワード

　楽譜、図書館、IMSLP (国際楽譜ライブラリープロジェクト)、PDFミュージシャン、ぷりんと楽譜

1.　はじめに

「音楽をする、たしなむ、極める」といった言葉は、いまやクラシック音楽、ジャズ音楽に関してだけに用いられるものではない。現代音楽の多様化につれ、より多くの人に音楽は親しまれ、趣味として確立されている。

　では、どのように楽譜は取得され、使用されているのか。取得、使用という段階で考えると、主に以下の4つの方法が挙げられる。

　本文では、以下の(1)〜(4)について、調査、分析するものとする。(1)図書館利用によって入手する方法、(2)書店 (器楽書店を含む) で購入する方法、(3)オンラインショップ等の通信販売、電子図書館からデータをダウンロードし、印刷

（まれに表紙のある）する方法、(4)iPad、iPhone等でデータをダウンロードし、電子端末上に表示する方法である。

　それぞれの楽譜の入手方法・使用形態を分析・比較、問題点にも着目し考察する。

2. 楽譜の図書館利用

　国立国会図書館における複写に関しては、「リサーチ・ナビ　楽譜」に注意点が記載されており、まとめると**表1**のように規定されている。

　図書館での楽譜の複製には、法律に基づく規制が定められており、国立国会図書館だけではなく、他の図書館でも規定がある。

　自分自身だけが使用する楽譜を手に入れようと思うと、図書館では入手できないことが多い。しかし、現代では各家庭にプリンターがあってもおかしくないのが現状で、各コンビニエンスストアにもコピー機が置かれているとあっては、法律に基づく図書館の規定だけで、人間の行動を制限できるとは言えないだろう。

　CARS（楽譜コピー問題協議会）が行ったアンケート調査では以下のような結果が分かっている。全国音楽高等学校協議会に加盟している学校の音楽教師、講師、実技講師を対象とし、郵送でアンケートを行った。

　回収期間は2007年11月17日～12月20日で、78校761部中99件の返答、13％の回答率が得られた。授業での利用などのため、楽譜をコピーした経験があるのは99％、生徒が楽譜をコピーすることについて、7.1％は問題ない、49.0％はやむを得ないと回答した。さらに、著作権の認知度は97.0％であり、

表1　楽譜の図書館利用の条件

原則：楽譜集・歌詞集であっても、原則として著作権者の許諾なしには、1曲全部の複写はできない。

- 最新号以外の雑誌・新聞に掲載された楽譜の複写は全部可能。
- 個々の楽譜・歌詞の半分まで（1ページ以下の楽譜・歌詞は複写不可）。
- 著作権保護期間内である著作物の「一部分」を超えて複写する場合、書面で著作権者の許諾を受ける。
- 許諾書には著作権者の記名・押印が必要。

出典：国立国会図書館「リサーチ・ナビ　楽譜」〈https://rnavi.ndl.go.jp/research_guide/entry/theme-honbun-101079.php〉（閲覧日：2015.6.26）

高い割合で著作権は認知されているものの、やむを得ずとして無断コピーをしている、もしくは生徒が無断コピーする行動を黙認していると分かった*1。

　教員という立場では、「著作権」に関して、よく知られていても不自然ではない。だが、身近に図書館と関わりなく生活する人々は、「著作権」や「複製に関するルール」は耳にしたことがあっても、明確に理解し、実行している人間は少ないのかもしれない。

3. 店頭販売された楽譜

　販売形態としては、冊子状のものとピースと呼ばれる1曲のみが製本されたものとある。

　冊子売りの楽譜には、作家ごとだけでなく、イベント、テレビ番組、ジャンル別などにまとめられた特集編もみられる。店頭販売の利点として、現物を手に取り、他社製品と見比べるということが可能であるということがいえるかもしれない。実際に、演奏するという動作をしながら見る必要のある楽譜は個人によって求められる譜面の記され方や難易度が異なってくる。自分の手に取り、楽曲の中身を細部まで見定められるというのは重要だ。

　音楽が以前よりも日常生活に浸透し、軽い趣味として始める人も多い。消費者の多くはピース楽譜を求めるようだ。「欲しいのはその1曲だけ、後はどちらかと言えば求めていないのに、冊子で購入するのは躊躇われる」というのは当然の心理であろう。様々な楽譜を取り出してはしまうという行為を繰り返すことができるという利点に際して、店頭販売者は買い手のニーズに応えるために、ピース楽譜を本棚に並べる。より多くの楽曲のピース楽譜を用意し、管理する。

　しかし、1曲だけのピース楽譜はかなり薄く、背表紙もないため、作品番号順にしろ、50音順にしろ、並べても、買い手は求める一冊を見つけにくい。さらに、左右に詰められて並ぶ店頭の本棚に1度取り出したピース楽譜をまた戻すことの繰り返しで薄いピース楽譜は傷んでいく。ちょっとでも折れていたり、破れていたりすると買い手がつかない。

---

*1　CARS（楽譜コピー問題協議会）「楽譜コピーに関するアンケート調査」2008.4
　　〈http://www.cars-music-copyright.jp/index.html〉（閲覧日：2016.1.6）

第3章　ゼミ生が考える電子出版・電子図書館の最前線

　一方で、バーコード表のみでピース楽譜を販売する書店もある。閲覧希望者は店員に店の奥から取ってきてもらうことになる。書店販売員の負担は増える上に、自由に読み漁るといった行為ができなくなっている。どちらにしろ、ピース楽譜においては、現物を手に取り、他社製品と見比べるということが可能であるという店頭販売ならではの利点が新たな問題を生み出している。

4.　インターネット利用

4.1　オンラインショップ、ネットオークションで楽譜を購入する

　求めている特定の楽譜が決まっているのなら、インターネット通販サイト、インターネットオークションで検索し、購入することが可能である。新品製品はもちろんのこと、中古製品として安値で購入することもできる。楽譜の中身をすべて確認することはできないが、店頭に足を運んで探さずとも、出先の空いた時間に購入手続きをしてしまえば、後は郵送されるのを待つだけである。

4.2　PDF をダウンロードする

　インターネット利用で入手できる楽譜には、店頭で販売されているバーコードの付いた楽譜（4.1）と、PDF 化されたデータをダウンロードし、得られる楽譜である。ここからは後者の PDF 化された楽譜について述べる。

　PDF 化された楽譜を入手するにも様々な方法がある。インターネット回線を使用できる環境であれば、誰にでも入手できる。

⑴ PC サイトとコンビニの活用―『ヤマハ』ぷりんと楽譜―

　例えば、ヤマハが運営する「ぷりんと楽譜」という有料ダウンロードサービスがある。国内最大級の品揃えがされている。無料の会員登録制度があり（登録なしでも購入可能）、原理は一般のネットショップと同じで、購入したい楽譜をカートに入れ、購入手続きに進む。楽譜は 1 曲ごとに購入可能で、値段は税込108円～様々である。クラシックのみならず、流行の楽曲もあり、ピアノ、エレクトーン、ギター、合唱、バンドスコア、管楽器、吹奏楽器、アンサンブル、弾き語り、連弾等の豊富な演奏スタイルから選択できる。

　決済方法は、クレジットカード、楽天 ID、ケータイ、電子マネー、セブンイレブン、ローソン、ファミリーマート、サークル K サンクスのコンビニエ

208

ンスストアのマルチコピー機で楽譜を印刷するシステムがある。購入したい楽譜の番号を入力するだけで支払いから楽譜印刷までをコンビニエンスストアで行える。PC サイトは携帯電話、スマートフォンでも利用できる。自宅にプリンターがない人でも、簡単に、そして 24 時間いつでも、コンビニエンスストアで楽譜を購入できるという利点がある。

さらに、「ぷりんと楽譜」の利点はそれだけではない。支払方法によっては、自宅で楽譜（PDF）をダウンロードし、印刷することもでき、購入前に楽譜のサンプル、演奏する上での諸注意やアドバイスが書かれた解説欄、動画配信サイト YouTube へのリンク付けによる演奏動画を閲覧でき、購入者が楽譜を吟味するための要素が与えられている。

ヤマハグループが手掛ける楽譜配信サービス、そしてコンビニエンスストアの活用は、買い手に安心してお金を支払わせる材料になると考える。書店に出向く時間も必要なく、ほしい時にいつでも楽譜を手に入れることができるといえる。

次に、インターネット利用で得られる楽譜として、より多く利用されているPC サイト、ペトリッチ楽譜ライブラリーについて述べる。本 PC サイトはもちろんのこと、他の PC サイトや個人 HP、スマートフォン、タブレットのアプリケーションにもリンク付けされて利用されている。

(2) 楽譜の電子図書 ―ペトルッチ楽譜ライブラリー（IMSL）―

国際楽譜図書館プロジェクト（International Music Score Library Project、Petrucci Music Library)ともいい、管理はプロジェクト・ペトルッチLLCが行っている。インターネット上で、無料で使用できる楽譜のバーチャルな図書館を作成しようとするものであり、いわゆる楽譜の電子図書館にちかい存在である。パブリックドメインになった楽譜を中心とし、さらに、作品を無償で共有することを希望する作曲家の楽譜も掲載しており、楽譜の種類も、総譜とパート譜といった複数種ある。利用者が自由にサイトを編集、追加、楽譜をアップロードすることが可能であるため、図書館としての完全な機能は果たしていないともいえる。現在、1万3493人の作曲家・10万435曲の作品・33万5714冊の楽譜・351人の演奏者・3万7905本の録音（2015.12.16）が閲覧できる。

利用者は免責事項に同意すれば、著作権がパブリックドメインもしくはクリ

エイティブコモンズのクラシック音楽作品の楽譜が PDF 等のファイル形式で、無料で入手できる。サイトのサーバーはカナダにあり、著作権についてはカナダの法律に基づいているが、入手時には、利用者自身がいる国（地域）の両方の著作権法その他各法規を遵守することが求められている。（『IMLSP』、『IT 用語辞典』）PDF 化された楽譜を印刷することで、無料で楽譜を入手でき、電子譜面に加工することができる。

　PC サイトや個人が設立した HP に、楽譜の PDF を掲載しているものがあるが、ペトルッチ楽譜ライブラリーで閲覧できる楽譜を掲載、もしくは、ペトルッチ楽譜ライブラリーへリンクするようにされている。後述するスマートフォン、タブレットのアプリケーションもペトルッチ楽譜ライブラリーを利用している。

　日本語検索はもちろん、検索できる言語がいくつかあるが、PC サイトのページ全てを翻訳されるわけではないので、膨大な曲数から必要な楽曲を探すのは苦労するかもしれない。また、ペトルッチ楽譜ライブラリーでは、メロディーから楽曲を検索することができ、カラオケアプリやリスモとは違い、鼻歌で検索するわけではなく、表示される鍵盤で音程を入力し、検索する仕組みである。PC サイトはスマートフォンでも利用でき、楽譜の閲覧、音声の再生は可能であったが、メロディーから検索するための鍵盤を押す作業は作用されなかった。

　ペトルッチ楽譜ライブラリーをはじめとする PDF 化された楽譜をより便利な機能と共に使えるスマートフォンアプリがある。例えば、「piaScore」，河合楽器製作所のコンピュータミュージック　「PDF ミュージシャン」、「ペトルッチ楽譜」といったものである。PDF 化された楽譜を電子端末に取り込み、表示することで楽譜を印刷することなく、楽譜を使える。楽譜を電子端末上の電子書籍のように扱い、ダウンロードした楽譜を管理・保存できる。タブレット端末を使用すれば、比較的大きな画面上に楽譜を表示することができ、紙媒体の楽譜と異なり、楽譜が荷物となってかさばることはない。さらに、電子端末ならではの便利な機能も搭載されている。

⑶　**電子端末のアプリケーション―コンピュータミュージック PDF ミュージシャン**
　河合楽器製作所が作成したアプリケーションで、iOS4.3以降、iPadに対応する。言語は日本語と英語があり、無料版、有料版（2000円）とある。無料版の追加可能な楽譜３つまで、認識できる楽譜のページ数は１ページのみ、アプ

リケーションダウンロード時から保存されているサンプル曲数が4曲なのに対し、有料版の追加可能な楽譜には制限がなく、楽譜の全ページ認識できる。サンプルとして保存されているのは12曲である。

このアプリケーションの特徴として、PDF楽譜認識技術がある。これは河合グループの独自開発で、内部の楽譜描画命令を解析して演奏データに自動変換し、譜面に沿って演奏音声を聴くことができる技術である。リズム譜、ドラム譜、タブ譜には未対応ではあるが、この技術により、iPad上でのPDF楽譜の自動演奏が実現した。

楽譜の取り込みは、Webブラウザ（無料楽譜配信サイトへのリンク付き）、Dropbox（ダウンロード）、iTunes（経由してPDFを同期）からできる。Webブラウザの無料楽譜配信サイトには、先に紹介したペトルッチ楽譜ライブラリーや、カントリーアン、Mutopiaプロジェクト、Choral Public Domain Libraryなどが紹介されている。

その他、便利な機能として、本棚表示、リスト表示機能やタグ付け検索、楽譜名の変更の可能、楽譜カバー色設定など楽譜を探す、管理・保存する上での便利な機能が搭載され、曲全体のイメージをつかむための自動演奏、特定の音の高さを確認するためのなぞり演奏、ポイント発音、楽譜を見ながら楽器を弾くメトロノーム、演奏同期の楽譜表示、自動譜めくり機能もある。さらに、練習中にメモの書き込みは必ずと言っていいほど行われると思うが、手書きメモとして色、太さが選べるペン機能もある。各音符の修正、付けたし、削除も可能だ。

電子端末1台で練習時に求められる機能のほとんどが実現可能となる。必要な楽譜さえダウンロードしてしまえば、PDF楽譜認識技術により、演奏動画を検索する必要もないため、インターネット接続を気にすることなく、自由な場所で練習ができる。

5. 紙媒体の楽譜 ―消費者からみた楽譜―

いくら安く、手間もそんなにかからないとはいえ、PDF化された楽譜を印刷して使用するのにも問題は生じる。PDF化された楽譜のほとんどに表紙がなく、もちろんページはつながっていない。自分で台紙に貼る、ないしはファイリングしなければならない。

211

第 3 章　ゼミ生が考える電子出版・電子図書館の最前線

写真 1　ゼミ発表「インターネット時代における楽譜の流通過程とその存在意義」

　ぷりんと楽譜と同様のシステムを持つ他の楽譜配信サービスで購入できる楽譜には、表紙絵があるものもあるが、店頭販売されるような厚紙の表紙は自分で用意するしかない。楽譜を使うということは、学生がレジュメを印刷し、席に着き、メモを書き込むのとは違う。ピアノの鍵盤の覆いを台座にして、また、多くは穴の開いた譜面立て、あるいはそのような類のものに楽譜を立てかけ、さらには、楽譜をしかるものに立てかけず使用する人もいる。
　練習の最中、楽譜にメモを書き込むだろう。ポチ袋の付いたファイルから譜面を何度も取り出し、メモを書き足す必要が出てくる。台紙に貼りつけずに使用すれば、グランドピアノでなければピアノ奏者は楽譜が立てかけられず、練習どころではなくなり、メモを書くたびに平らなボードに移す必要が出てくる人もいるだろう。
　しかしながら、ダウンロードしたデータを楽譜として印刷できるシステムは、簡単に素早く、手ごろな値段で楽譜を入手できる。サンプルや見本動画の確認ができるように工夫がされている PC サイトも多く、書店で手に取って楽譜を見比べ、吟味するという消費者が購入に至るまでに求める工程が、書店でなくてもできるようになってきている。わざわざ書店に行くほどの時間はないが、仕事の合間や移動中に楽譜を探すくらいの時間はある、というのが現代人ではないか。実際に手に取って楽譜を眺めるのとは、まったく同じ感覚でのものではないが、書店に足を運ぶ労力を省き、楽曲によっては無料で手に入るのなら、インターネットとプリンターを所持する人にはありがたいシステムである。

必要最小限のものをより安値で求める消費者が、ピース楽譜を好むのは当然だ。一般的書店では、ピース楽譜の管理も難しく、多種多様な楽譜が求められる。器楽書店ならまだしも、楽譜を専門に販売しているわけではない一般的書店で、消費者のニーズに応えなければならないとなると、コスト増加は必然だ。一部の書店のように、楽譜一覧のバーコード表だけを置き、製品を店頭には並べないという販売方法は、消費者が楽譜を抜き取り、また元に戻し……という一連の行動で、ピース楽譜が折れ、汚れるのを防ぐことができるだろう。しかし、書店にまで足を運び、店頭に並んでいない楽譜を求め、定員に声をかけるという行為がいかに消費者の手間となるか。自由に閲覧できないのならば、通信販売やPDF化された楽譜を自分で得るのと何ら変わりはない。

では、改めて楽譜を店頭で購入することの利点は何か。店頭販売されるような楽譜の価値とはなにか。出版社によって異なる楽譜の特質を見比べながら購入できることは大前提であろう。『IMSLP』のような楽譜配信サイト存在が、パブリックドメインの作家の楽曲をインターネットが利用可能な消費者に無料で楽譜を入手できる環境を与えている以上、楽譜の譜面内容だけを提供するのではいけない。消費者は、楽譜の内容だけではなく、見やすさ、デザインをみて購入するか判断する。自分でファイリングする手間と相対した楽譜の質のみに価格を払うことになるのかもしれない。

6. 電子媒体の楽譜

アプリ利用で電子媒体上に楽譜を表示し、利用できるシステムは、楽譜の量が増えても管理しやすく、持ち歩きも楽な点が利点としていえる。細かい譜面も拡大が可能といった電子端末ならではの機能が同時に利用できる。楽譜は一般には、黒インクで記されるため、楽譜へのメモ書きにカラーペンを使用することが多いのではないか。消せるインクペンも確かに存在するが、たいていの人が紙媒体の楽譜に書き込んだメモを消さずに残していく。電子媒体の楽譜は書いた文字もワンタッチで消せる。そのため、書き間違えたメモや不要となった注意書きを簡単に消すことができ、楽譜がメモでいっぱいで見づらくなることもない。

しかし、書き込みを簡単に消せてしまう機能は、楽譜に対する思い入れを薄れさせると考える。練習中に書き込んだメモは自分の軌跡を残す行為であると

第 3 章　ゼミ生が考える電子出版・電子図書館の最前線

考える。演奏家（どんなに軽い趣味として音楽を位置づけている人も含む）は、
発表会やイベントごとで演奏した楽譜を捨てずに大切に保管している。すべて
を捨ててしまう人は少ないだろう。演奏家にとって、楽譜はアルバムや寄せ書
きのような存在であると筆者は考える。うまくいかなかった部分や直した跡で
すら、後から、いとおしく、懐かしくなるものである。電子端末上には楽譜
がかさばらず保管できるが、無限ではなく、電子端末の容量にも関係している。
仕方なく捨てざるを得ない状況になるのは紙媒体の方が低いだろう。

7.　まとめ

　楽譜が思い出の品であると考える演奏家もいると述べたが、そもそも楽譜を
使用しないという人もいる。音楽を趣味としていたことのある人間に、楽譜に
ついて話を聞くと、演奏する音楽を何度も聴き、音を覚えていく、いわゆる耳
コピで、暗譜して演奏するという人がいた。バンドサークルに所属し、毎週、3，
4曲演奏を発表するため、楽譜を毎週探すのは手間であり、流行のポピュラー
音楽の楽譜は無料で入手しにくいためだという。バンドとして人に見せるとい
う行為に思い入れを感じているようであった。クラシック音楽を演奏するのと
違い、ポピュラー音楽を演奏するというのは、音楽を演奏する、というよりは
音楽をしている、楽しんでいるという表現が正しいのかもしれない。楽譜の形
態は様々にあるが、音楽をどのように捉えているかによって求められる楽譜の
形態も変わるのではないかと考える。

　　　＜参考文献＞
＊『楽譜コピー問題協議会(CARS)』〈http://www.cars-music-copyright.jp/qa.html〉(閲覧日：2016.1.6)
＊『IT 用語辞典 e-words』〈http://ewords.jp/w/%E3%83%91%E3%83%96%E3%83%AA%E3%83%8
　　3%E3%82%AF%E3%83%89%E3%83%A1%E3%82%A4%E3%83%B3.html〉〈http://itwords.jp/w/
　　E59BBDE99A9BE6A5BDE8AD9CE383A9E382A4E38396E383A9E383AAE383BCE38397E38
　　3ADE382B8E382A7E382AFE38388.html〉
＊『APPLION』、「PDF ミュージシャン（有料）」〈http://applion.jp/ipad/app/514502189/〉
　　　　　　　　　「PDF ミュージシャン（無料）」〈http://applion.jp/ipad/app/518997446/〉
　　　　　　　　　「piaScore」〈http://applion.jp/ipad/app/406141702/〉(閲覧日：2016.1.6)
＊『リサーチナビ　国立公共図書館』〈https://rnavi.ndl.go.jp/research_guide/entry/theme-
　　honbun-101079.php〉(閲覧日：2015.6.26)
＊『IMLSP』〈http://imslp.org/wiki/E3%83%A1%E3%82%A4%E3%83%B3%E3%83%9A%E3%8
　　3%BC%E3%82%B8〉(閲覧日：2015.12.17)
＊『JASRAC』〈http://www.jasrac.or.jp/profile/covenant/index.html〉(閲覧日：2016.1.6)

第11節

電子新聞が新聞社に求める変革とは何か

藤崎　聖夏

（立命館大学文学部日本文化情報学専攻３回生）

◇概　要

　電子新聞には、各新聞社独自の機能や特典が付加されるなどのメリットがある一方、様々なデメリットがある。この論文では、電子新聞が現在どのように展開されているかを把握し、今後の可能性と課題を考察した。そこで明らかになったことは、新聞社が電子新聞を新しいツールとしてではなく本紙を売り込むための特典として展開していることである。

　これは従来の広告システムや宅配システムからの転換という産業構造の根本的な課題を見失わせる可能性がある。今後、新聞社が電子新聞を提供するにあたって、新たな経済システムの構築が不可欠であると考えられる。

◇キーワード

電子新聞、ニュースサイト、新聞社、本紙、電子版、課金

1. はじめに

1.1　研究目的

　新聞の世帯購読率の減少が続き、各新聞社の経済環境はきわめて深刻な事態となっている。一方、出版業界では電子出版の取り組みが活発化し、書籍、雑誌などさまざまなコンテンツが電子化されている。そうした中、各新聞社は新聞記事の電子化─電子新聞サービスの提供を開始し、読者の獲得に努めている。

　しかし、電子新聞の体験版やスクラップ等電子新聞の一部機能の解禁などの

特徴を持つニュースサイトとどのように差別化を図り、そこから電子新聞の契約につながるかは、まだ先が見出せないところにある。デジタル・ネットワーク社会における「新聞」というメディアはどのような進展を遂げるのであろうか。

本稿は、電子新聞が新聞社においてどのように位置づけられ、それが将来どのような影響を与え、メディアの未来をいかにして変革させていくのかを考察することを目的とする。

1.2　定義付け

まず、電子新聞とは何を指すのかを定義しなければならない。

電子新聞は、「インターネット新聞」「デジタル新聞」「オンライン新聞」などの様々な呼称があり、明確な定義がない。この論文上では新聞社が持つ情報をインターネット上に新聞記事として公開する有料サービスを「電子新聞」とする。その形態は新聞社によって異なり、紙面をスキャンしたイメージをそのまま載せる新聞社や、記事文面を Web 上に書き起こして掲載する新聞社もある。一般的には電子版と呼ばれる。

また、電子新聞とは別に「ニュースサイト」という単語にも定義付けが必要である。ここでは、新聞社が電子新聞の販売を促進するために一部機能を無料で公開するサイトとする。多くの場合は無料会員登録が必要であり、登録を行うと電子新聞の機能が一部使えるようになる。

1.3　研究手法

この論文では、各新聞社の電子新聞および電子版誕生の経緯を整理し、その特徴を把握する。その際、いわゆる全国紙と地方紙に分け、それぞれ特有の取り組みがないかを徹底して調査する。その上で、共通する点と異なる点を比較し、今後の課題を提示する。

1.4　先行研究

全国五大紙で取り組まれている電子新聞の活動について、専修大学の今城、森本（2011）が比較分析を行っている。その中で、「どちらか一方のみで収益を上げることは現状では難しい。紙と電子の両立では、周辺業界や収益モデルとのバランス調整が重要となる。」*1 と述べており、本紙と電子版のどちらか

一方に頼り過ぎない収益モデルが望ましいと主張している。

　また、朝日新聞社大阪本社の筑瀬重喜は、電子新聞の議論において「デジタル・ネイティブ論」と「グーテンベルク銀河系の終焉論」を説き、本紙に対して「紙の多彩な特性のうち、反射性しか再現していない電子媒体を『電子ペーパー』と称したため、あたかもそれが書籍の代替を果たすかのように見られた。」[2]と主張している。電子新聞という新しいコンテンツが誕生したからといってもともと存在した本紙が廃止されるのではないが、「紙の底力を上回る電子媒体技術が出現すれば、本当の書籍や新聞の死が訪れるであろう。」[3]と述べている。

2. 素早い電子化の日経、後を追う各全国紙新聞社

　この論文で取り扱う電子新聞の取り組みが本格化したのはそれほど昔の話ではない。スマートフォンやタブレット端末の普及とともに急速に展開されてきたのである。この章では、いわゆる五大紙と呼ばれる日本の全国紙からいくつか例を挙げ、比較と分析を行う。

2.1　日本経済新聞「日経電子版」

　先陣を切って電子新聞の取り組みを始めたのは日本経済新聞社である。日本経済新聞社は、2010年3月に自社の新聞の電子版「日経電子版」のサービスを開始し、2015年7月現在その利用者は40万人を突破した。

　その特徴は、読者を三つのカテゴリーに分類した利用可能サービスの差別化である。まず、すべての読者は、①未登録無料会員として「日経電子版」の機能の一部を閲覧することができる。①は無料の日経IDを取得することで、②登録無料会員となり、一部の機能を解禁され利用できるようになる。さらに②は課金をすることで③登録有料会員となり、「日経電子版」のすべての機能を利用

＊1　今城彩、森本祥一「新聞各社の電子化に対する取り組みの比較研究」2011年、〈http://doi.org/10.11497/jasmin.2011f.0.15.0〉 3頁、12月18日確認

＊2　筑瀬重喜「媒体としての紙、その底力 電子新聞・電子ペーパーを巡る論議の先に見える世界」2012年、〈http://ci.nii.ac.jp/els/110009575993.pdf?id=ART0010027290&type=pdf&lang=jp&host=cinii&order_no=&ppv_type=0&lang_sw=&no=1450433988&cp=〉50頁、12月18日確認

＊3　注2に同じ

第 3 章　ゼミ生が考える電子出版・電子図書館の最前線

できるようになる。つまり、最初から電子新聞とニュースサイトが同じ土俵に立っており、好きなタイミングで切り替えることができるようになっている。

「日経電子版」のもうひとつの特徴として、レイアウトが挙げられる。フリーランスジャーナリストの本田雅一は「日経は、最初から新聞的レイアウトを捨て、ウェブブラウザーやスマートフォンそれぞれでの見やすさを重視した作りになっています」と述べている[4]。中途半端な新聞的要素を一切なくし、形態はニュースサイトとして記事の配置がなされている。

2.2　朝日新聞社「朝日新聞デジタル」

朝日新聞社は、かつて運営していたニュースサイト「asahi.com」を廃止し、2011年5月に「朝日新聞デジタル」を創刊した。もともとニュースサイトとして公開していたものに電子新聞の機能を加えたものである。

全国紙は基本購読者が住む地域独自の記事しか読むことができないが、朝日新聞社では新聞の電子化にともない「全国版」「統一版」として編集し直された記事を公開している。居住地以外で発信された記事や、全国5ヶ所に構える本社から発信される最終版の新しい記事をすぐに読むことができる。

また、あくまで「新聞」であることを意識した独自のレイアウトも特徴的である。朝日新聞社ではこれを「面」と呼んでいる。この「面」上に、ニュースサイトでもない紙でもない新たな表現方法で新聞を配信している。たとえば、新聞記事上で動画を再生できるようにしたり、電子新聞でありながら紙のような質感のテクスチャーを採用したりという工夫がなされ、一般的なニュースサイトとの差別化を図っている。そして、電子新聞ならではの機能も欠かせない。その代表的な例といえばスクラップ機能であろう。朝日新聞デジタルではまず紙面をスキャンした上でインターネット上のビューワーにセットし、それを開くことでテキスト版を表示したり、スクラップ保存することが可能となっている。

2.3　読売新聞社「読売プレミアム」

一方、読売新聞社が提供する電子新聞は、本紙を定期購読している読者限定

＊ 4　伊丹和弘「〈デジタル版対決〉日経 vs. 朝日 読んで得する電子新聞とは？」「Journalism 2011 年 12 月号」、11 頁。

218

の機能として提供している。2012年5月にサービスが開始されてから、「紙」こそが最重要のサービスであるという位置づけを明確に示し、現在に至る。

　本紙購読者限定のプレミアム感を売り込むため、読売新聞社はこのサービスにさまざまな特典を付加した。たとえば、スマートフォンで閲覧する際に便利な天気予報や鉄道運行情報、株価・為替、巨人戦の速報などが挙げられる。また、スマートフォン上に表示できる読売プレミアムの会員証を見せることで、提携する施設の入場割引を受けられるなどの特典もある。

2.4　全国紙の電子新聞の特徴と問題点

　全国紙が提供する電子新聞の最大の特徴は、本紙のみの購読では難しかった機能を充実させていることである。気になった記事を自由に選んで保存できる機能は今までスクラップしていた読者の手間を省くことができる。また、これも本紙のみでは手間のかかる作業であった過去記事検索機能は、電子新聞発行と同時にデータベースへの蓄積の役割をも担うことができ、直近の記事であれば新聞記事を探すためにわざわざデータベースを所持する施設に足を運ぶ必要がなくなったのである。

　さらに、読者の記事の閲覧状況を自動的に把握し、次回以降それに関連する記事を先頭に持ってくることができる記事編集機能も電子新聞ならではの特徴と言える。

　また、基本的にどの端末でも閲覧が可能であり、年代を問わない情報源として提供されている。たとえばサラリーマンには通勤の間に手軽に使えるスマートフォン版で忙しい間に読んでもらうことができ、主婦には家事の間にゆっくりタブレット版やコンピュータから直接記事を読むことができる。

　しかしながら、どの新聞社も共通して気軽に手が出せないような料金設定は疑問点の一つである。朝日新聞を例に考えると、本紙と電子版を合わせて購読すると一ヶ月の購読料に1000円が割り増しされる。購読料は地域によって朝刊・夕刊がセットで届く場所と朝刊のみが届く場所が分かれているため一律ではないが、ここでは朝刊・夕刊セットの地域の例を考える。その場合の購読料は月額4037円（税込）であり、そこに電子版の分の月額料金を加算すると5037円（税込）となる。また、電子版のみの購読料は3800円（税込）となっている。

一方、読売新聞でも朝刊・夕刊をセットで配達している地域と朝刊のみを配達している地域に分かれており、こちらも前者が4037円（税込）である。電子版と共に購読すると、プラス162円（税込）で4199円（税込）だ。どれも気軽に出せるような価格ではなく、敷居が高い。

3. 地方紙新聞社における、地域に密着した電子新聞

前項では、全国紙における電子新聞の現状の把握と考察を行った。その一方で、地方の新聞社も独自の電子新聞の売り込みを開始している。この章では、特徴ある地方の取り組みを比べ、考察を行う。

3.1 北日本新聞社「webun」

富山県に本社を構える北日本新聞社で公開されたサービス「webun（ウェブン）」は、新聞の電子化がなかなか進まない地方新聞の中では特に早く開始されたサービスである。このサービスは、「読売プレミアム」と同じく本紙を購読していないと受けられない。しかしながら、富山県外の未配達地域に住んでいながら実際には閲覧を希望している人が少なからず存在した。そのような人向けに特別会員という別のプランを提案した。値段は月額2100円である。また、「webun」の会員であれば電子版の「富山大百科事典」を無料で利用できる付加特典もある。

3.2 中日新聞社「中日新聞プラス」

主に東海地方に新聞を発行している中日新聞社では、2012年6月から開始した「中日新聞プラス」を、電子新聞コンテンツとして提供している。こちらも本紙を購読していないと利用することができないサービスである。定期購読者のうち、登録が無料である一般会員と、月額315円（税込）のプレミアム会員に分けられる。「中日新聞プラス」の最大の特徴はプレミアム会員の同居家族（5人まで）に対してもサービスを受けられることであり、一家で情報を共有することができる。

3.3 西日本新聞社「qBiz」

電子版を創刊するにあたり、西日本新聞社は九州地区の経済に関する情報に

重点をおいてサービスを開始した。月額432円であり、本紙の購読者は半額の月216円を購読料に上乗せすることで利用することができる。九州の経済に特化させ、全国紙や本紙との差別化を図っている。また、宮崎日日新聞社が提供する電子版サービス「みやビズ」との連携し、利用者の拡大を図っている。

3.4　地方紙の電子新聞の特徴と問題点

地方紙の特徴はまず地域に密着したコンテンツを展開しているところだろう。「qBiz」の九州の経済情報に絞った情報の公開や「webun」の付加特典である「富山百科事典」を無料で利用することができる権利は、各地域に住む人に対するニーズに合っているといえる。逆にいえば、その地域外に住んでいる人には必要ではない取り組みであると考える。

その一方で、各地方新聞社で提供している電子新聞の存在そのものを知らない人が一定数いることが問題とされている。これについては、中日新聞社電子メディア局長の伊藤嘉英が『新聞研究』2012年11月号の「デジタル分野で『中日モデル』を追及」で、「登録はしたものの、プラスのアクセスがない会員も一定数おり、日々アクセスを呼ぶようなコンテンツをつくることや告知をすることが課題となっている。」と述べており、宣伝の不足を問題視している。

4.　電子新聞の問題点と課題

前項までは、各新聞社における電子新聞の取り組みを把握し、それぞれ分析を行った。ここからは、電子新聞全般に共通する課題を明らかにする。

4.1　実際に売上に貢献しているのか

ここで、新聞社の総売上高と収入構成を整理したい。次ページの**図1**は、過去5年の新聞の総売上高の推移を示したものである[*5]。

電子新聞の取り組みが本格化してきた2010年以降の推移に注目したい。「日経電子版」が創刊されて1年後の2011年は若干の増加がみられたが、翌年以降は再び減少の一途をたどっている。

その一方で、電子新聞の契約数はどうだろうか。残念ながら、電子版のみの

＊5　日本新聞協会『日本新聞年鑑』2015年度版 465頁をもとに作成

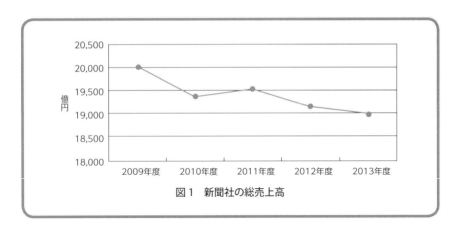

図1　新聞社の総売上高

購読数を示したデータは見つけることができなかった。そこで、日本経済新聞社が公開している「日本経済新聞 媒体資料 2015」[*6]を参考に、考察を続ける。日本経済新聞社はこのデータ上で、日経電子版の無料登録会員は約 275 万人であるが、そのうち約 43 万人が有料登録会員であると発表している。つまり、約 7 人に 1 人しか有料登録会員になっておらず、登録会員のほとんどが無料会員止まりになっているということだ。それはなぜか。

その原因は、「ヤフーニュース」に代表される「プラットフォーム型」のニュースサイトの存在があるのではないかと考える。「ヤフーニュース」は、多くの新聞社やその他ネットメディアの記事を大量に吸収し、それを一度に公開することに特化したニュースサイトである。記事の一部のみを公開し、会員登録をさせることで続きを読むことができる仕様に設定してある新聞社のニュースサイトとは違い、「ヤフーニュース」の記事は基本的に全文読むことができる。新聞が持つ情報は日常のニュースに限ったことではない。しかし、日常のニュースの情報だけが欲しい層にとっては「ヤフーニュース」があれば十分なのである。

4.2　電子新聞のターゲット

そもそも、新聞は誰が読んでいるのか。ここで、博報堂DYメディアパートナーズのメディア環境研究所が2015年 8 月に公開した「メディア環境の『イマ』メディア定点調査（東京）」[*7]をもとに、各年代の新聞の接触頻度を考えたい。

*6　〈https://adweb.nikkei.co.jp/paper/data/pdf/nikkeimediadata.pdf〉12 月 18 日確認

第11節　電子新聞が新聞社に求める変革とは何か

　この調査によると、調査対象となった620サンプルの週平均・1日あたりの
メディアの総接触時間は、383.7分であり、うち新聞は19.9分であったという
結果が出た。ちなみに、電子新聞を閲覧するための媒体となるパソコン、タブ
レット端末、そして携帯電話・スマートフォンの接触時間は、合計169.0分で
あり、新聞の接触時間と比べて圧倒的に長い。では、年代別に見てみるとどう
だろうか。データによれば、20代男性が一日に新聞を読む時間は10.7分、そ
れに対してインターネット上のメディア（パソコン、タブレット端末、携帯
電話・スマートフォンの合計）に触れている時間は262.7分という結果が出た。
20代男性のメディア接触時間平均値である423.0分のうちその半分をインター
ネットに費やしていることになる。一方、60代女性の平均新聞接触時間は
37.0分と、20代男性のそれと比べて倍以上に伸びている。しかしながら、イ
ンターネットの接触時間は65.4分という、20代男性と比べて大きな差が一目
で分かる結果が出た。
　読売新聞東京本社メディア戦略局デジタル会員事業部次長の西島徹は、『新
聞研究』2012年11月号の「『読売プレミアム』が目指すもの─ユーザー像を
見据えたサービス展開」で、以下のように述べている。

　　　今のところユーザー像をみると年齢の中央値は約50歳とスマートフォ
　　　ンユーザーの平均よりかなり高い。また性別は8割が男性で、当初想定
　　　した40歳くらいのビジネスマンというユーザー像とほぼ重なっている。

「読売プレミアム」のユーザー層は比較的高く、かつ概ね想定どおりであ
ると主張している。それに対し、ジャーナリストの亀松太郎は『新聞研究』
2013年12月号の「『ネットの新聞』の時代」で、以下のように述べている。

　　　「若者の新聞離れ」という言葉がよく使われるが、正確にいえば、新聞
　　　から離れていっているのではない。もともと「紙の新聞」を読む習慣を
　　　身につけることがないまま、「ネットのニュース」だけ読んでいればそ

＊7　〈http://www.media-kankyo.jp/wordpress/wp-content/uploads/teiten2015.pdf〉12月
　　18日確認

223

■ 第3章　ゼミ生が考える電子出版・電子図書館の最前線

れで十分だと考えているのである。

　「メディア環境の『イマ』メディア定点調査（東京）」の分析から分かるように、20代の若者は年配層と比べて圧倒的にインターネットに触れている時間が長い。亀松は、若者が、その間に無料で見られる「ネットのニュース」を読んでいるがために新聞を読まないと主張している。また、データの分析より、若年層はインターネットに長く利用する一方で新聞はほとんど読まず、逆に年配層はインターネットをあまり利用しない代わりに新聞を読む時間が長い。

　つまり、年配層は本紙の購読者として確保されているはずだから、電子新聞のターゲットはそこではなくよりインターネットを利用する若者層に移行する必要があるのだ。したがって、新聞社側が想定しているユーザー層と実際にインターネットを利用する年齢層がすれ違い、電子新聞が新聞社の売り上げに貢献できていないのではないかと考える。

4.3　過去の流通モデルを壊す課金システム

　現在の電子新聞は基本的に月額配信しかされておらず、ばら売りがされていない。たとえば旅先で暇をつぶすために近くの売店で一部購入しそれを読み捨てるという、本紙で成り立っていた流通モデルを電子新聞上では実現できないのである。西田（2012）は、「契約が簡単である、というスマートフォンやタブレットの利点もいかせていない。できれば、スマートフォンの上で簡単に、安価に課金し、新聞を買いやすくするかという点に思いを砕くべきだ。」[8]と主張している。

　この利点が生かせていない原因のひとつに、購読料の支払い方法にクレジットカード払いが多いためではないかと考える。いわゆるガラパゴスケータイからスマートフォンへの移行が進み、アプリケーションという概念が生まれてから電子コンテンツのスタイルが大きく変化した。プリインストールされたブラウザーやメール機能をただ使うだけでなく、自分が使いたいと思うアプリケーションだけをインストールし、それをカスタマイズすることが可能になっ

＊8　西田宗千佳「紙と並ぶ『本業』への可能性──スマートフォンは新聞社にとって福音か」
　　「新聞研究 2012 年 1 月号」25 頁。

224

たのである。それの課金方法として、Apple 社の iTunes カードや Google 社の Google Play カードなどのプリペイドカードが誕生し、若年層も気軽に課金ができるようになった。しかしながら電子新聞の課金システムは、一度に月額料金を支払わなければならず、かつそのためにクレジットカードの情報を登録する必要があるところが多い。本紙を読まない若年層に対し現在の課金システムはさらに新聞との距離を広げる原因となる可能性がある。若年層に電子新聞を読んでもらうには、プリペイドカードないしはコンビニ決済などの比較的簡単な方法を用意し、かつ手が出しやすいばら売りで購入できるシステムを構築する必要がある。

4.4　どうしても本紙は捨てたくない

ここまで、本紙と電子版の両立について度々述べてきたが、ここで電子新聞が本紙を購読してもらうための切り札である可能性について考えたい。

西田宗千佳は、本田雅一との対談で「日経電子版」と「朝日新聞デジタル」の価格に対し「要はどちらも紙ありきの価格であり、『紙はいらない』という人には法外に高い。」[9] と述べている。それに対して本田は以下のように返答した。

> 是が非でも紙の新聞を同時契約してほしいというメッセージでしょう。新聞社の収入源は宅配を前提とした購読料と広告料金の2本立て。電子版だけでいい、となってしまうと、配送・配達といった物理的なビジネスのみならず、広告ビジネスの枠組みも変えて考えなければならないからです[10]。

新聞社側の「電子版は本紙とセットで買ってもらうための布石である」という戦略こそが、前節の理想的な課金システムを完全に殺してしまっていると考える。基本的に新聞を読まない若年層にとって、本紙は必要ない。しかしながら、新聞社の大きな収入源の一つである広告料は今日まで本紙が構築してきたシス

＊9　注4の前掲書、14頁。
＊10　注9に同じ

写真1　ゼミ発表「電子新聞が新聞社に求める変革とは何か」

テムがあったから得られた収入である。今までの形態で用意できる本紙の広告と、これからあらゆる方法でアプリケーションに盛り込む電子版の広告とは設定できる価格に差が出てくるだろう。一口の大きさが明らかに変わったり、広告の形式によっては読者に見てもらえない可能性があるだろう。電子版に完全シフトしたところで、広告システムの構築が完成していない以上、安易に電子新聞を売り込むことができないのが現実だ。

また、森本は、本紙への依存度の原因に宅配率の高さを挙げている。「日本で最大部数を持つ読売新聞の場合、全国に8000に及ぶ独自の販売（配達）店を有し、約10万人の従業員により宅配されている」[*11]が、電子新聞は従業員による宅配の必要がない。これにより問題となるのが広告料の一部となっている折込チラシによる収入がなくなることだ。電子化による新聞の広告スタイルは変革を求められているが、環境の変化に対応できていないのが現実である。

5. おわりに
5.1　結論

以上、電子新聞の現状と問題点についての考察を行ってってきた。その結果、次のような結論に至った。

[*11]　森本光彦「多メディア時代に於ける新聞の環境変化と存続のための諸条件」〈http://ci.nii.ac.jp/els/110008604726.pdf?id=ART0009727475&type=pdf&lang=jp&host=cinii&order_no=&ppv_type=0&lang_sw=&no=1450438009&cp=〉4頁、12月18日確認

現在、電子新聞は各新聞社で独自のサービス方針の下展開がなされているが、単独で売り込む予定はほとんどなく、あくまで本紙を売るためのおまけに近い立ち位置で展開されていることが分かった。また、記事の電子化により従来の宅配システムの必要もなくなり、そこから得てきた収入を削らざるを得なくなった。急な電子新聞へのシフトによって、広告モデルと宅配システムによる売り上げが不安定になることが予想され、新聞社はこれが足枷となって電子新聞を大きく宣伝しない選択肢を選んでいるのではないかと考える。ここで西田氏の言葉を借りたい。

> 記事を「紙でしか読めないもの」にしたり、「有料版の購読者でないとまったく見られない」ものにしてしまったりすると、ネット上でその記事は見つからない。極端にいえば「その記事は存在しない」ことと同義になるのだ[*12]。

結局、すべての記事を本紙だけに掲載して閉鎖的なコンテンツにするのも好ましくないが、だからといって「ヤフーニュース」に記事をすべて開放させるのも好ましくない。電子新聞という新しいコンテンツにいかに魅力を持たせ、独自のサービスとして生かすことができるかが今後の鍵となるだろう。

5.2　今後の課題

電子新聞が読者に親しまれ、新聞社の本来の目標である本紙の購読者の獲得につなげるには何をしなければならないか。筆者は大きく課題を二つ掲げたい。

まず、新聞を読む時間よりも圧倒的にインターネットに触れている時間が長い若年層をいかに電子版の読者に取り込むことができるかを考えることが重要である。本紙を売り込みたいとはいえ、西田が述べているように今のままでは記事を書いてもそれを埋没させるようなシステムになってしまっており、非常にもったいない。極端に短い新聞の接触時間を無理に伸ばそうとするよりも、インターネットの接触時間の一部を少しでも電子新聞に触れる時間に変換できれば、そこから本紙の購読へつなげやすくなると考える。

---

*12　注8の前掲論文、25頁。

そして、電子版のばら売りシステムを早急に構築することも必要となるだろう。仮にいくら若年層が電子新聞に興味を持てたとしても、今の課金システムでは複雑で逆に彼らを引き離してしまう。そこで、まずは体験のような形で、彼らが気軽に手に取れるようなばら売りシステムがあるとよい。本紙は駅やコンビニエンスストアなどの小さな店でも新聞を一部ごとに購入することができるだろう。電子版にはそのような簡素な購入システムがなく、敷居を上げてしまっている。それはすなわち、新聞そのものに触れる機会を逆に減らしてしまう原因ともなっている。電子新聞を新聞社の新しい武器として発展させるためには、読者が本紙と同じように簡単に手に取れるシステムが必要不可欠である。

　電子新聞は比較的新しいサービスであり、今後も各社の新しい独自のサービス展開が期待される。同時に、情報社会の環境も変化し、それに対応しなければならないだろう。電子コンテンツの一部である出版業界の電子書籍のさらなる発展に今後も注目しつつ、新聞の将来を見据えたい。

【参考文献】
＊伊藤嘉英(2012)「デジタル分野で『中日モデル』を追及——中日新聞プラスの開発と課題」、『新聞研究』2012年1月号、p.16, 19, 日本新聞協会
＊岸良征彦(2012)「スマートデバイスの普及と情報社会——混沌とするコミュニケーションの基盤」、『新聞研究』2012年11月号、p.25-29、日本新聞協会
＊小出浩樹(2013)「一歩また一歩——西日本新聞経済電子版(qBiz)創刊半年」、『新聞研究』2013年5月号、p.38-39、日本新聞協会
＊竹内幸男(2012)「ウェブファーストは実現したか——読者会員制サイト2年間の検証」、『新聞研究』2012年1月号、p.12-13、日本新聞協会
＊西島徹(2010)「『読売プレミアム』が目指すもの——ユーザー像を見据えたサービス展開」、『新聞研究』2012年11月号、p.13, 15, 日本新聞協会
＊野村裕和(2010)「紙とネットの共存目指す——日経電子版(Web刊)の創刊」、『新聞研究』2010年7月号、p.9、日本新聞協会
＊真下聡(2010)「自在のアウトプットを目指して——朝日新聞デジタルの取り組み」、『新聞研究』2012年1月号、p.8-9、日本新聞協会
＊日本新聞協会(2013)「キュービズ(西日本)」「みやビズ(宮崎日日)」連携　毎日1本記事交換　利用者拡大狙う「報道界ニュース」すべてのヘッドライン「日本新聞協会」〈http://www.pressnet.or.jp/news/headline/130401_2703.html〉2015年6月22日確認

第4章

電子出版・電子図書館のフィールドワーク

本章の概要

　「デジタルが変える出版と図書館」をテーマに行ってきたゼミ授業の理解をさらに深めるため、2015年9月にゼミ調査旅行を行った。

　電子書籍ビジネスの最前線として、KADOKAWA、集英社、Google、そして電子資料を活用する図書館事業を展開する国立国会図書館、千葉大学附属図書館（アカデミック・リンク）、浦安市立図書館を訪問し、見学とインタビューを行い、多くの知見を得ることができた。

　本章ではフィールドワークの概要を紹介する。

⇒写真は、千葉大学正門前にて

第4章　電子出版・電子図書館のフィールドワーク

訪問記

KADOKAWA・本社

訪問日：2015年9月9日（水）10時30分〜12時00分

1.　調査内容とインタビューをお願いした方々

　KADOKAWA を訪問させていただいた目的は「デジタル環境下における出版ビジネス」について、調査を行うためであった。

　当日はゼミ生一同、KADOKAWA 本社1階ロビーに集合し、10時30分から12時00分まで、レクチャーを受け、質疑応答を行った。

　ご対応いただいたのは次の方々である。

・マルチコンテンツ販売局　安藤晃義・統括部長
・マルチコンテンツ販売局　デジタルコンテンツ　セールス＆プランニング部
　庭山明子・販売課長
・マルチコンテンツ販売局　デジタルコンテンツ　セールス＆プランニング部
　山本早紀子・販売課員
・管理局総務部　広報課　柿澤史行課長
・管理局総務部　広報課　満岡茜課員

2.　レクチャー

　庭山明子販売課課長と柿澤史行広報課課長から KADOKAWA が取り組んでいる電子書籍ビジネスについて、レクチャーを受けた。

　紙の本とは異なる電子書籍の特性や販売方法などについて詳しく解説していただいた。

3.　質疑応答

　質疑応答では、安藤晃義統括部長にも来ていただき、電子書籍のフォーマット、利用者数を増やす工夫、電子取次や電子書店の役割、作家との関係、電子図書館についての考え方など事前にお送りしていた質問に対して、じつに丁寧

230

にお答えいただくことができた。KADOKAWAがいかに電子書籍ビジネスを重要視しつつ、紙媒体との共存を模索しているかについて、理解することができた。

また「電子書籍・紙の書籍に関するアンケート」への回答を逆に求められたことは驚きであった。

今後の日本の電子出版の方向性を考える上で、きわめて貴重な機会であった。

フォト・ルポ

■ 第4章　電子出版・電子図書館のフィールドワーク

　　　　　訪問記

集英社・本社

訪問日：2015年9月9日（水）13時00分～15時10分

1.　調査内容とインタビューをお願いした方々

　集英社本社を訪問させていただいた目的は「デジタル環境下における出版ビジネス」について、調査を行うためであった。

　当日は13時00分から15時10分まで、レクチャーを受け、質疑応答を行った。堀内丸恵・代表取締役社長、加藤潤・専務取締役、柳本重民・常務取締役も挨拶に来られ、恐縮する次第であった。

　ご対応いただいたのは次の方々である。
・マルチコンテンツ販売部　伊東健介部長
・書籍販売部書籍販売第2課　澤田剛課長
・デジタル事業部デジタル事業課　岡本正史課長代理

2.　レクチャー

　伊東健介部長から集英社について概要をお聞きしたあと、澤田剛・書籍販売第2課課長から「書籍の流通について」をテーマに書籍の企画立案から書店配本など実例を交えながら解説していただいた。また、岡本正史・デジタル事業課課長代理からは「コンテンツの制作から流通まで」というテーマで『週刊少年ジャンプ』におけるサイマル配信について詳しく解説していただいた。

3.　質疑応答

　事前にお送りした質問事項について、じつに丁寧にお答えいただくことができた。デジタルコミックの制作面でのお話はとても新鮮で、文献によっては得られない貴重な情報に満ちていた。

　実際に『ONE PIECE』の巻を回覧していただき、写植で作った巻とOpenTypeに変化した巻を比較するなど、初めての体験づくしであった。2000年以前の

232

フィルムをデジタルデータ化するプロジェクト、海外配信を考慮しての吹き出しの中の日本語を抜いて多言語化する作業など、出版社の努力を体感した。

紙と電子の調和を目ざす集英社の取り組みは、日本の出版界の今後のあり方にも大きな影響を与えるであろうことを実感することができた。

フォト・ルポ

訪問記
Google・日本本社

訪問日：2015年9月9日（水）15時50分～17時20分

1. 調査内容とインタビューをお願いした方々

Google 本社を訪問させていただいた目的は Google が取り組む電子書籍ビジネスと、電子図書館に関する考え方について、調査を行うためであった。

当日は六本木ヒルズ１階の受付で入館予約番号を告げて、26階のGoogle本社の受付に行き、30階の会議室でレクチャーを受け、質疑応答を行ったあと、26階から30階までの社内を見学させていただいた。

ご対応いただいたのは次の方である。
- プロダクトパートナーシップ本部　魚住潤一・ストラテジックパートナー・デベロップメントマネージャー

2. レクチャー

Google という企業はどのような活動をしているのか、そして Google ブックス、Google Play ブックス、Google Scholar について解説していただいた。

3. 質疑応答

検索ランキングについて、電子書籍の専用機と汎用機、ディスカバラビリティの課題、図書館の役割との関係、保存のスパンなど、多岐にわたる質問に対して、的確かつ想像を超える未来像を示しながらお答えいただいた。コンピュータがどこまでやれるのかに挑戦し続けている企業であることを実感し、多くの知見を得ることができた。

フォト・ルポ

グーグル「*Google Play Books*」の動向

　グーグルは「ブック検索」、後に「グーグル・ブックス」と呼ばれる書籍の全文検索サービスを行っていたが、閲覧できるのは当該書籍の本文の20%までであった。これを100%閲覧できるようにしたのが電子書籍サービス「Google ebookstore」である。2010年12月、米国にてサービスを開始し、2011年10月には英国でもHachette、Random House、Penguinなど数十万点とパブリックドメインのタイトル200万点を提供した。

　これは「電子出版」というより「出版コンテンツ・データベース」事業と呼ぶべきだろう。グーグルで検索してヒットしなければ存在しないことになるネットの世界が、電子書籍の世界にも波及する可能性がある。

　書籍全文の有料データベース事業はまさに検索エンジンとしてのグーグルの情報検索の適合率を高め、信頼度に足る資料として書籍がグーグルの網の目の中に取り込まれということである。そして「ebookstore」は2012年3月、「Google Play Books」と改称された。

　日本においても2012年9月25日、OS「Android4.1」を搭載した7インチ型のタブレット端末「Nexus7」の販売を開始すると同時に、「Google Play Books」の国内サービスを発表した。日本語のタイトル数は非公表だが、角川グループ、主婦の友社、翔泳社、ダイヤモンド社、東洋経済新報社、ハーレクイン、PHP研究所などがコンテンツを提供している。

■グーグルによる書籍全文デジタル化の進展

　グーグルでは、次に示す量の書籍がデジタル化され、検索可能な状態になっている。まさに国家プロジェクトを超える壮大なスケールである。

（1）スキャンされた書籍数：1,500万冊
（2）スキャンされたページ数：50億ページ
（3）単語数：2兆
（4）参加図書館：全世界で40以上
（5）参加出版社：35,000社
（6）言語数：478
（7）最も古い書籍：1473年

（出典：湯浅俊彦著『電子出版学入門〈改訂3版〉』2013年、出版メディアパル）

第4章　電子出版・電子図書館のフィールドワーク

訪問記

国立国会図書館・東京本館
訪問日：2015年9月10日（木）9時45分〜11時45分

1.　調査内容とインタビューをお願いした方々

　国立国会図書館を訪問させていただいた目的は、国立図書館としての電子図書館事業について、調査を行うためであった。

　当日は、国立国会図書館の仕事を紹介する20分間の映像を見た後、本館と新館を見学し、その後、会議室でレクチャーを受け、質疑応答を行った。

　ご対応いただいたのは次の方々である。

・電子情報部　田中久徳・電子情報部長
・電子情報部　電子情報企画課　徳原直子・課長補佐
・電子情報部　電子情報企画課　越田崇夫・課長補佐

2.　レクチャー

　「国立国会図書館におけるデジタルアーカイブ整備に係る取組状況」をテーマにインターネット資料収集保存事業（WARP）、オンライン資料収集制度（eデポ）、図書館向けデジタル化資料送信サービスなど、国立国会図書館が取り組んでいる電子図書館事業について解説していただいた。

3.　質疑応答

　オンライン資料のうちSNSの収集、デジタル化資料の全文テキスト化、国立国会図書館サーチの今後の方向性、デジタル化資料の保存とマイグレーション、デジタル化資料送信サービスの前提となる公共図書館の情報基盤、日中韓電子図書館イニシアチブのその後の進展、大規模デジタル化とGoogleとの関係など、多岐にわたる質問について、じつに丁寧かつ分かりやすくお答えいただいた。

　国立国会図書館が日本国内唯一の国立図書館として、文化財としての多くの

236

資料提供をデジタル・ネットワーク社会に対応する形で進めていること、またそこには多くの課題が存在することを知ることができた。

フォト・ルポ

第4章　電子出版・電子図書館のフィールドワーク

訪問記

千葉大学附属図書館(アカデミック・リンク)
訪問日：2015年9月10日（木）13時45分〜15時50分

1. 調査内容とインタビュー、そしてディスカッションをお願いした方々

千葉大学を訪問させていただいた目的は、2012年にスタートした、学習環境とコンテンツ提供環境を一つにしようという試みとしての「千葉大学アカデミック・リンク・センター」について、調査を行うためであった。

当日は附属図書館を見学し、「千葉大学アカデミック・リンク・センター」のコンセプトと具体的な取り組みについて解説していただいた。

ご対応いただいたのは次の方々である。

・附属図書館　利用支援企画課　三角太郎・副課長(アカデミック・リンク担当)
・附属図書館　利用支援企画課　木下直・副課長(総務担当)

2. 質疑応答

アカデミック・リンク・センターと附属図書館の関係、図書館におけるラーニング・コモンズの意味など、多くの質問に対して、空間、資料、人的支援の観点からお答えいただいた。

3. 学生利用者とのディスカッション

その後、利用者である千葉大学の学生ら3名と、立命館大学文学部湯浅ゼミ生11名とのディスカッションを行った。これは立命館大学学生交流プログラムによって実現した企画である。

アカデミック・リンク・センターに対する不満はないかといった質問が飛び出すなど、本音トークを交えながら、大学院生による学習サポートデスクのことや、お薦め本などさまざまなコーナー、アクティブ・ラーニングが達成されているかなど、多くのテーマが話し合われた。このディスカッションによって、見学だけでは得られない新たな知識を共有することが可能となった。

238

これからの大学図書館は授業との連携を視野にいれた学修支援が強化され、アクティブ・ラーニングを支える役割が重視される方向にあることを、千葉大学アカデミック・リンク・センターの見学でますます実感した。

フォト・ルポ

第 4 章　電子出版・電子図書館のフィールドワーク

訪問記

浦安市立中央図書館
訪問日：2015年9月10日（木）17時00分～19時35分

1.　調査内容

　浦安市立中央図書館を訪問させていただいた目的は、日本の公共図書館において課題解決型図書館としてのビジネス支援サービスをさきがけとして取り組んだ図書館の調査を行うためであった。

2.　レクチャー

　浦安市立中央図書館の調査では元・館長であった常世田良立命館大学教授から図書館見学の案内とレクチャーを受けた。以下にその内容をまとめる。（以下、堀江健太郎ゼミ生のメモより）

　公共図書館がはたす社会的役割はなにか。浦安市立中央図書館を実際に訪問することによって、改めて問い直すことができたように思われる。

　なお、中央図書館の見学を終えてから、予約資料の受け取りと、図書館資料の返却のみ可能な「浦安駅前行政サービスセンター」の見学も行った。

- ・浦安市は埋め立て地であり、埋め立て工事によって土地の面積が4倍となった。増やした土地は0から作ったので浦安市は縦横での区画がある街となっている。また、浦安は都心まで25分と便利な位置にあるので地価が急上昇した。当時の熊川市長は先見性のある街づくりをした。
- ・浦安市は土地のほとんどが住宅地であり、何もしなくても高額の固定資産税が入るので浦安市は国から交付金を貰えない不交付団体とされている街づくりに成功したまったく特異な街である。
- ・熊川市長の遺産は大きい。アメリカ以外で初となるディズニーランドの誘致を成功させた。しかし、市長はディズニーランドとは遊び場であり、浦安市に日本一の図書館を作ることを計画していた。アメリカの図書館を意

240

識していたのか、40年前から市民のための図書館を考えていた人だった。また当時は2000㎡でも大きいと言われた図書館を3000㎡という規模で分館設置も当初より想定され、さらにコンピュータも導入した図書館を何故か計画した。これが無ければ今の浦安市立図書館は無いと言ってもよい。

- 浦安市には1つの中央図書館、7つの分館という8つの図書館がある。この点で市民は恵まれている。また、3つの駅に資料返却用ポストと貸し出しサービスを行うポイントを置いており、市民は直接図書館を訪れなくても資料の貸し出しを行うことができる。このサービスの人材はシルバー人材センターで賄っている。
- 人口一人当たりに対して年間10数冊の貸し出しを32年間続けてきた。浦安市立図書館は30年間右肩上がりで成果を上げてきた。これは市民からのリクエストに細かく対応するなど基本的サービスを充実させた積み重ねで達成してきた。
- データベースを20年以上前から導入した。サラリーマンなど、働き盛りの市民の図書館であり普通の人向けの図書館よりも、レファレンスを利用する人向けの図書館を意識している。
- 館内では自分で図書館に持ち込んだパソコンをネット環境にアクセスできるように各机にLANケーブルを設置している。ビジネスマンの利用が多い浦安市立図書館では、利用者は自分のパソコンでないと作業がしにくくなるためである。その他、無線LANも設置されている。

第4章　電子出版・電子図書館のフィールドワーク

訪問記

「図書館総合展 2015」フォーラム
―開催日：2015年11月10日（火）～11月12日（木）―
立命館大学文学部教授　湯浅俊彦

1. 図書館総合展フォーラムの意義

　日本における図書館に関する最大のフォーラムである「図書館総合展」は2015年には第17回を迎えた。ゼミ担当教員の湯浅は4つのフォーラムを企画し、コーディネーターとして400席定員の図書館総合展最大規模の会場でディスカッションの司会をつとめ、湯浅ゼミの学生たちもこれらのフォーラムに参加した。また立命館大学IRIS（電子書籍の普及に伴う読書アクセシビリティの総合的研究）が主催した1つのフォーラムの運営を担当し、湯浅ゼミの学生は会場設営、受付、進行補助などの裏方をつとめた。

　「デジタルが変える出版と図書館」を探求する上で、出版界と図書館界の現状と課題、またそれぞれの分野のキーパーソンたちがどのような認識をもってそれぞれのテーマに取り組んでいるのかを知ることはきわめて重要であり、図書館総合展へのゼミ生の参加はまさに「学修」に直結するものであった。

2. フォーラムの概要

【図書館総合展運営委員会主催】（司会：湯浅俊彦）

・「変貌する出版メディアと図書館革命―図書館・出版社共同戦線 2015」

11月10日（火）13時00分～14時30分

パネリスト：岡本厚・岩波書店代表取締役社長、
　　　　　　石井昭・図書館流通センター・代表取締役社長

・「公共図書館の未来像」

11月11日（水）10時00分～11時30分

パネリスト：高橋聡・カルチュア・コンビニエンス・クラブ図書館カンパニー長、
　　　　　　南学・東洋大学客員教授

・「変わる大学、変わる図書館―電子学術書を活用した大学授業の高度化」
11月11日（水）13時00分〜14時30分
パネリスト：鈴木道典・有斐閣常務取締役、飯野勝則・佛教大学図書館専門員
　　　　　　津田康弘・京セラ丸善システムインテグレーション・電子書籍企画室
・「障害者差別解消法と図書館―読書アクセシビリティの視点から」
11月12日（木）13時00分〜14時30分
パネリスト：印藤昭一・三田市まちづくり部生涯学習支援課参事
　　　　　　松原聡・東洋大学副学長
　　　　　　植村要・立命館大学グローバル・イノベーション研究機構専門研究員
　　　　　　前川千陽・三田市立図書館長
【立命館大学IRIS主催】（司会：松原洋子）
・「大学図書館のアクセシビリティ―障害学生への複製データ提供サービスについて」
11月12日（木）10時00分〜11時30分
パネリスト：栗田とも子・小林泰名・北海道大学図書館
　　　　　　三谷恭弘・立命館大学図書館、安藤一博・国立国会図書館

◇あとがき

　本書の刊行は多くの方々のご協力によって実現したものです。

　ご執筆いただいた図書館流通センター・電子図書館推進担当部長の矢口勝彦さん、日本電子図書館サービス代表取締役社長の山口貴さん、メディアドゥ取締役の溝口敦さん。

　ゼミ調査旅行で訪問した、KADOKAWAの安藤晃義さん、庭山明子さん、山本早紀子さん、柿澤史行さん、満岡茜さん。

　集英社の堀内丸恵さん、加藤潤さん、柳本重民さん、伊東健介さん、市川博さん、岡本正史さん、澤田剛さん。

　Googleの魚住潤一さん。

　国立国会図書館の田中久徳さん、徳原直子さん、越田崇夫さん。

　千葉大学附属図書館の三角太郎さん、木下直さん、そしてディスカッションに参加していただいた学生・院生の方々。

　浦安市立中央図書館のみなさん。

　私の研究専念期間中にゼミを支えていただいた立命館大学教授の常世田良さん。

　また、湯浅ゼミの電子書籍による授業をシステム面で支えてくれた立命館大学図書館の安東正玄さん。「教育の質向上予算」による本書の刊行助成など、深い理解を示して下さった立命館大学文学部長の藤巻正己さんほか文学部執行部のみなさん、新しい文学部の教学展開としての「ゼミ教育の高度化」を積極的にサポートして下さった文学部事務長の稲森裕実さんほか事務職員のみなさん。

　本書の刊行にご尽力いただいた出版メディアパルの下村昭夫さん、カバーデザインの荒瀬光治さん、素敵なカバーイラストを描いてくださった毬月絵美さん。

　そして最後に、私の仕事を未来につながるものにしてくれた11名の3回生ゼミ生たち、鈴木美里さん、十倉史帆さん、山内沙優理さん、堀江健太郎さん、松元陽平さん、郭昊さん、小杉彩夏さん、大野穂波さん、尾崎航平さん、尾関麻利亜さん、藤崎聖夏さん。

　そのほかお名前は書ききれませんが、お世話になった多くの方々にこの場を借りて、心からお礼申し上げます。

2016年2月15日

編著者　湯浅　俊彦

デジタルが変える出版と図書館
索引

＜ア行＞
アクセシビリティ… 39,45
朝読書…………… 168
朝日新聞デジタル…… 218
●
移動図書館……………… 79
インテレクチュアル・
　コモンズ……………… 93
●
浦安市立図書館……… 240
えんぱーく……………… 98
●
オープンアクセス……… 27
音声認識……………… 47

＜カ行＞
楽譜……………… 205
楽譜コピー問題協議会 …206
加藤周一文庫………… 19
ガラパゴスケータイ… 191
●
紀伊國屋書店………… 48
行政支援……………… 104
共同自炊電子書籍システム
　……………………… 124
京都府立図書館………… 93
●
グーテンベルク……… 174
●
ケータイ小説………… 191
言語アクセシビリティ …157
健康・医療情報……… 104
●
公貸権………………… 10
公共図書館で働く視覚障害
　職員の会………… 16,46

広告モデル…………… 9
講談社……………… 48
合理的配慮…………… 18
高齢化社会…………… 72
高齢者……………… 45,72
高齢者サービス……… 81
国際楽譜図書館プロジェクト
　……………………… 209
国民読書年…………… 167
国立国会図書館……… 236
子育て支援…………… 104
子どもの読書活動の推進
　に関する法律……… 166
コンビニ……………… 75

＜サ行＞
堺市立図書館………… 39
札幌市図書館………… 43
三田市立図書館……… 16
●
シアトル図書館……… 105
弱視………………… 115
集英社……………… 232
出版科学研究所……… 9
出版デジタル機構…… 147
出版年鑑……………… 9
障害者差別解消法… 18,43
小説家になろう…… 196
新刊ハイブリッドモデル…13
●
スクリーンリーダー …118

＜タ行＞
大学学習資源コンソーシアム
　……………………… 16
大活字本……………… 78

大日本印刷……………… 17
宅配郵送サービス……… 79
●
知の広場……………… 108
筑西市電子図書館… 38,44
千葉大学アカデミック・
　リンク・センター…91,238
千葉大学附属図書館 … 238
中小都市における公共
　図書館の運営……… 103
中日新聞プラス……… 220
千代田 Web 図書館 …… 80
●
都度課金型…………… 58
つまようじ動画……… 200
●
ディザスタリカバリ…… 42
ディスレクシア……… 131
デジタル・コンテンツ… 10
電子学術書実証実験…… 13
電子ジャーナル………… 25
電子書籍………… 113,171
電子書籍貸出サービス… 80
電子書籍ビジネス調査報告書
　……………………… 9
電子書籍フォーマット…149
電子新聞…………… 216
電子図書館元年……… 52
電子納本制度………… 10
●
東芝 DaisyRings …… 18
独自資料……………… 38
徳島市立図書館……… 45
読書行為…………… 164
読書困難者…………… 115
読書離れ…………… 164

245

図書館海援隊‥‥‥‥‥ 104
図書館プロジェクト ‥137
図書館法‥‥‥‥‥‥‥ 103
図書館流通センター‥‥ 17

＜ナ行＞

ニコニコ動画‥‥‥ 180,193
日経電子版‥‥‥‥‥‥ 217
日本電子図書館サービス‥48
日本文藝家協会‥‥‥‥ 141
日本ペンクラブ‥‥‥‥ 141
日本ユニシス‥‥‥‥‥ 17
●
農業支援‥‥‥‥‥‥‥ 104

＜ハ行＞

萩市電子図書館‥‥‥‥ 38
バリアフリー化‥‥‥‥ 82
版権レジストリ‥‥‥‥ 139
反転授業‥‥‥‥‥‥‥ 29
●
ビジネス支援‥‥‥‥‥ 104
ビッグディール‥‥‥‥ 26
ひなぎく号‥‥‥‥‥‥ 79
枚方市立図書館‥‥‥‥ 79
●
フィックス型‥‥‥‥‥ 40
ブックシェア‥‥‥‥‥ 125
ぷりんと楽譜‥‥‥‥‥ 208
プレクストーク‥‥‥‥ 120
●
米国障害者法‥‥‥‥‥ 123
ペトルッチ楽譜ライブラリー
‥‥‥‥‥‥‥‥‥ 209
ベルヌ条約‥‥‥‥‥‥ 140
●
ホームレス‥‥‥‥‥‥ 105
北海道デジタル出版推進協会
‥‥‥‥‥‥‥‥‥ 44

＜マ行＞

まちとしょテラソ‥‥ 86
魔法のiらんど‥‥‥‥ 195
●
メディアドゥ‥‥‥‥‥ 56
●
文字・活字文化振興法‥166

＜ヤ行＞

ヤフーニュース‥‥‥‥ 222
●
ユーチューバー‥‥‥‥ 192
ユーメイド‥‥‥‥‥‥ 186
ユニバーサルデザイン‥122
●
読売プレミアム‥‥‥‥ 218

＜ラ行＞

ラーニングコモンズ‥29,86
●
リッチコンテンツ‥‥‥ 40
立命館大学IRIS‥‥‥ 16
立命館大学アート・リサーチ
センター‥‥‥‥‥ 19
リフロー型‥‥‥‥‥‥ 40
●
録音図書‥‥‥‥‥‥‥ 78

＜ワ行＞

ワンコピー・マルチユーザ型
‥‥‥‥‥‥‥‥‥ 54
ワンコピー・ワンユーザ型
‥‥‥‥‥‥‥‥‥ 53

＜英文＞

BookLooper‥‥‥ 15,21
comico‥‥‥‥‥‥ 197
DAISY‥‥‥‥ 17,78,117
DDA‥‥‥‥‥‥‥ 15,28

DRM‥‥‥‥‥‥‥‥‥ 119
E★エブリスタ‥‥‥‥ 194
EBSCO eBook Collection‥15
Elsevier‥‥‥‥‥‥‥ 26
GALAPAGOS‥‥‥‥‥ 152
Google‥‥‥‥‥‥‥ 234
　―ブックス
‥‥‥‥‥ 132, 234,235
iPad‥‥‥‥‥‥‥ 118,152
iPhone‥‥‥‥‥‥‥ 118
JapanKnowledge‥‥‥ 15
KADOKAWA‥‥‥ 48,230
Kindle‥‥‥‥‥‥‥ 152
kobo‥‥‥‥‥‥‥‥ 175
LibrariE‥‥‥‥‥‥‥ 49
LINE‥‥‥‥‥‥‥‥ 59
MALUI連携‥‥‥‥‥ 11
MARUZEN eBook Library‥15
Mobage‥‥‥‥‥‥‥ 194
OCR‥‥‥‥‥‥‥‥ 120
OverDrive‥‥‥‥‥‥ 60
OverDrive Japan‥‥‥ 61
PDA‥‥‥‥‥‥‥‥‥ 28
ProQuest‥‥‥‥‥‥ 28
qBiz‥‥‥‥‥‥‥‥ 220
RUNNERS Discovery‥ 14
Springer‥‥‥‥‥‥‥ 26
STM‥‥‥‥‥‥‥‥‥ 26
SWETS‥‥‥‥‥‥‥ 27
TRC-DL‥‥‥‥‥‥‥ 36
TTS‥‥‥‥‥‥‥‥ 117
Twitter‥‥‥‥‥ 179,192
UGC‥‥‥‥‥‥‥‥ 192
Viacom‥‥‥‥‥‥‥ 181
VoiceOver‥‥‥‥‥‥ 118
Youku‥‥‥‥‥‥‥ 180
YouTube‥‥‥‥‥ 179,192

◎ 編著者略歴

湯浅　俊彦（ゆあさ　としひこ）
1955年、大阪府生まれ。立命館大学文学部教授。大阪市立大学大学院・創造都市研究科・都市情報環境研究領域・博士（後期）課程修了。博士（創造都市）。
日本出版学会・理事。日本ペンクラブ言論表現委員会・副委員長。日本図書館協会・出版流通委員。図書館振興財団「図書館を使った調べる学習コンクール」審査委員。

◎　主な著書
◇　『デジタル時代の出版メディア』ポット出版　2000
◇　『デジタル時代の出版メディア　電子・ドットブック版』ボイジャー　2000
◇　『日本の出版流通における書誌情報・物流情報のデジタル化とその歴史的意義』ポット出版　2007
◇　『電子出版学入門 ― 出版コンテンツのデジタル化と紙の本のゆくえ』出版メディアパル2009（改訂2版、2010・改訂3版、2013）
◇　『デジタル環境下における出版ビジネスと図書館 ― ドキュメント「立命館大学文学部　湯浅ゼミ」』出版メディアパル　2014
◇　『電子出版と電子図書館の最前線を創り出す ― 立命館大学文学部湯浅ゼミの挑戦』出版メディアパル　2015
◇　『文化情報学ガイドブック ― 情報メディア技術から「人」を探る』共編著　勉誠出版2014
◇　『デジタル・アーカイブとは何か―理論と実践』共著　勉誠出版　2015

デジタルが変える出版と図書館 ―立命館大学文学部湯浅ゼミの1年
© 2016　湯浅俊彦
2016年4月10日　第1版　第1刷発行
編著者：湯浅 俊彦
発行所：出版メディアパル　　住所：〒272-0812 市川市若宮 1-1-1
Tel&Fax：047-334-7094
e-mail：shimo@murapal.com　　URL：http://www.murapal.com/

カバーデザイン：荒瀬光治　　DTP編集：出版メディアパル　組版：今井印刷
カバーイラスト：毬月絵美　　CTP印刷・製本：今井印刷

ISBN　978-4-902251-80-7　　Printed in Japan

●本の未来を考える=出版メディアパル No.25

本づくりこれだけは〈改訂4版〉―失敗しないための編集術

下村昭夫 著　　　　　定価（本体価格 1,200 円＋税）　A5 判　104 頁

●本の未来を考える=出版メディアパル No.27

校正のレッスン〈改訂2版〉―活字との対話のために

大西寿男 著　　　　　定価（本体価格 1,600 円＋税）　A5 判　160 頁

●本の未来を考える=出版メディアパル No.28

表現の自由と出版規制―時の政権と出版メディアの攻防

山　了吉 著　　　　　定価（本体価格 2,000 円＋税）　A5 判　192 頁

●出版実務書シリーズ

電子出版と電子図書館の最前線を創り出す

湯浅俊彦 編著　　　　定価（本体価格 2,400 円＋税）　A5 判　272 頁

●出版実務書シリーズ

デジタル環境下における出版ビジネスと図書館

湯浅俊彦 編著　　　　定価（本体価格 2,400 円＋税）　A5 判　256 頁

●出版学実務書

出版産業の変遷と書籍出版流通〈増補版〉

蔡星慧 著　　　　　　定価（本体価格 2,400 円＋税）　A5 判　232 頁

●出版学実務書

世界の本屋さん見て歩き―海外 35 ヵ国 202 書店の横顔

能勢　仁 著　　　　　定価（本体価格 2,400 円＋税）　A5 判　272 頁

●本の未来を考える=出版メディアパル No.26

昭和の出版が歩んだ道―激動の昭和へ Time TRaVEL

能勢　仁・八木壮一 共著　定価（本体価格 1,800 円＋税）　A5 判　184 頁

 出版メディアパル　担当者　下村 昭夫

〒272-0812　千葉県市川市若宮 1-1-1　　電話＆FAX：047-334-7094